일본 군국주의의 괴벨스

도쿠토미 소호

일본 군국주의의 괴벨스

도쿠토미 소호

초판 제1쇄 발행   2005. 8. 30.
초판 제3쇄 발행   2019. 11. 15.

지은이   정일성
펴낸이   김경희
펴낸곳   ㈜지식산업사
         서울시 종로구 통의동 35-18
         전화 (02)734-1978(대) 팩스 (02)720-7900
         인터넷한글문패   지식산업사
         인터넷영문문패   www.jisik.co.kr
         전자우편   jsp@jisik.co.kr
         등록번호   1-363
         등록날짜   1969. 5. 8.

책값은 뒤표지에 있습니다.

ISBN 89-423-2061-9   03990

이 책을 읽고 지은이에게 문의하고자 하는 이는
지식산업사 전자우편으로 연락 바랍니다.

이 책은 한국언론재단의 연구저술지원으로 출판되었습니다.

일본 군국주의의 괴벨스

도쿠토미 소호

정 일 성

지식산업사

머리말

    일제가 조선강점시대(1910～1945)에 우리 민족에게 입힌 죄상(罪狀)이 역사에 묻혀 아직 제대로 밝혀지지 않은 폭정(暴政) 관련자는 헤아릴 수 없이 많다. 도쿠토미 소호(德富蘇峰)도 그 가운데 한 사람이다. 그는 '아시아 침략의 원흉' 이토 히로부미(伊藤博文)를 능가한 조선병탄(倂呑)의 최선봉이었다. 일제 군부에 침략이론을 주입하고 전쟁을 부추긴 극우 내셔널리스트였다. 그의 '해외팽창' 논리는 일본의 근대화를 이끌었던 후쿠자와 유키치(福澤諭吉)의 이른바 '탈아론(脫亞論)'보다 더 과격했다. 게다가 그는, 제2차 세계대전 당시 모략선전에 특이한 재능을 갖고 언론탄압과 문화통제로 독일국민을 전쟁터로 몰아넣었던 나치스 독일의 국민계발선전장관 괴벨스(P. J. Goebbels)와 맞먹는, 선전 선동정치의 귀재였다.

    나치스의 만행에 괴벨스의 책임이 컸다면, 일제 군국주의 발호에는 도쿠토미의 구실을 무시할 수 없다. 도쿠토미는 기자 출신으로 60여 년 동안 일본 정계를 주무르고, 패전 뒤에도 살아남아 일본 내셔널리즘을 부활시킨 장본인이다. 반면 괴벨스는 나치스 당원으로 히틀러에 충성하다 전쟁에 지자 그를 따라 자살했다. 이 점이 서로 다를 뿐이다. 그러나 안타깝게도 우리 사회는 괴벨스에 대해서는 비교적 잘 알고 있으면서도 도쿠토미에 대해서는 극소수 근대사 전공자나 언론사학자가 아니면 지식인은 말할 것 없고 지도층도 거의 모르고 있는 실정이다.

도쿠토미가 우리 민족에게 끼친 해악은 말로 다 표현할 수 없다. 청일전쟁 때는 그가 창간한 《고쿠민신문(國民新聞)》을 통해 '조선출병'을 주장하며 전쟁도발을 충동질하고, 러일전쟁 뒤에는 이토 히로부미의 '조선 보호국화'를 반대하며 한국병탄을 강력히 주장했다. 그는 1910년 8월 합방이 이루어지자 대한제국 내 모든 신문과 잡지를 없애고 조선총독부 기관지 《경성일보(京城日報)》로 통합한 '조선언론통폐합'을 주도했다. 그리고 그 해 9월 《경성일보》 '고문'으로 취임, 1918년 8월까지 8년 동안 편집과 경영을 총지휘하며 식민통치를 요리했다. 대외직명은 《경성일보》 고문이었지만 실은 데라우치 마사다케(寺內正毅) 당시 조선총독에게 식민정책을 조언하는 정책보좌관이나 다름없었다. 따라서 데라우치의 조선통치 시책은 바로 도쿠토미의 머리에서 나왔다고 해도 틀린 말이 아니다. 특히 도쿠토미가 창안하고 실행했던 '민족동화정책'은 세기가 바뀐 지금도 여전히 치유되지 않은 생채기로 남아 있다.

총칼과 말발굽으로 우리 국권과 민생을 짓밟았던 공포의 '무단통치'도 도쿠토미가 그 길을 열었다. 당시 《경성일보》에 쓴 〈조선통치의 요의(要義)〉가 바로 그 교본이었다. 〈조선통치의 요의〉는 총독부 직원들에게는 통치요령이었지만 우리 민족에겐 일제의 식민통치에 순순히 따르지 않으면 무력으로 다스리겠다는 일종의 '협박장'이었다. 당시 치안총수로 악명 높았던 아카시 모토지로(明石元二郎) 헌병대장은 1만3천여 명의 병력을 거느리고 조금만 낌새가 수상해도 무고한 사람에게까지 마구

총부리를 겨누었다. 〈조선통치의 요의〉를 읽다보면 도쿠토미가 과연 신문기자인지, 식민통치 관리자인지 도무지 분간할 수 없다. '통치 목적을 달성하기 위해서는 조선인들이 일본의 조선통치를 숙명으로 받아들여 일본에 동화하도록 체념케 하고, 만약 제대로 말을 듣지 않을 때는 힘을 사용하라'는 구절에서는 등골이 오싹해진다. 또한 그는 당시 우리 사회를 '정치적 중독 상태로, 역사 자체가 정치음모사라 할 정도로 붕당 싸움이 극심한 나라'라고 왜곡해 조선인은 자치를 할 수 없음을 역설하였다.

그가 우리 민족에게 가한 언어폭력은 이에 그치지 않는다. 대한제국시대 일제침략을 비판하며 독립운동에 앞장섰던 《대한매일신보(大韓每日申報)》를 매수, 《매일신보(每日申報)》란 이름으로 《경성일보》 일개 부서로 두고 '황국신민화' 도구로 악용한 행위는 역사도 용서할 수 없는 커다란 죄악이다. 그는 당시 조선인 기자들을 하나뿐인 국문 신문 《매일신보》에 묶어두고 이를 통해 식민통치 선전은 물론이고 민족동화 문제에서 경제·문화·교육·풍습에 이르기까지 왜곡된 식민주의 논리를 주입하는 데 잔꾀를 총동원했다. 그 가운데서도 '조선인과 일본인은 옛날부터 조상이 같은 한 형제로 일본이 큰집이고 조선이 작은집이다. 따라서 한일합방은 원래 상태로 되돌린 조치이므로 조선인이 가장 기뻐해야 할 경사이다'라는 궤변으로 설명한 민족동화 논리는 황당하기 그지없다. 그는 이런 허무맹랑한 주장을 한 번에 그친 것이 아니라 틈만 나면 반복해 우리 민족을 꼬드기려 했다.

도쿠토미는 조선 지식인들의 사기를 꺾고 독립을 체념케 하는 일도 자청했다. 김윤식·이완용·송병준·조중응 등 친일파는 말할 나위도 없고 경제인과 문화계 인사들을 만나 '일한병합은 사람의 힘 탓이 아니라 하늘이 내린 시대의 대세로, 고려 태조가 삼한(三韓)을 통일한 것과 마찬가지다'라는 말을 늘어놓으며 일제의 동화정책에 앞장서 주기를 당부했다. 이광수에게는 아예 조선의 자기 아들이 돼 달라며 감옥에 갈 일을 하지 말라고 타이르기도 했다.

도쿠토미는 "일본민족의 종가(宗家)는 황실이고, 황실이 '민족근간'이므로 황실 아래 전 국민이 똘똘 뭉쳐야 한다"는 '황실중심주의'를 주창한 일로도 유명하다. 황실중심주의는 곧 백색인종 배격과 반미운동으로 이어졌다. 뿐만 아니라 일본국민을 전쟁터로 몰아넣고, 목숨을 초개같이 버리게 한 마취제가 되기도 했다. 황실중심주의는 그가 펴낸 모든 저서의 핵심 주제였다. 《근세일본국민사(近世日本國民史)》가 그렇고, 《국민소훈(國民小訓)》과 《쇼와국민독본(昭和國民讀本)》도 다르지 않다. 《만주건국독본(滿洲建國讀本)》·《대일본팽창론(大日本膨脹論)》·《필승국민독본(必勝國民讀本)》 등도 모두 일본국민들에게 대외팽창과 전쟁의식을 고취하기 위한 '정신무장독본'이었다. 총 100권으로 된 《근세일본국민사》는 제국주의 일본정신을 담은 그의 회심작이었다. 또 일제 패망 1년 전 펴낸 《필승국민독본》은 전투기 조종사들이 애기(愛機)를 몰고 적진에 뛰어들어 자폭하는 '가미가제(神風)' 특공대의 '애국독본'이었다. 연합군사령부가 도쿠토미를 A급 전범으로 지목한 것은 전 국민을 전쟁터에 몰아넣은 바로 그런 전쟁선동 활동 때문이었다.

2005년은 을사조약 강제체결 100주년이자 한일합방 95주년이 되는 해이다. 또 광복 60주년, 한일 국교 정상화 40주년이기도 하다. 이 책은 이렇듯 뜻 깊은 해에 100년 전 우리 민족을 나락으로 밀어 넣었던 도쿠토미의 침략논리를 재조명하고, 그의 극우 내셔널리즘 논리가 오늘의 일본 보수 우익들에게 어떻게 이어지고 있는지를 규명하기 위해 기획됐다.

제1장에는 한일합방과 동시에 단행한 대한제국 언론통폐합의 실상과 《경성일보》 안에 국문 신문을 둔 이유, 조선총독부의 무단통치 지침서가 된 〈조선통치의 요의〉 내용, 조선지식인들의 친일포섭 과정 등 도쿠토미가 8년 동안 《경성일보》 고문으로서 저지른 죄상을 심층 해부했다. 제2장은 도쿠토미의 성장과정, 《고쿠민신문》 창간, 청일전쟁과 러일전쟁을 거치면서 국가주의자가 된 배경, 《고쿠민신문》이 국민으로부터 습격을 받게 된 사연 등을 다루었으며, 제3장에는 황실중심주의와 이를 부르짖게 된 까닭, 백인종 타파를 비롯한 반미운동, 《근세일본국민사》에서 임진왜란을 크게 부각시킨 속셈 등을 담았다. 마지막 제4장은 《고쿠민신문》을 그만둔 원인, 중일전쟁과 미일전쟁에 광분한 전쟁선동 활동, A급 전범으로 지목된 이유, 패전 뒤의 황국사관 등을 집중 분석했다. 그의 정신세계를 더 명확히 확인하기 위해 그가 쓴 글들을 되도록 많이, 가감 없이 우리말로 옮겨 실었다.

일제가 청일전쟁 뒤부터 실질적으로 우리를 강점했던 50년은 우리에게는 실로 부끄러운 역사였다. 돌이켜 보기도 싫은 치욕의 역사였다. 그런 이유만으로 우리가 알아야 할 진실이 역사 속으로 묻힌 예도 적지 않다. 그러나 잃어버린 50년은 지우고 싶어도 지울 수 없는 우리의 역사이다. 비록 수치스런 역사일지라도 이를 바르게 기록해 거울로 삼아야 한다. 필자는 지난 1998년부터 일제 식민통치시대 한일관계에 영향을 미친 주요 인물들을 통해 일그러진 근대 한일관계사를 발굴, 바르게 하는 작업을 계속해 오고 있다. 2000년에 펴낸 《황국사관의 실체》(지식산업사)가 총론이라면, 2001년의 《후쿠자와 유키치 ― 탈아론을 어떻게 펼쳤는가》(지식산업사)는 1876~1900년의 개화기 한일 비사(秘史)이고, 2002년에 출판한 《이토 히로부미 ― 알려지지 않은 이야기들》(지식산업사)은 청일전쟁에서 한일합방에 이르기까지 우리 국권을 빼앗은 이토 히로부미의 출세와 생사에 관한 감춰진 이야기이다. 일제 군부를 움직이게 한 도쿠토미의 침략전쟁 위주의 비뚤어진 논리를 파헤친 이 책도 그 작업의 일환이다.

도쿠토미만큼 개인 저서를 통해 일본제국의 흥망사를 한눈에 조감(鳥瞰)할 수 있는 인물도 드물다. 그는 94세까지 장수했다. 생존 기간도 메이지(明治)·다이쇼(大正)·쇼와(昭和) 등 일본 텐노(天皇) 삼대에 걸쳐 있다. 90대에도 정신을 놓지 않고 글을 쓴 점도 특이한 일이다. 그는 '마치 설사하듯이 글을 썼다'는 말을 들을 정도로 많은 글을 남겼다. 그가 일생 동안 펴낸 책은 4백여 권에 이른다. 다작인 만큼 중복된 내용이 많고 시류에 따라 논리에 일관성이 없으며, 우리가 수긍할 수 없는 억지논리도 수두룩하다. 그러나 한 가지 황실중심 사상만은 시작과 끝이 같다. 황실에 대한 생각은 패전 뒤에도 변함이 없었다.

A급 전범으로 지목되었다가 도쿄 전범 재판에서 고령 때문에 간신히 처벌을 면한 도쿠토미는 구금조치가 풀리자 《패전학교·국사의 열쇠(敗戰學校·國史の鍵)》·《국사수상(國史隨想)》·《승리자의 비애》·《미나모토노 요리토모(源賴朝)》·《일본국민 두 가지 고뇌》 등 책을 잇달아 내놓았다. 《패전학교·국사의 열쇠》는 당초 국체론(國體論)에 바탕을 둔 내셔널리즘을 일본국민 '총참회론'으로 바꾸어 재구성한 신-내셔널리즘이다. 메이지시대 역사를 '창작'한 그는 러일전쟁을 근대일본 역사의 가장

빛나는 클라이맥스로 여겼다. 그리고 이런 역사를 이룩한 데는 텐노가 구심점이라는 생각이었다. 그는 민주주의시대에 들어서도 이런 역사를 계승하기 위해서는 일본에 천황제(天皇制)가 없어서는 안 된다며 천황제 존속을 강력히 주장했다. 오늘날 '상징 천황제'가 유지되고 있는 데는 그의 공을 빼놓을 수 없다.

문제는 이러한 도쿠토미의 극우사상이 일본 전후세대, 오늘의 젊은 지도층을 지배하고 있다는 현실이다. 텐노를 일본국민의 구심체로 내세우는 이들 집권세력의 국민통합 논리는 도쿠토미의 사고방식과 조금도 다르지 않다. 과거 침략주의시대 피지배 민족에 대한 비하 망언과 역사왜곡 역시 도쿠토미의 논리가 크게 작용하고 있다. 《도쿠토미 소호 – 일본 내셔널리즘의 궤적》의 저자 요네하라 겐(米原謙)은 "일본 사상계를 대표하는 시바 료타로(司馬遼太郎)를 비롯, 마루야마 마사오(丸山眞男) 등 많은 지식인이나 정치인들에게 도쿠토미의 사상이 고스란히 이어지고 있다"고 전한다. 심지어 나카소네 야스히로(中曾根康弘) 전 수상은 그가 쓴 《일본의 총리학(日本の總理學)》에서 "도쿠토미 선생으로부터 정치생활에 큰 영향을 받았다"고 자랑스레 밝히고 있을 정도다.

21세기 들어 세계 각국은 자국의 이익을 앞세우는 국가제일주의로 회귀하는 양상이다. 특히 일본은 군사대국을 목표로 헌법 개정을 서두르고 침략역사를 미화하며 국민들에게 내셔널리즘을 강조하는 등 제국주의시대 위세를 되찾기 위해 더욱 발 빠르게 움직이고 있다. 이에 대처하기 위한 우리 국민의 총의와 지략이 그 어느 때보다 필요한 시기이다. 이 책이 일본 우파사상의 흐름을 파악하고 반박논리를 개발하는 데 다소나마 도움이 되었으면 한다.

책이 나오기까지 많은 도움을 준 여러분들에게 감사드린다. 특히 유익한 내용을 담을 수 있게 국내에는 없는 자료를 구해준 이이쓰카 고이치(飯塚浩一) 도카이대(東海大) 교수와 다나카 나가노부(田中長信)·안코(洋子) 부부에 대한 고마움은 결코 잊을 수 없다. 그리고 변변치 못한 글을 항상 기꺼이 출판해 주신 지식산업사 김경희 사장과 편집진에게 고마움을 보낸다. 책 쓰기를 도와주고 건강을 챙겨준 가족에게 이 책을 바친다.

2005년 8월
지은이

일러두기

1. 개화기 우리나라 국호는 원칙적으로 '조선'이라 쓰고 '대한제국'으로 바뀐 1897년 10월 12일~1910년 8월 29일까지는 '대한제국' 또는 '한국'으로 표기했다. 다만 인용한 자료는 원문을 그대로 살렸다.

2. 일본 왕에 대한 호칭은 일본어 발음대로 '텐노'로 표기하고 우리말로는 왕으로 옮겼다.

3. 중국과 일본의 지명·인명 가운데 한자음으로 더 잘 알려진 것은 그대로 썼다.

제1장
한일합방의 숨겨진 이야기

■ 조선 언론을 통폐합하다
■ 〈조선통치의 요의(要義)〉
■ 《매일신보》를 '황국신민화' 도구로
■ 이광수를 포섭하라
■ 무단통치에 앞장서다
■ 조선은 천국이다

조선언론을 통폐합하다

　하늘도 민족의 비극을 알았음일까. 대한제국(大韓帝國)이 제국주의 일본의 강압에 못 견뎌 나라를 내어준 1910년 8월 22일 서울에는 비가 내렸다. 21일부터 내내 오락가락하던 비는 이내 폭우가 되어 27일과 28일에는 136.8mm나 쏟아졌다. 이른바 한일합방조약이 선포된 8월 29일 역시 잔뜩 찌푸려 불쾌지수를 더했다. 일제 강점시대의 시작은 이처럼 날씨마저 예사롭지 않았다. 거리는 온통 무장한 일제 경찰과 헌병들로 삼엄했고 신문도 제대로 나오지 않아 분위기는 때 아닌 '얼음장'이었다.

　러일전쟁(1904~1905)에서 이기고도 열강의 눈치를 보아오던 일제는 이토 히로부미(伊藤博文)[1] 암살을 빌미로 군부 강경파 데라우치 마사다케(寺內正毅)[2]를 앞세워 마침내 한일합방을 강행했다. 악역을 맡은 데라우치는 당시 수상 가쓰라 다로(桂太郎)[3]의 고향 후배로 대한제국 보호정치 이전부터 '병합'을 강력

---

1) **이토 히로부미** : 1841~1909. 메이지시대 지도적 정치가. 존왕양이(尊王攘夷)운동에 참여하여 천황제(天皇制) 확립에 힘씀. 영국유학. 1885년 내각제 창설과 함께 초대 총리가 되었다. 일본제국헌법의 초안을 작성하였으며, 초대 한국통감을 지냄. 1909년 만주 하얼빈에서 안중근 의사에게 암살되었다.

2) **데라우치 마사다케** : 1852~1919. 메이지·다이쇼시대의 군 출신 정치가. 육군 원수. 백작. 육군사관학교장·육군대학교장·육상·내각총리 등을 지냈다. 참모본부 국장으로 근무하면서 군 동원령을 제정하고 육군 편제를 7개 사단에서 13개 사단으로 대폭 확대했다. 군비확장을 위해 세금을 올렸으며 시베리아 출병을 강행하고 언론을 탄압하였다.

3) **가쓰라 다로** : 1847~1913. 메이지시대 군 출신 정치가. 육군대장. 자작. 독일에서 병제를 연구하고 귀국, 육군 관제를 개혁하였으며 청일전쟁 때 사단

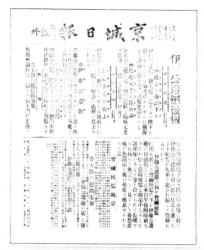

이토 히로부미 피격 사건을 보도한 1909년
10월 26일자 《경성일보》 호외

히 주장하며 침략에 앞장서온 군부
실세였다. 그는 대대적인 식민통치
기반조성에 앞서 먼저, 언론기관부
터 정리하기 시작했다. 바꿔 말하
면 일제는 언론기관 통폐합과 함께
'조선식민통치시대'를 열었다.

데라우치는 합방조약 선포 다음
날인 8월 30일 서울에 있던 모든 신
문과 잡지를 통폐합하고 오로지 국
한문판 《매일신보(毎日申報)》와 일
본어로 기사를 쓴 《경성일보(京城
日報)》, 영자지 《서울 프레스(Seoul
Press)》 등 세 가지만, 그것도 일제의 '조선동화'정책을 선전하는
'통감부 기관지'로 남겨두고 나머지는 모두 폐간 조치했다. 10
월 1일자로 통감부 직제가 조선총독부로 바뀌어 결국 총독부
기관지로 되었다.《매일신보》와 《서울 프레스》도 《경성일보》의
한 개 부서로 편입됐으므로 엄밀히 말하면 통감부 기관지 하나
만 남게 된 셈이었다. 이는 일제 군국주의 침략정책을 비판하던
민족지를 제거하고 우리 민족의 신문발행을 막아 식민통치를
마음대로 하려는 데 목적이 있었다.

이에 따라 1898년 이종일(李鍾一) 등이 중심이 되어 창간한
《제국신문(帝國新聞)》과 1909년 대한협회의 오세창(吳世昌) 등
이 만든 《대한민보(大韓民報)》 등 민족 신문은 말할 것도 없고,

장으로 일선에서 작전을 지휘하였다. 대만총독, 내대신 겸 시종장, 그리고 내
각수상을 세 차례 지냈다. 러일전쟁 당시인 1905년 7월 29일 미국 육군장관
태프트와 이른바 가쓰라・태프트 밀약을 체결, 한국합병을 주도하였다.

이완용(李完用) 친일내각의 기관지 《대한신문(大韓新聞)》, 일진회 기관지 《국민신보(國民新報)》, 일본인들이 자기선전을 위해 운영하던 《조선일일신문(朝鮮日日新聞)》, 《조선일보(朝鮮日報)》, 《경성신보(京城新報)》, 《동양일보(東洋日報)》 등이 모두 문을 닫아야만 했다. 또 1898년 남궁억(南宮檍), 장지연(張志淵) 등이 창간, 을사조약 때 논설 〈시일야방성대곡(是日也放聲大哭)〉으로 이름을 날렸던 《황성신문(皇城新聞)》은 8월 30일 신문 이름을 《한성신문(漢城新聞)》으로 고쳐 발행을 계속하며 버

1904년 8월 4일자 《대한매일신보》 제16호. 현재 남아 있는 가장 오래된 지면이다.

텼으나 이 역시 9월 14일 폐간의 운명을 맞았다.

그보다 더욱 비통한 일은 1904년 7월 18일 창간 이후 일제의 갖은 협박과 공갈에도 굽히지 않고 줄기차게 일제의 침탈 행위를 비판해 오던 《대한매일신보(大韓每日申報)》를 식민통치 선전도구인 한국통감부 기관지로 만들어 버린 조치였다. 당시 합방 조치를 궁금해 하며 《대한매일신보》를 기다리던 독자들은 무더위 속에서 분통을 삼킬 수밖에 없었다. 《대한매일신보》가 《매일신보》로 느닷없이 '대한'이라는 이름이 잘려 나간 데다, 일제를 비판한 기사는 찾아볼 수 없고 모두 한일합방 조치와 '일선동화(日鮮同化)'를 강조하는 내용만으로 지면이 채워졌기 때문이었다. 게다가 "대한제국의 국호를 조선으로 고쳤으므로 이에 걸맞게 대한을 삭제한다"는 요지의 제호 변경에 대한 사

고(社告)를 읽고서는 어안이 벙벙해 입을 닫을 수 없었다.

일본인 신문이 판을 치던 지방도 《경성일보》 위탁 형식으로 주요 도시에 지방지 1개씩만 발행이 허용됐다. 일본인들은 러일 전쟁에서 일본이 승리하자 서울뿐만 아니라 지방 요지에서 신문 발간을 급격히 늘렸었다. 합방 당시 일본인 소유 지방지는 손꼽을 수 없을 만큼 많았다. 부산의 《조선신보(朝鮮新報)》, 《조선시보(朝鮮時報)》, 《부산일보(釜山日報)》, 마산의 《마산신보(馬山新報)》, 진주의 《경남일보(慶南日報)》, 대구의 《대구신문(大邱新聞)》, 전주의 《전북일보(全北日報)》, 군산의 《군산일보(群山日報)》, 광주의 《광주일보(光州日報)》, 목포의 《목포일보(木浦日報)》, 평양의 《평양일보(平壤日報)》, 진남포의 《진남포신보(鎭南浦新報)》, 신의주의 《압강일보(鴨江日報)》, 《신의주시보(新義州時報)》, 청진의 《북한신보(北韓新報)》, 함흥의 《민우신문(民友新聞)》, 원산의 《원산매일신보(元山每日新報)》 등이 대표로, 이들 지역 신문은 말 그대로 위세가 당당했다. 하지만 이들 또한 일부만 지역대표 신문으로 살아남고 대부분은 문을 닫았다. 일제에 맞서는 민족지 때문에 일인(日人) 경영 신문도 덩달아 바람을 맞은 꼴이었다. 이는 우리나라 언론사상 첫 번째 있었던 언론의 강제 통폐합이라고 할 수 있다.

일제의 이 같은 잔혹한 한말(韓末) '신문통일정책'은 도쿄(東京)에서 《고쿠민신문(國民新聞)》을 경영하던 도쿠토미 소호(德富蘇峰 ; 본명 德富猪一郞)의 머리에서 나왔다. 《고쿠민신문》 사설을 통해 군비확장을 독려하며 '해외팽창론'을 주창한 도쿠토미는 군부의 눈에 들어 야마가타 아리토모(山縣有朋)[4]·가쓰라

---

4) **야마가타 아리토모** : 1838∼1922. 메이지·다이쇼시대의 군 출신 번벌(藩閥) 정치가. 육군 원수. 유신 뒤 유럽에서 공부하고 돌아와 징병령을 제정하

타로 등 군부 실세들과 친분을 쌓았다. 특히 데라우치와는 청일전쟁 때 설치됐던 '히로시마(廣島) 대본영(大本營)'에서 취재원과 기자 사이임에도 침식을 같이 할 정도로 절친한 사이였다. 당시 운수통신장관이던 데라우치는 도쿠토미를 조용히 불러 특종 기사를 귀띔하는 등 많은 도움을 주었다. 데라우치는 그 뒤 여단장을 거쳐 러일전쟁 때는 육군대신(大臣)으로 작전을 주도하며 도쿠토미가 이끄는 《고쿠민신문》 특별 취재팀에 편의를 보아주고 자금을 지원하기도 했다.

이런 인연으로 데라우치는 당시 일제에 대해 가장 비판적이며 구독자가 많은 《대한매일신보》를 총독부 선전지로 만들어 도쿠토미에게 운영을 맡길 생각이었다. 그때 《대한매일신보》는 독자가 1만3천 명을 넘어 데라우치 판단으로는 일본어를 모르는 한국 국민에게 식민정책을 합리화하고 선전하는 데는 그만한 도구가 없었다. 그러나 도쿠토미는 "조선의 언론을 모두 《경성일보》 한곳으로 통합하지 않으면 경영을 맡을 수 없다"며 통폐합을 강력히 주장했다. 《경성일보》는 원래 한국통감 이토 히로부미가 통감부 시책을 선전하고 일제 침략을 비판하는 민족지에 대항하기 위해 1906년 9월 1일 창간한 통감부 기관지였다.

도쿠토미는 1935년에 쓴 자서전에서 자신이 한말 언론 통폐합작업에 관여하게 된 배경을 비교적 자세히 설명하고 있다. 그는 이 자서전에서 "일한병합을 단행한 것은 제2차 가쓰라 내각이었다. 병합의 가장 유력하고 유효한 동기는 1909년 10월 하얼빈에서 일어난 이토 공(公)의 암살 사건이라고 할 수 있다. 데라우치 백(伯)은 일한병합 이전 통감으로서 병합의 대 사명을 띠

는 등 유신정부 초창기 군제를 확립하였음. 서남 내전 때 반란군을 토벌하였으며, 참모본부장·육군경·내무경·추밀원의장·내각 수상 등을 지냈다.

고 조선에 부임했는데, 나는 일청전쟁 이래 데라우치 백과 자주 접촉했다. 그는 일청전쟁 당시 운수통신장관이었으나 그 뒤 잠시 여단장으로 센다이(仙台)에서 근무했다. 그로부터 다시 중앙으로 복귀, 이윽고 육군대신으로 일러전쟁에 임했고, 일한병합 직후 나는 그의 요청을 받아 조선의 신문문제를 다루게 되었다"고 털어놨다.

그는 이어 "데라우치 백은 처음 나에게 총독부가 사들인 경성(京城)의 한 신문(《대한매일신보》를 말함)을 경영해 주도록 의뢰할 생각이었던 모양이나 나는 오히려 그때 조선의 모든 신문을 《경성일보》 하나로 모으지 않으면 안 된다는 의견을 내놓고, 그 제안이 받아들여져 결국 '감독'으로 반도(半島 : 한국) 언론정책에 미력을 보태게 되었다"고 밝혔다. 도쿠토미는 특히 "언론기관 통일은 곧 언론의 자유와 상반되는 의미이며, 사실 그러한 예가 종종 있으나 그래도 내가 보기에는 병합 이전 조선의 언론은 분분한 난마(亂麻)와 같아 만약 이를 통합시키지 않을 경우 어렵게 이룬 병합도 물거품이 될 우려가 없지 않아 무슨 일이 있어도 일한병합의 성지(聖旨)를 완전히 달성하기 위해 언론기관을 통합하게 되었던 것"이라며 당초 백지상태였던 식민지 신문정책을 자신이 수립해 추진한 것임을 강조했다. 그는 평소에도 "조선인에게 언론 자유를 주는 것은 '혁명사상의 온상'을 제공하는 꼴"이라는 말을 자주 늘어놓았다.

도쿠토미의 제안은 그의 자서전에서도 언급했듯이 식민지 언론을 통제하지 않으면 통치가 어려울 것이라는 판단에서 비롯됐다. 을사조약이 체결되어 대한제국이 일제의 보호정치 아래 놓이면서 민족지가 펼친 저항운동은 실제로 만만치 않았다. 일제 당국의 기사 검열에 걸려 내용을 제대로 싣지 못할 때는 잘린 부분을 벽돌처럼 칠하고 찍어내어 '벽돌신문'이라는 말이 유행할 정도였다. 그 가운데서도 영국인 배설(裵說, 1872~1909 ; 본명 Ernest Thomas Bethell)과 양기탁(梁起鐸, 1871~1938)이 운영하던 《대한매일신보》가 가장 큰 골칫거리였다.

《대한매일신보》 창간의 주역인 배설과 양기탁. 1908년 8월 5일자 영국 《데일리 미러(*Daily Mirror*)》에 실렸다.

다른 신문들은 신문지법으로 다루겠다고 으름장을 놓으면 대부분 말을 들었으나 《대한매일신보》만은 달랐다. 일제의 이른바 '대한(對韓) 보호시책'을 사사건건 물고 늘어졌다. 《대한매일신보》가 기사화한 '을사조약 반대운동', '국채보상운동', '의병운동' '교육구국운동', '민족산업육성' 등에 전 세계 언론도 놀랐다. 특히 "을사조약은 강제로 체결되었으며 고종(高宗)은 을사조약에 동의하거나 서면에 조인하지 않았다"는 내용의 고종밀서 기사는 일제의 만행을 온 세계에 그대로 보여준 것이어서, "을사조약은 결코 일본의 강요가 아니고 일한 양국이 스스로 합의해 체결한 것"이라고 구미 열강에 선전해 온 일제 당국자로서는 여간 괴로운 일이 아니었다. 《대한매일신보》가 이처럼 일제의 탄압에 굽히지 않고 침략 실상을 가감 없이 보도할 수 있었던 것은 발행인이 영국인으로서 외교상 치외법권의 보호를 받을 수 있었기 때문이었다. 《대한매일신보》는 실제로 일제의 강점을 가로막는 유일한 걸림돌이나 다름없었다.

1907년에 찍은 것으로 보이는 배설 일가의 가족사진. 왼쪽부터 배설, 부인 마리, 아들 짐.

그래서 일제는 갖은 방법을 다 동원해 《대한매일신보》를 압박했다. 우선 발행인 배설을 한국에서 쫓아내기 위해 두 차례나 재판에 회부하고 신문을 실질적으로 경영하던 총무 양기탁을 전격 구속한 것도 신문을 없애기 위한 전초전이었다. 1907년 10월 14일 배설을 국채보상 성금 횡령 혐의로 고소한 일제는, 미국 출신 대한제국 외교고문 스티븐스를 암살한 장인환(張仁煥)과 전명운(田明雲)을 '애국의사(義士)'로, 스티븐스를 '한국의 공적(公敵)'으로 보도한 1908년 4월 17일자 스티븐스 암살사건 상보(詳報)와 함흥군 풍호리(豊湖里) 보창학교(普昌學校) 학생 17명이 손가락을 잘라 국권회복에 신명을 다하기로 맹세한 학생운동을 칭송한 같은 해 5월 16일자 〈학계(學界)의 화(花)〉라는 제목의 논설 등을 트집 잡아 6월 15일 또다시 고소했다. 양기탁은 국채보상 성금을 횡령했다는 이유로 경시청 간부가 1908년 7월 12일 밤 직접 회사 안에까지 들어와 연행했다. 당시 《대한매일신보》는 치외법권 보호지역이어서 현행범도 함부로 들어가 체포할 수 없게 돼 있었다. 이런 사실을 알고 있던 양기탁은 신변안전을 위해 사옥 안에서 기거하며 신문을 만들었다. 양기탁 연행이 영국과 일본 사이에 외교 문제로 번졌음은 말할 나위도 없다.

일제는 이토 히로부미의 죽음으로 한일합방조치의 돌파구를 찾게 됐다. 사실 일제는 러일전쟁에서 이겨 대한제국에 대한 우선권을 확보하고도 세계열강의 여론이 두려워 선뜻 합병에 나서지 못하고 있었다. 그 이면에는 청일전쟁(1894~1895) 승리 뒤 강화담판 결과 손에 넣은 요동반도를 프랑스·독일·러시아의 삼국간섭으로 청나라에 곧바로 되돌려준 뼈아픈 경험도 크게 작용했다. 당시 군부의 야마가타와 가쓰라는 '일한합방론'을 폈으나 이토 히로부미와 이노우에 가오루(井上馨)[5] 등의 '비합방 보호론'에 밀려 결국 1905년 11월 대한제국과 보호조약을 맺고 이토가 초대 한국통감으로 부임하기에 이르렀던 것이다.

도쿠토미는 그때부터 자신의 《고쿠민신문》 사설을 통해 "조선을 하루빨리 합방해야 한다"고 줄기차게 주장했다. 그는 이토가 1909년 10월 26일 하얼빈에서 안중근(安重根, 1879~1910)에게 암살되자 가쓰라 수상에게 "일한병합은 양국의 장래를 위해 또 영원한 동양 평화를 위해 절대적으로 필요하다"며 절호의 기회를 놓치지 말라고 합방을 적극 주장했다.

그렇지 않아도 일제는 이토가 암살되기 전 이미 1909년 4월 10일 일본 아카사카(赤坂) 레이난사카(靈南坂)에 있던 이토 관저에서 수상 가쓰라와 외상 고무라 쥬타로(小村壽太郎)[6], 한국통감 이토 등 세 명이 모여 '한국병합' 방침을 확정하고 결정적인 기

---

5) **이노우에 가오루** : 1835~1915. 막부 말, 메이지, 다이쇼기의 정치가. 메이지 유신 주도. 영국 유학. 조선공사, 외무상, 내무상, 내각 수상 등 요직을 두루 거친 겐로(元老). 명성황후 시해의 원흉. 강화도사건 때 전권으로 조선과 강화 조약을 체결하였다.

6) **고무라 쥬타로** : 1855~1911. 메이지시대 외교관. 후작. 미국 하버드 대학 졸업. 주(駐)조선 변리공사, 외무차관, 주미공사, 주러시아공사, 주영대사 등을 지냄. 가쓰라 내각의 외상으로 군비확장 주력. 철도 국유화, 중국·조선의 철도 부설 등 제국주의 정책을 선도하였고, 러일전쟁 뒤 러일협약 체결, 당시 일본외교의 주역이었다.

회를 기다리던 참이었다. 그런 시기에 때맞춰 이토 암살사건이 일어났다. 이토의 장례와 '안중근 재판(1910. 2. 7. ~ 1910. 3. 26.)' 을 마친 일제는 세계 여론이 일본 동정론으로 기울었다고 판단하고 1910년 5월 30일에 데라우치 육군대신을 제3대 한국통감으로 겸임 발령하여 비밀리에 강제합방 계획을 추진했다. 데라우치는 가쓰라의 군벌(軍閥) 후계자로 신임을 받아왔다. 그는 가쓰라·고무라 등과 함께 한반도 침략에 광분한 한국민의 '사적(四敵)' 가운데 하나였다. 그의 몸에는 한국인 피가 흐르고 있다는 소문이 파다했으나 확인된 것은 없다.

일제는 이어 6월 3일 '병합 뒤의 한국에 대한 시정방침'을 확정하고 '병합준비위원회'를 설치했다. 통감 발령을 받고 두 달 가까이 도쿄에서 '병합준비위원회'와 병합실행 방법 등을 숙의한 데라우치로서는 단 한 가지, 언론정책 말고는 어려움이 없었다. 그래서 그는 언론의 생리를 누구보다 잘 알고 있는 도쿠토미에게 도움을 요청했다. 물론 가쓰라 수상도 식민지 언론정책의 중요성을 강조하며 도쿠토미를 설득했다. 도쿠토미는 당시 신문뿐만 아니라 일제의 대륙침략을 이론적으로 뒷받침하는 침략이론의 대가로 이름나 있었다. 한반도 안의 모든 신문을 하나로 통합한다는 방침은 바로 이때 결정됐다.

일제의 수상한 움직임을 눈치 챈 《대한매일신보》는 이토 히로부미 암살 뒤에도 안중근 재판 과정을 계속 보도하며 이토 저격의 정당성을 주장했다. 이런 《대한매일신보》가 일제 지배층의 눈엣가시였던 것은 너무도 당연했다. 강제합방을 이미 결심하고 그해 4월 데라우치를 한국통감으로 내정한 가쓰라는 이와 같은 비판적인 신문이 계속 발행된다면 통치계획 자체가 위협받을지도 모른다며, 한국통감부에 수단 방법을 가리지 말고 《대한매일신보》를 없애라고 지시해 놓고 있었다. 통감부는 우선 주한 영국 총영사 헨리 보나르(Henry Bonar)에게 압력을 넣었다.

1909년 12월 일본 고베(神戸)에서 서울 주재 총영사로 옮긴 보나르는 일본에서만 외교생활을 한 일본통이었다. 그는 《대한매일신보》 문제로 영·일 사이에 외교 마찰이 생기는 것을 달갑지 않게 생각했다. 때마침 배설이 사망하고 《대한매일신보》 사장은 만함(A. W. Marnham)이 맡았다. 그러나 만함은 한국어를 몰라 총무 양기탁에게 의지할 수밖에 없었다. 이 같은 국면을 지켜본 보나르는 만함에게, 신문제작을 한국인들에게 맡기는 것은 위험하다고, 경고하기 시작했다.

보나르는 마침내 만함에게 "한국을 위해 순교자가 될 준비가 되어 있지 않다면 신문을 처분하는 것이 좋을 것"이라고 충동질했다. 결국 만함의 동의를 얻어낸 보나르는 통감부에 《대한매일신보》를 매수하도록 제의하고 나섰다. 그는 "《대한매일신보》를 인수하는 것이 영속적인 공안방해이자 귀찮은 문제를 해결하는 가장 실용적인 방법이다"고 통감부를 설득한 것이다. 통감부로서도 바라던 바였다. 마침내 통감부는 1910년 5월 21일 만함에게 7백 파운드의 큰돈을 주고 《대한매일신보》를 인수하기에 이르렀다. 한일합방을 3개월 남짓 앞둔 시기였다. 《대한매일신보》를 사들인 통감부는 양기탁에게 발행을 맡기기 위해 의사를 물었으나 그는 단호히 거절했다.

그래서 통감부는 합방조약 때까지 《대한매일신보》 매입을 비밀에 부쳐두기로 하고 1910년 6월 14일 발행인 및 편집인 명의를 이장훈(李章薰)으로 바꿨다. 그러자 《대한매일신보》가 통감부에 팔렸다는 소문이 온 장안에 퍼졌다. 《대한매일신보》는 6월 14일자 사설에서 "발행인 만함이 무슨 일인지 신문을 그만두고 본국으로 돌아가려 하므로 사원들이 아끼지 않고 돈을 내어 활자와 기계 등 제반 집기를 매수했다"며 통감부 매수를 근거 없는 낭설이라고 부인했다. 또 "발행인이 외국인에서 한국인으로 바뀌었을 뿐 편집인이나 기자가 모두 그대로이므로 논조도 달라질 리가 없다"고 덧붙였다.

그러나 통감부의 《대한매일신보》 인수는 더 이상 숨길 수 없는 사실로 드러났다. 창간 때부터 신문제작과 경영을 도맡았던 양기탁이 발행인 명의가 이장훈으로 바뀐 그날부터 자신은 신문에서 손을 떼었다는 광고를 내고 《대한매일신보》를 떠나고 말았기 때문이다. 신문사 안에 신민회를 만들어 비밀 항일운동을 계속했던 신채호(申采浩, 1880~1936)·장도빈(張道斌, 1888~1963) 등도 모두 물러났다. 항일운동의 최선봉에 서서 뜨겁도록 구국의 혼을 불사르던 일제 침략 비판지 《대한매일신보》가 비극적인 종언을 고하는 순간이었다.

이런 음모 속에 통감부 언론정책을 맡기로 한 도쿠토미는 데라우치가 7월 23일 서울로 부임한 뒤 도쿄에서 가쓰라 내각의 한일합방 공작을 계속 도와 마침내 8월 22일 조약을 성사시키기에 이르렀다. 도쿠토미는 합방조약이 선포되자 날듯이 기뻐하며 자기가 운영하던 《고쿠민신문》 8월 29일자에 〈조선병합의 말(朝鮮併合の辭)〉이란 제목으로 합방에 대한 소감을 털어놨다. 그는 이 글에서 "조각배를 타고 일본해를 왕래하던 우리 신대(神代)에 일본과 조선은 일가(一家)였다. 이제 일본과 조선의 관계는 신대의 옛날로 돌아갔다"고 주장하고 "이로써 1천7백여 년 이래의 문제를 해결했다. 지금부터 우리들은 한 가지 더 늘어난 책임을 완수하기 위해 더욱 정진해야 한다. 그것만이 텐노헤이카(天皇陛下)의 성덕에 보답하는 길이다"라고 강조했다. 그는 이어 서울로 가기 직전 역시 그의 신문에 〈책임〉이란 제목의 사설을 통해 주어진 임무를 충실히 이행할 것을 다짐한 뒤 9월 13일 도쿄를 떠났다. 한반도는 그가 어린 시절부터 동경(憧憬)해 오던 곳이었다고 한다. 나이 48세로 노년기를 눈앞에 둔 그로서는 마음이 설렐 수밖에 없었다. 그는 출발에 앞서 육군의 겐로(元老) 야마가타를 찾아가 부임인사를 하는 것도 빼놓지 않았다.

도쿠토미는 16일 부산을 거쳐 이날 밤 서울 남대문 역에 도착했다. 그의 서울 방문은 이번이 두 번째였다. 그는 1906년 5월 중국여행을 가는 도중 잠시 서울을 거쳤었다. 서울은 그때보다 훨씬 변해 인구도 20여 만 명에 이르렀으며 일본인도 3만 명 남짓 살고 있었다. 그는 일단 경성호텔에 여장을 풀고 데라우치 통감을 비롯, 야마가타 이사부로(山縣伊三郎)[7] 정무총감, 아카시 모토지로(明石元二郎, 1864~1919) 경무총감, 고다마 히데오(兒玉秀雄, 1876~1947 ; 고다마 겐타로의 장남) 회계국장 등을 만나 의견을 나눈 다음 곧바로 활동에 들어갔다.

통감부에는 앞의 이름들에서 알 수 있듯이 메이지유신(明治維新) 원훈(元勳)의 친인들이 요직에 포진하고 있었다. 도쿠토미는 주로 통감 비서관이자 회계국장인 고다마와 많은 문제를 의논했다. 신문 운영비 지원 문제가 걸린 만큼 돈줄을 쥐고 있던 회계 책임자를 상대한 것은 당연한 일이었다. 그는 또 《매일신보》를 충실한 기관지로 제작, 활용하기 위해 친일 인물로 알려진 정운복(鄭雲復)과 한국어에 능통해 통감부 경시청 번역관으로 각 신문을 검열했던 나카무라 겐타로(中村健太郎), 1895년 2

---

7) **야마가타 이사부로** : 1857~1927. 메이지·다이쇼기 정치가. 공작 야마가타 아리토모의 조카. 나중 야마가타의 양자로 야마가타 가계를 이었다.

월 《한성신문》를 창간했던 아다치 겐조(安達謙藏, 1864~1948) 등을 만나 함께 식사를 하며 제작 협조를 요청하는 등 바쁜 일정을 보냈다.

그 사이 일제는 10월 1일자로 한국통감부 직제를 개편, 조선총독부로 바꾸고 통감으로 일하던 데라우치를 육군대신 겸 초대 조선총독으로 임명했다. 보름 남짓 동안 언론정리 작업을 마무리한 도쿠토미는 이날 데라우치와 총독부 기관지 운영에 관한 계약을 맺고 〈신문정리에 관한 결정서[取極書]〉를 주고받았다. 이에 따라 도쿠토미는 《경성일보(매일신보)》 경영과 인사권을 모두 갖는 '감독'으로 위촉됐다. 도쿠토미가 사장이 아니라 감독으로 결정된 것은 《고쿠민신문》 사장인 그가 도쿄를 장기간 떠나 있을 수 없기 때문이었다.

〈신문정리에 관한 결정서〉는 특히 "《경성일보(매일신보)》는 총독부의 시정(施政) 목표를 달성하기 위해 총독부와 총독 본위로 신문을 만들어야 하고 감독자는 1년에 2번 이상 서울에 와 근무해야 하며 당국자(총독부)에 대해 모든 책임을 지도록 한다"는 내용을 담았다. 이와 함께 경영은 특별회계로 신문사 안에 이를 주관할 인물을 두기로 했다. 다시 말하면 총독부는 신문 운영비를 대고, 도쿠토미는 자기 아래 사장을 두고 시간이 나는 대로 서울에 나와 회사 운영을 감독하는 조건이었다. 총독부는 이처럼 《경성일보(매일신보)》에 대해 특혜를 주는 대신 필요한 일이 생기면 감독자와 사원을 바꿀 수 있고 신문 제작과 운영에도 간여할 수 있는 단서를 달아 두었다.

그러나 도쿠토미는 말이 《경성일보(매일신보)》 감독이지 실제로는 데라우치 총독에게 문무(文武) 식민통치 행정 전반을 조언하는 정책고문역이었다. 보수도 여비·수당·체재비 등 명목으로 연 3천 엔이 지급됐다. 이는 각 도 장관(도지사)의 연봉과 맞먹는 예우였다. 1910년 당시 12등급으로 나뉜 일제 고등문관 연봉은 최고 2천5백 엔(1급)에서 최저 5백 엔(12급)이었다. 이보다 서열이 낮은 판임문관은 월급이 50 엔(1급)에서 10엔(10급)에 지나지 않았다. 이와 견주면 그에 대한 대우가 어떠했는지 실감할 수 있다. 총독부는 또 《경성일보》에는 매월 1천5백 엔, 《매일신보》에는 6백 엔의 보조금을 지원하고, 일본의 신문사와 주요 사건 기사 등을 주고받는 데 필요한 전보비로 매월 2백 엔씩 주었다. 총독부는 이밖에도 《경성일보》가 그동안 진 빚 3만 엔을 갚아주고 윤전기와 사진기 등을 새 것으로 바꿔 주었으며 사원 정리와 신문 확장비로 각각 5천 엔씩을 내놓기도 했다. 일제는 이와 같이 항일 구국운동의 원동력인 민족지를 모두 없애고 조선민족의 저항을 총칼로 누르기 위한 언론의 정지작업을 완료, 식민통치 기반을 다졌다.

〈조선통치의 요의(要義)〉

　조선총독부로부터《경성일보(매일신보)》제작 운영을 위임받은 도쿠토미는《경성일보(매일신보)》사장 겸 주필에《고쿠민신문》이사 겸 정치부장 요시노 다자에몽(吉野太左衛門)을 발탁했다. 요시노는 도쿄 출신으로 1900년 와세다(早稻田)대학 전신인 도쿄전문학교 정치경제학과를 졸업하고《고쿠민신문》에 입사, 부편집장 등을 거쳐 30세 젊은 나이에《경성일보(매일신보)》최고 경영자 자리에 올랐다. 이와 함께 신문편집을 총괄하는 편집장에는 통감부 신문검열 담당자였던 나카무라 겐타로를 기용했다. 이로써 조선총독부 기관지《경성일보(매일신보)》는 일단 도쿠토미 감독, 요시노 사장, 나카무라 편집장 체제로 출범했다.

　《경성일보》는 여섯 면을 발행했다. 이에 견주어《경성일보》안의 일개 부서로 출발한《매일신보》는 네 면을 냈다. 조직도 정치·경제를 담당하는 경파(硬派)와 사회·학예 분야를 맡은 연파(軟派)로 간단했다. 편집장은 물론 나카무라가 겸했다. 기사는《대한매일신보》에서 그대로 눌러앉은 친일성향의 이장훈과 변일(卞一), 조중환(趙重桓), 정우택(鄭禹澤) 등이 썼다. 여기에 이해조(李海朝), 이인직(李人稙), 선우일(鮮于日), 정운복 등이 가세했다. 논설을 책임진 정운복은《경성일보》창간에도 참여했으며 언론 통폐합 전까지《제국신문》을 경영했다. 그는 1909년 11월 4일 일본 도쿄 히비야(日比谷) 공원에서 열린 이토 히로부미 장례식에 김환(金丸)과 함께 한국기자 대표로 참석하기도 했다.

《대한매일신보》 매수 당시 발행인으로 임명된 이장훈은 2개월도 못 채우고 변일에게 자리를 물려주었다. 발행인은 형식적인 직함으로 책임만 따를 뿐 권한은 전혀 없었다. 그러나 일제는 조선인이 신문을 만들고 있는 것처럼 위장하기 위해 친일기자를 발행인으로 임명하고 지면에 그 이름을 밝혔다. 일제 침략 비판지 《대한매일신보》가 갑자기 총독부 기관지로 둔갑, 중단 없이 발행될 수 있었던 이유는 바로 이들의 지원과 구실이 컸다.

朝鮮統治の要義

其一

朝鮮の統治は、版古未曾有の大當事也。而して又た未曾有の新試驗也。我が日本國民たるもの、此の問題に對し、最も眞面目に、最も忠實に、且最も精嚴周到に商量するを要す。何となれば帝國の世界に於ける威信、繋って是に存すれば也。帝國の極東に於ける勢力の消長、係りて是に存すれば也。而して我か大和民族の果して克く膨脹し、之を善化するの能力の有無を、實地に證明するは、克く統一し、克く整調し。新に新領土を獲るのみならず、

三三

《양경거류지》에 실려 있는 도쿠토미 소호의 〈조선통치의 요의〉.

도쿠토미는 총독부 기관지 체재가 갖춰지자 사원들을 모아놓고 "《매일신보》가 신문으로 존재하는 이유는 텐노헤이카(天皇陛下)의 인애심(仁愛心)과 일본인과 조선인 모두를 평등하게 보아 똑같이 사랑하는 일시동인(一視同仁)의 뜻을 받들어 이를 한국에 선전함에 있다. 따라서 기자는 결코 어느 특정 개인이나 단체의 편을 드는 사적(私的) 마음에서 붓을 휘두르는 일이 없도록 공정을 기하고, 기사는 온건 타당함을 기본으로 결코 간사하게 꾸미거나 그릇된 말을 사용해서는 안 되며 간결 명료하게 써야 한다. 특히 《매일신보》는 《경성일보》와 제휴하여 항상 보조를 같이 해야 한다"는 내용의 당부 말을 했다. 이는 《매일신보》가 담아내야 할 제작방향이었다.

그는 이어 《경성일보》에 〈조선통치의 요의(朝鮮統治の要義)〉라는 글을 연재했다. 감독 취임 뒤 처음 쓴 〈조선통치의 요의〉는 한일합방을 일본 내셔널리즘의 한 도달점으로 인식한 도쿠

토미의 집념이 담긴 식민통치 요령이었다. 일제의 다른 민족 지배가 마치 역사의 대세라는 듯 미화한 무력(武力)통치론이기도 하였다. 이 글을 읽다보면 그가 얼마나 군국주의에 심취했는지를 여실히 알 수 있다. 신문에 게재된 날짜는 10월 1일부터 15일 사이로 추측할 뿐 정확히는 알 수 없다. 그때 신문이 우리나라에는 물론 일본에도 남아 있지 않기 때문이다. 다만 그가 10월 15일까지 서울에서 활동한 사실과 글 끝부분의 '메이지 43년 10월 경성에서'라는 기록이 추정을 가능하게 한다.

원고는 매회마다 2백자 원고지 일곱 장 안팎으로 모두 10회 분량이다. 내용은 '일본이 조선을 통치할 수밖에 없다'는 대세론으로부터 '조선인의 저항을 제압하는 데는 힘뿐'이라는 완력론(腕力論), '조선인 스스로 제국 신민(臣民)이 되는 길 밖에는 다른 방법이 없다'는 동화론 등 강경론으로 일관하고 있다. 일제의 한일합방과 무단통치 연구에 없어서는 안 될 〈조선통치의 요의〉는 지금까지 일본 학자들이 연구서에 그 요지만을 간략하게 소개해 전체 내용은 좀처럼 대할 수 없었다. 일제 무단통치 교본으로 쓰인 이 글은 《양경거류지(兩京去留誌)》라는 책에 전문(全文)이 그대로 실려 있다. 《양경거류지》는 도쿠토미가 1915년 71번째로 펴낸 책이다.

도쿠토미가 침략의 당위성을 주장하기 위해 억지로 꿰어 맞춘 〈조선통치의 요의〉는 긴 설명 없이도 논리의 비약을 곧바로 확인할 수 있다. 특히 우리민족에 대한 편견과 역사인식은 한심하기 그지없다. "조선인에게 필요한 것은 자유가 아니라 질서이고 언론이 아니라 실행"이라고 극언한 그의 비정상적 정신세계와 비뚤어진 논리를 조명해 보기 위해 〈조선통치의 요의〉를 요약하여 옮긴다(원문은 부록 참조). 참고로 인용문 가운데 굵은 글씨는 역자가 강조하기 위해서 표시하였다.

1. 조선통치는 우리에게 지금까지 한번도 있어본 일이 없
는 장한 일이다. 미증유의 새 실험이기도 하다. 일본국민은
이 문제를 가장 성실하게, 가장 충실하게, 그리고 가장 용의
주도하게 생각해야 한다. 왜냐하면 제국 세계의 위신과 극동
에 진출한 제국세력의 성쇠가 여기에 직결되어 있기 때문이
다. 하지만 우리 일본민족은 팽창도, 통일도 잘하며 조정(調
整)에도 역시 능하다. 새 영토를 획득하는 데 그치지 않고 이
를 선용(善用)하여 통치능력이 충분함을 보여주어야 한다.
**생각컨대 조선병합은 우리들이 바라던 바든 아니든 물
러날 수 없는 대세이다.** 40여 년의 새로운 경험과 2천 수백
년의 오랜 역사가 우리들에게 여러 가지 교훈을 주었다. 우
리들은 우선 자위(自衛) 때문에, 또 조선 때문에, 또 다른 한
편으로는 극동과 세계 평화를 위해 메이지유신 이래 여러 가
지 방법을 시험해 왔고 이와 함께 수많은 대가도 치렀다. 공
동 보호와 고문제도를 거쳐 마침내 통감정치를 실시하기에
이르렀다. 그래도 아직 도달해야 할 점에 이르지 못했다. 우
리들이 조선을 향해 한 걸음 한 걸음 기반을 닦아 온 것은
스스로 무사하게 안착하기를 원해서가 아니다. 대세가 우리
를 뛰게 하고 멈출 수 없게 한다. **대세는 일종의 불가항력
으로 우리들은 여기에 전혀 이해를 고려할 여지가 없다.**
우리들은 대륙 통치의 어려움을 모르는 바 아니다. 그럼에도
한번 당겨진 화살은 쏠 수밖에 없고, 높은 산봉우리 바위에
서 넘어지면 떨어질 수밖에 없다. **조선병합은 일본민족의
처지에서는 이 외에 어떤 방법도 없는 유일한 길이다.**

그래서 이를 실행하는 데는 우선 실수가 없어야 하고 계획에 차질이 없도록 하며 좌절이 있어서도 안 된다. 병합은 불가항력일지라도 통치의 성공과 실패는 불가항력이 아니다. 그 성패의 책임은 우리들의 머리에 있다.

2. 일부 역사가들이 입증한 바와 같이 일본과 조선 인종은 같은 뿌리에서 생겨났다. 다만 뿌리를 나눈 지가 이미 2천 수백 년이 지나 본성은 가까워도 습관이 다르다. 우리들은 어떤 일도 무시할 수 있지만 역사만은 무시할 수 없다. 역사는 우리들을 무시해도 이에 따른 의미는 결코 떼어놓을 수 없다. 만약 **역사를 도저히 이길 수 없는 대상으로 깨닫는다면 처음부터 역사에 복종하는 것이 제일이다. 정치의 요(要)는 타협에 있다. 그리고 조선통치의 요는 조선역사와 타협하는 쪽이 첫째라고 할 수밖에 없다.** 이른바 일시동인도 그 이후의 일이고, 그 테두리 안의 일이다. 아니 그게 근본이다.

사람들은 간혹 유럽 여러 나라가 아프리카에서 행하고 있는 식민정치를 일본의 조선통치와 비교하여 설명하려고 한다. 왜 그 유(類)를 모르는지 한심하다. 조선은 야만국이 아니고 조선인은 야만인이 아니다. 우리들은 현재 조선 상태를 보고 그 빈곤과 누추함을 싫어할 수밖에 없지만 이는 애초부터 그런 것은 아니다. 폭정의 결과가 이렇게 만들었을 뿐이다. 조선은 미개국이 아니라 이미 깬 나라다. 다만 퇴화하고 타락하고 있을 뿐이다. 고려의 문명에서 보듯이 인간사상과 생활에 끼친 찬연한 문화를 해동(海東)에 전파했다. 우리들이 그들에게 새로운 것을 주기에 앞서 옛날 그들이 가졌던 고유한 것을 캐내 그들에게 복귀시킬 필요는 없을까.

조선통치는 교외에 신시가를 건설하거나 백지에 글씨를 쓰듯이 유쾌하지도, 쉽지도 않다. 요컨대 조선은 정치학의 실험실이 아니고 조선인은 쓸데없이 다른 연구 결과를 얻기 위한 실험 자료도 아니다. 통치자는 피통치자에 대해 중대한 책임이 있다. 조선이 일본에 병합된 마당에 그 책임은 오로지 통치자에 있을 수밖에 없다. 우리들이 조선통치에 따른 이런 우려를 경계하는 까닭은 오로지 조선인을 위함이다.

3. **통치 목적을 달성하기 위해서는, 첫째로 조선인에게 일본의 통치가 불가피함을 마음에 새기도록 해야 한다. 둘째는 식민통치로 자기에게 이익이 따른다고 생각케 하고, 셋째는 통치에 만족하여 기꺼이 복종케 하고 즐겁도록 하는 데 있다.** 만약 이 세 가지를 다같이 이룰 수 없을 때는 우선 앞의 둘을 택하라. 그것도 어려우면 가장 앞의 하나를 실행하라. 조선인들이 일본의 조선통치를 숙명으로 여기고 기꺼이 받아들일 수 있게만 하면 이미 목적의 하나는 이룬 셈이다.

그렇게 할 수 있는 방법은 오직 힘뿐이다. 힘은 물론 병력이 요소이지만 병력만을 의미하는 것은 아니다. 병력과 함께 법을 겸해야 한다. 즉 법 체제를 근본적으로 확립하고 사람이 이에 항구적으로 안주하는 것을 말한다. 여기서 사람이란 위로는 총독에서 아래로는 지방의 군 직원까지를 모두 말한다. 옛날부터 힘과 덕(德)을 비교하여 덕이 힘보다 우월하다고 말하는 사람이 더 많았지만 힘이 있어야만 덕도 빛이 난다. 특히 습관이 제2의 천성으로 되어버린 조선인처럼 외교상 해결이 쉽지 않은 상대에게는 더욱 그렇다.

조선을 통치함에는 물도 새어서는 안 되고 손톱을 세워서도 안 된다. 미래 영겁(永劫) 통치를 따르는 것 외에는 어떠한 방법도 없다는 사실을 조선인들에게 각인시켜라. **반항은 만에 하나 요행으로 성공을 이룰 수 있다는 여지로부터 생긴다.** 만약 앞으로 이런 경우가 생긴다면 그것은 우리가 실마리를 제공했다는 점을 각오하지 않으면 안 된다. 아울러 이미 **일본제국 신민이 되어야겠다고 마음먹은 조선인이 있다면 이들에게는 은혜를 베풀고 사랑으로 키워 천천히 일본인으로 동화시켜야 한다.** 우리들의 의도는 통치의 요소에서 인정을 제외하려는 것이 아니다. 하지만 힘이 없는 인정은 거짓으로 흘리는 눈물일 뿐이다. 흔히 국가의 큰일을 그르치는 것은 소인이 아니라 이른바 군자들이다. 군자들의 인정론(人情論)이다.

4. 우리들은 반드시 조선인을 하급 민인(民人)으로 다루어야만 한다고 말하지 않는다. 위도 아니고 아래도 아니다. 우리 텐노헤이카(天皇陛下)와 국법은 무엇보다 일시동인을 필요로 한다. 일본인으로서는 동포 형제 관계를 원한다. 따라서 그들에게 혹시라도 일본제국으로부터 분리할 수 있다는 망상을 그리워해서는 안 된다고 말해주고 싶다. 아니 위로부터 아래까지 **자자손손 그들의 운명은 일본국민이 되는 길 밖에, 또 일본국민으로 동화하는 수밖에 다른 방법이 없음을 생각해야만 한다고** 말해 줄 뿐이다. 조선통치는 이미 엎질러진 물로 여기에 **복종하는 것 외에 다른 방법은 없다.**

그리고 우리들이 선정(善政)을 요하는 것은 단지 마지못해 복종시키는 데 그치지 않고 복종함으로써 이익이 따른다고 생각케 하기 위함이다. 선정은 반드시 혜정(惠政)에 있지 않고 공정(公正)을 첫째로 한다. 만약 일본인과 조선인이의 재판이 똑같이 공정하다면 그 자체만으로도 이미 선정이다. 우리들은 우리 사법제도 적용으로 총독정치가 성공할 수 있으리라 의심하지 않는다. 일본인과 조선인에게 경찰관의 보호가 동일하게 적용되면 이 역시 선정이다. 선정은 예견할 수 있는 정치이고, 믿을 수 있는 정치이다. 조세를 줄여주기보다는 부담을 공평하고 확실하게 하는 쪽이 훨씬 선정이다. 우리들은 우리의 세무 관리와 경찰의 힘에 많은 기대를 건다. 다만 조선인으로서 우리 통치에 스스로 복종하고 이를 기꺼이 받아들이기까지에는 얼마간의 세월과 노고를 필요로 하지 않을 수 없다. 따라서 모든 일을 제쳐두고 여기에 치중해야 한다.

공정 이외에 은혜로 나라를 다스리는 것은 치국(治國)의 요는 아니다. 힘에 공정을 기하고 공정에 은혜를 쌓으면 우리 통치에 기꺼이 복종할 것이다. 즐거운 마음으로 복종하지 않아도 방해는 하지 않을 것이다. 우리 통치를 기쁘게 받아들이게 하는 일이 가장 중요하다.

5. 고금을 통하여 제국주의의 성공자를 든다면 우선 로마인과 영국인을 손꼽지 않을 수 없다. 그들은 왜 성공했을까. 한마디로 말하면 그저 전력을 쏟아서 된 것만은 아니다. 강조하자면 그들은 새로운 영토, 민족의 풍속·습관을 중시하고 어쩔 수 없이 필요한 일 외에는 종래 해온 대로 맡겼기 때문이다. 다만 로마제국은 당시의 기독교가 정치적 색채를 띠었거나 띠려는 것으로 판단하고 기독교도를 박해했을 뿐이다. 이는 단순히 종교에만 그치지 않고 다른 모든 면도 그러하였다. 영국인도 그러한 마음에서 출발했는지는 알 수 없으나 식민지를 통수하는 규범 면에서는 로마인의 전례를 따

르지 않았다고 말할 수 없다.

우리의 조선통치술이 어찌 예외일 수 있겠는가. 우리들은 개혁의 적이 아니다. 다만 개혁을 위한 개혁이 아니라 필요한 개혁만을 바란다. 개혁해도 되고 안 해도 되는 경우에는 오히려 전래 습관에 맡겨두는 편이 바람직하다. 개혁의 묘(妙)는 남의 신경을 거스르지 않게 하는 데 있다. 바꾸어 말하면 자발적으로 기획하고 이를 마음에 두지 않고 구래의 누습을 벗어나게 하는 데 있다. 조선인들이 하는 대로 맡겨두어라. 우리들은 오로지 제국의 일부분으로 그들을 통치할 뿐이다. **우리들이 그들에게 주려는 것은 평화와 질서, 양법(良法), 그리고 선정이다.**

대개 개혁의 어려움은 그 필요와 불필요를 구별해 내는 데 있다. 큰 정치는 그 큼을 취하고 작은 정치는 그 작음을 택한다. 조선인의 생활에 아주 작은 일까지도 일본식을 받아들이라고 강요하면서 개혁을 달성하려 한다면 이는 실로 통치의 목적을 저해하는 어리석은 좀도둑이라고 말할 수밖에 없다. 옛날 사람이 말하기를 대국을 다스리는 일은 작은 생선을 익히듯이 하라고 했다. 우리들은 때로 큰 철퇴를 꺼리지 않는다. 그러나 작은 침으로도 될 일을 그렇게까지 하려는 까닭을 모른다.

6. 조선을 다스리기 위해서는 먼저 조선을 이해하지 않으면 안 된다. 그것도 근본적 병의 원인을 파악해야 한다. 나는 **솔직히 조선은 정치적 중독 상태**라고 말하고 싶다. 이는 요새 와서가 아니다. 유사 이래 거의 그렇게 중독증에 걸렸다. 우리들은 **조선역사를 읽고 중독현상이 실로 우연히 아니었음을 슬퍼하지 않을 수 없다.** 이는 물론 그렇게 될 수밖

에 없는 원인도 있다. 조선 땅은 항상 남북세력의 압박을 받는다. 중국 아니면 일본·요·금·몽고 등에 그랬고 가까이는 러시아에도 마찬가지다. 춘추시대 대국 사이에 낀 정(鄭)나라 사람이 선천적 외교가였듯이 조선인도 그러하다. 베풀고 서로 주고받음도 필연적인 세(勢)여서 **조선은 어쩔 수 없이 늘 정치적 음모의 온실이 될 수밖에 없었다.** 이 때문에 안으로는 쓸데없는 모략이 성행하고 밖으로는 술수를 부려 자연히 정치적 중독에 걸리게 된 것뿐이다.

　우리들이 **조선 정치사를 일부의 음모사(陰謀史)라고 단언한 것도 결코 과장이 아니다.** 고려 말기 나라에 충성하고도 이조(李朝) 창업자 이성계(李成桂)에게 무참하게 살해된 정몽주(鄭夢周)에게서 그 예를 쉽게 찾을 수 있다. **음모에는 언제나 정쟁(政爭)과 당화(黨禍)가 따르기 마련이다. 붕당 싸움이 조선처럼 극심한 곳도 드물다.** 조선의 당쟁은 때로는 학파에 따라서, 때로는 지방에 따라서 일어났고, 가장 많게는 정권 쟁탈이 그 원인이었다. 요즘에는 친로(親露)·배일(排日)·사대(事大)·독립 등과 같이 지금 우리들 기억에 새로운 점이 없을 정도다.

　당쟁의 이기(利器)는 음모와 변명이다. 게다가 조선인은 선천적 웅변가다. 이는 조선인의 장점임과 동시에 단점임을 간과해서는 안 된다. 쓸데없는 망상에 도취, 없는 말을 지어내어 이를 구실로 일을 도모하려는 경향이 있기 때문이다. 우리들은 **조선인들의 정치중독 치료를 위해 잠시 정치 소용돌이에서 멀리해 엄격한 훈련과 확실한 교육으로 생활과 사상을 개선하도록 해야 할 것**이다.

　7. **세계에서 악정(惡政)의 모범을 꼽으라면 지금의 조선**

밖에는 없다. 사람들은 흔히 조선인의 게으름을 탓한다. 그리고 조선인은 대개 쓸데없이 게으르다. 그들은 부조(父祖)대로부터 공부하고 일을 해도 효과를 거둘 수 없다는 사실을 말 없는 가운데 배워 왔다. 사람들은 비천한 조선인의 생활 정도를 비웃는다. 그러나 우리들은 이에 대해 한 방울 눈물도 흘릴 수 없다. 그들 역시 사람이다. 아니 기호를 말하면 결코 일본인 아래 놓일 사람들이 아니다. 그들 스스로 형편없는 생활에 안주하는 것은 그럴 수밖에 없는 사정이 있다. 생활 정도를 높이는 일은 오히려 재산을 빼앗겨 몸을 위험하게 하는 원인인 줄 안다.

조선인의 정신적 물질적 상태는 나무 없는 민둥산이다. 산에는 수목 하나 없고, 있다 해도 누군가 이를 베며 마지막 한 뿌리마저 남아날 수 없을 때까지 캐기 때문에 벌거숭이산이 되고 만다. 우리들은 가혹한 정치 호랑이의 사나운 실례를 눈앞에서 보았다. 이런 지경에서 살아남은 사람들에게 불안감을 없애는 일이 가장 급하다. 눈이 녹으면 초목은 저절로 성장한다. 우리들이 조선인을 위해 가장 먼저 해야 할 구실은 눈을 치우는 일이다. 사람들은 더러 조선인의 생활을 향상시킬 수 없다고 말한다. 그러나 사실은 향상에 있는 것이 아니라 충실함에 있다. **그들에게 배를 채울 수 있게 하라. 오늘의 문제는 미식(美食)이 아니라 배부름에 있다.** 향상도 진보도 그 이후의 일이다. 해결 방법은 일정액의 세금과 시간에 있다. 마을에는 경찰이 있고 도시와 도시 사이에는 도로가 있다.

반복해 말하거니와 우선 **그들에게 먹을 것을 주고 그리고 교육을 하라. 먹을 것은 배가 부르도록 주고 교육은 실**

용 위주로 하라. 잘못하여 거짓 꾸민 헛말을 불어넣는 일이 있다면 이는 취한(醉漢)에게 강제로 술을 먹이는 꼴이다. 조선인을 개도하려는 욕심으로 오히려 그들을 천길 계곡으로 떨어지게 하는 일이기도 하다.

8. 조선통치를 말하는 자들은 걸핏하면 이집트나 인도에서 예를 찾는다. 우리들은 역사적 안목으로 영국이 지배하는 두 나라를 잘 살필 필요가 있다. 그리고 우리들의 판정에 큰 잘못이 없다면 영국은 두 나라에서 크게 성공했다고 인정할 수밖에 없다. 그렇다고 이를 둘도 없는 조선통치의 모범이라고 하기에는 다소 위험이 없는 것도 아니다. 인도의 현상을 보라. 인도 통치자는 인도 인민에 많은 동정을 표하고 그들의 요구를 들어주기 위해 지극히 우호적이다. 인도인들의 민족적 갈망을 들어주려고 정무 평의회(評議會)에도 인도인을 어느 정도 수용하고 있다.

하지만 인도인들은 과연 이에 만족했을까. **인도의 각 신문은 하나같이 민심을 선동하여 본국과 분리해야 한다고 주장한다. 그리고 인도의 지식계급도 절대적 독립론으로 기울어져 있는 듯하다.** 그들 가운데는 급진과 점진, 두 파가 있다. 급진 쪽은 이를 즉시 단행하고 점진 쪽은 기회를 보아 실행해야 한다고 주장한다. 생각해 보면 인도로 유입된 영국 문학은 인도 청년들에게 알게 모르게 자유 독립사상을 키우는 등 많은 영향을 주었다. 급진파 가운데는 스스로 비수를 품고 영국으로 건너가 인도인의 은인이라고 할 수 있는 영국 관리를 런던의 공회당에서 찔러 죽인 예도 있다. 이런 과격 분자가 아니라도 모두가 영국을 따르는 것은 물론 아니다.

이집트도 마찬가지이다. **영국의 이집트 통치 성공은 분**

분한 난마로부터 **한 가지 질서를 내세워** 수천 년 이래 거의 볼 수 없었던 **선정을 베풀었기 때문이다.** 그럼에도 영국 크로머 경은 말년에 은혜를 베푼 데 대한 감사함을 받기보다도 오히려 이집트 국민들로부터 새 요구를 받기에 이르렀다. 그 후임자 거스트 씨에 이르러서는 지나친 완화정책으로 도리어 수습하기 어려운 나쁜 선례를 만들어 주었다. 영국의 인도와 이집트 정책을 조선통치의 전형으로 삼아야 한다고 논하는 자는 도대체 무슨 생각일까.

9. 영국 웰링턴 공은 일찍이 만일 우리가 인도를 잃게 된다면 이는 의회의 탓이라고 할 수밖에 없다고 경고한 적이 있다. 기자는 오늘 그의 뛰어난 선견에 경탄할 수밖에 없다. 보라, 템스 강가에 있는 영국국회와 그 의원들의 말에 따라 인도가 실로 얼마나 어려움을 겪고 있는가를. 가까운 예로 노동당 지도자인 키어 하디씨가 인도를 여행하면서 언론에 던진 한마디가 결국 인도의 불안한 상태에 기름을 붓는 꼴이 되었다. 사람들에게 웰링턴 공의 예언이 빈말이 아님을 상기시키지 않으면 안 된다.

우리들은 **조선통치를 곤란하게 한 장애물이 있다면 그것은 조선인보다 오히려 일본인의 황당무계(荒唐無稽)한 언동**임을 지적하지 않을 수 없다. 그들은 함부로 놀린 입과 혀가 조선인에게 어떤 영향을 주는지 전혀 신경을 쓰지 않는다. 또 하나 우리들이 **가장 위험하게 여기는 일은 일본인과 조선인의 역사적 성장과정을 무시하고 정치상 이를 동일하게 다루자는 논(論)**이다. 그들은 단순히 법률상 평등한 대우를 해주는 데 만족하지 않고 정치도 그러기를 바란다. **더욱 한심한 일은 조선인에게 참정권을 주어야 한다고 주장**

하는 자도 있다는 것이다. 되돌아보면 일본인은 3백 년 동안 봉건정치로 가장 엄한 정치적 훈련을 받아왔다. 참정권은 대의정치 아래의 양민들에게는 너무나 당연한 일이다. 그러나 오늘의 현실에서 조선인을 동일시한다면 이는 실로 역사를 무시하고 공중에 누각을 짓는 꼴이다. 더군다나 갑작스런 동화는 손해만 있고 이익은 하나도 없다.

우리들은 조선동화에 따뜻한 태양만을 바랄 뿐 추운 강풍은 원하지 않는다. 급진 동화론에는 결국 어려운 교육론이 따른다. 먼저 교육을 실시하라. 교육은 어떤 경우에도 전혀 차별이 없어야 한다. 그리고 기억하라. 조선인은 정치에 중독되어 있듯이 교육에도 중독되어 있다는 사실을.

10. 조선에 필요한 것은 자유가 아니라 질서이고 언론(言論)이 아니라 실행(實行)이다. 우리들은 자치(自治)를 주기에 앞서 적당한 평화를 줄 수밖에 없다. 그리고 가장 먼저 해야 할 임무는 조선인을 안심시키고 그들에게 먹을 음식을 주는 일이다. 이는 실로 조선통치의 가장 중요한 부분이다. 총독 무관과 경찰 같은 직(職)을 도입한 연유도 바로 여기에 있다. 우리들은 이와 같은 목적을 이루기 위해서는 조선에 모범관리를 양성하는 일이 매우 절실하다는 것을 깨닫는다.

정치가의 관심은 현재와 미래에 있다. 그리고 일본제국의 조선통치 성공 여부는 총독부를 중심으로 한 수많은 고급 및 하급 관리들에 달려 있다. 텐노헤이카의 덕화(德化)를 1천만 남짓 조선 인민에 이르게 하는 책임도 물론 그들 몫이다. 조선의 관리들은 우선 청렴하고 있는 힘을 다해 충실히 직무를 수행함에 목표를 두어야 한다. 아울러 친절하고 자상하게, 또 어떠한 경우에도 직책을 걸고 최선을 다해 신뢰를 쌓아야 한다. 윗사람에게 복종하고 동료와 화합하며 개인이나 단체나 먼저 조선인의 신용과 사랑을 얻고 모범이 되어야 한다. 바로 이런 일들이 우리가 추구하는 이상(理想)이다. 이런 관리를 키우는 일은 결코 하루아침에 이루어지지 않는다. 그렇다고 절대로 불가능한 것만도 아니다. 우리들은 감히 이런 임무를 총독과 보좌관들에게 요망할 수밖에 없다. 영국이 종종 통치를 잘못해도 영토민의 민심을 잃지 않고 오늘에 이른 까닭은 실로 이런 관리기질에 있다. 적어도 우리 관리들이 스스로 바람직한 태도로 조선인을 대한다면 어찌 그들의 마음을 움직여 따라올 수 있게 할 수 없으랴. 엄숙하고 착실하게 우리의 통치목적을 완수할 시대가 도래했다. 조선통치의 요의는 이에 그치지 않는다. 다만 당장 급하고 또 긴요한 문제에 대해 잠시 이를 설명할 뿐이다. (메이지 43년 10월 경성에서)

이처럼 도쿠토미의 주장은 실로 엉뚱하고 과격하다. 글은 장황하지만 압축해 보면 말하고자 하는 요지는 간단하다. 한마디로 "일제의 조선병합은 물러날 수 없는 대세이다. 그러므로 조선인은 일본국민이 되는 길 밖에는 다른 방법이 없다. 만약 순순히 복종하지 않으면 오로지 힘으로 다스리겠다"는 것이 본뜻이다. 나머지 말들은 이러한 주장을 그럴 듯하게 포장하기 위해 끌어다 붙인 곁가지에 지나지 않는다. 특히 우리 민족을 업신여긴, "조선은 정치적 중독 상태다. 조선정치사는 음모의 역사이다. 붕당 싸움이 조선처럼 극심한 나라는 드물다. 세계에서 악정을 꼽으라면 조선 밖에 없다. 조선인은 쓸데없이 게으르다"는 등의 말은 "조선인에게는 자치를 줄 수 없다"는 논리를 뒷받침하기 위해 일부러 사실을 지나치게 과장한 표현이다. 물론 당시 우리 민족에게 그런 면이 전혀 없었다고 부인하기는 어렵다. 이는 오늘의 우리가 깊이 되새겨 보아야 할 점이다.

더욱 한심한 일은 도쿠토미의 원시신화(神話) 수준의 역사인식이다. 도쿠토미는 선사시대에 마치 한반도에 일본이 경영하던 영토가 있었던 것처럼 역사를 왜곡하기 위해 '일본과 조선 인종은 같은 뿌리'라는 억지 주장을 끌어다 붙이고 있다. 〈조선병합의 말〉이란 글에서는 "스진텐노(崇神天皇)[8]와 진구황후(神功皇后)[9]시대 조선은 적어도 그 태반이 속령(屬領)이었으나 시간이 지나면서 본가와 작은집으로 나뉘어 서로 쓸데없이 싸워왔다"고 주장한다. 심지어 청일전쟁과 러일전쟁도 일본이 조선과 동양평화를 위해 일으켰으며 많은 대가도 치렀다고 쓰고 있을 정도이다. 이 터무니없는 논리는 오늘날 일본 극우 보수들이 즐겨 인용하는 구절이기도 하다.

그의 주장 가운데 가장 핵심은 역시 "힘으로 조선인에게 일본의 통치를 숙명으로 느끼게 하고 일본국민으로 동화하는 길밖에는 다른 방법이 없다는 마음을 먹도록 해야 한다"는 힘의 논리이다. 이는 곧 일제가 질서와 평화 유지라는 구실로 1만3천여 명의 헌병과 경찰을 동원해 우리 민족의 항일구국운동을 탄압하는 무단통치 이론으로 둔갑했다.

도쿠토미는 우리 민족에게는 협박장이나 다름없는 〈조선통치의 요의〉 연재를 끝으로 1차 임무를 마치고 10월 16일 도쿄로 돌아가 가쓰라 수상에게 활동결과를 보고했다. 이를 들은 가쓰

---

8) **스진텐노** : 일본 개국 신화시대 기기(記紀) 전승(傳承)으로 제10대 텐노
9) **진구황후** : 일본 개국 신화시대 황후

라는 크게 만족해하며 "나라를 위한 일이므로 데라우치를 아낌없이 도와주기 바란다"고 한층 힘을 주어 격려했다고 기록은 전한다. 도쿠토미는 이런 공로를 인정받아 이듬해 8월 가쓰라 수상의 추천으로 귀족원(貴族院) 의원이 되어 출세를 할 수 있는 발판을 굳혔다.

《매일신보》를 '황국신민화' 도구로

　도쿠토미가 우리말 신문을 모조리 없애지 않고 《매일신보》를 총독부 기관지로 만든 데는 두 가지 중요한 목적이 있었다. 첫째는 말할 나위도 없이 일제의 식민통치를 예찬하며 조선민족을 일본인화 하는 이른바 '황국신민화' 도구로 이용하려는 속셈이었다. 다른 하나는 갈 곳을 잃은 언론인과 지식인을 《매일신보》로 끌어 모아 일자리 상실에 따른 반발을 무마하고, 혹시 생길 수도 있는 조직적 저항을 미리 막겠다는 의도였다. 도쿠토미는 친일기자를 고용하여 철저한 감시 아래 기사를 쓰게 하되 지면에 정치적 문제가 아닌 소설 등을 실을 수 있는 문화마당을 마련하면 지식인들의 항일구국운동은 어느 정도 잠재울 수 있으리라 예상했다. 다시 말하면 이는 조선 언론인과 지식인을 포섭하기 위한 고등 술책이었다. 일제가 패망하기 직전 국내 모든 신문을 폐간하고 각급 학교에서 일본어 사용을 강요하며 발악하던 때에도 《매일신보》만 그대로 두고 계속 국문 쓰기를 눈감았던 사실에서 그들의 음모가 더욱 극명하게 드러나고 있다.

　도쿠토미의 이러한 계략은 실로 그대로 적중했다. 국내 모든 신문과 잡지의 강제 폐간으로 뒤로 물러날 곳이 없게 된 언론인들과 기자 지망생들은 하는 수 없이 《매일신보》 문을 두드릴 수밖에 없었다. 물론 그동안 민족지에서 일제침략을 맹렬하게 비판하던 언론인들 가운데는 해외로 빠져나가 독립운동에 가담하여 '투사'가 된 이도 적지 않았다. 하지만 《매일신보》를 택한 쪽이 훨씬 많았다. 앞서 이미 설명한 이해조, 이인직, 선우일, 정

지금의 서울시청 자리에 있던 《매일신보》의 첫 신축 사옥. 목조건물로 양쪽에 세워진 첨탑이 사람들을 놀라게 했으나 1915년 11월 18일 화재로 소실됐다.

운복 등이 대표적인 《매일신보》 초창기 구성원들이었다.

이해조는 이인직과 더불어 손꼽히는 신소설 작가였다. 그는 《제국신문》과 《황성신문》을 거쳐 일진회 기관지 《국민신보》에서 일해 왔었다. 이인직도 《만세보(萬歲報)》 주필을 지냈다. 나중에 음악가로도 이름을 날린 홍난파(洪蘭坡)와 유지영(柳志永)은 1918년 최초로 실시된 공개채용 시험을 치르고 입사한 예이다. 당시 '신문의 귀재'로 불릴 만큼 편집과 경영에 뛰어난 이상협(李相協), 《매일신보》 편집장까지 지내며 문명(文名)을 얻은 윤백남(尹白南), 신소설을 대중화한 최찬식(崔瓚植), 상록수를 쓴 심훈(沈熏)의 형이자 이광수(李光洙) 소설 《무정(無情)》의 모델이기도 한 심우섭(沈友燮), 《청춘예찬》으로 유명한 민태원(閔泰瑗) 등도 도쿠토미 '감독' 시절 《매일신보》에 근무했던 기자들이다.

이들은 거의 모두 기자 겸 작가로서 《매일신보》에 소설을 썼다. 그래서 《매일신보》에는 단 하루도 문학작품이 실리지 않은 날이 없었다. 《매일신보》에 실린 최초의 소설은 1910년 10월 12일 이해조가 선음자(善飮子)라는 필명으로 쓰기 시작한 《화세계(花世界)》였다. 이 작품은 다음해 1월 17일까지 석 달 동안 계속됐다. 이해조는 이 밖에도 우산거사(牛山居士), 이열재(怡悅齋),

해관자(解觀子) 등의 필명으로 《월하가인(月下佳人)》, 《소양정(昭陽亭)》, 《춘외춘(春外春)》, 《소학령(巢鶴嶺)》, 《봉선화(鳳仙花)》, 《우중행인(雨中行人)》 등 많은 작품을 잇달아 발표했다. 그는 '이인직이 개척하고 최찬식이 대중화한 신소설의 기초를 확립한 작가'라는 평가를 받았다.

《매일신보》 기자를 지낸 조중환은 번안소설의 선구자였다. 그는 조일재(趙一齋)라는 필명으로 《쌍옥루(雙玉淚)》, 《장한몽(長恨夢)》, 《국(菊)의 향(香)》, 《단장록(斷腸錄)》, 《비봉담(飛鳳潭)》, 《관음상(觀音像)》 등 여러 편을 연재했다. 《장한몽》은 1898년 1월 1일부터 1902년 5월 11일

《장한몽》. 이수일과 심순애로 유명한 조일재의 번안소설.

까지 4년 넘게 일본 《요미우리신문(讀賣新聞)》에 연재돼 인기를 모은 오자키(尾崎紅葉, 1867~1903) 원작 《금색야차(金色夜叉)》를 번안한 연애소설이지만 특히 후반부는 번안자의 창의가 곁들여져 원작보다 내용이 흥미로워졌다는 평을 들었다. 《장한몽》은 주인공을 이수일과 심순애로 바꾸어 유행가와 신파극으로도 오랫동안 널리 인기를 얻었다.

이상협도 《눈물》, 《정부원(貞婦怨)》, 《무궁화(無窮花)》, 《해왕성(海王星)》, 《재봉춘(再逢春)》, 《청춘》 등 여섯 편의 소설을 남겼다. 심우섭은 심천풍(沈天風)이라는 필명으로 《형제》, 《삼중화》를 발표했고, 홍난파는 《허영(虛榮)》, 《최후의 악수》를, 백설원(白雪園)은 《박명(薄命)》, 《비오는 밤》을 기고했다. 《매일신보》 기자로 출발한 뒤에 《동아일보》 사회부장, 《조선일보》와 《중앙일보》 편집국장 등 민간지 요직을 두루 거친 민태원은 《애사(哀史)》, 《부평초》, 《무쇠탈》 등의 번안소설과 《죽음의

길》,《세 번째의 신호》,《천아성(天鵝聲)》,《갑신정변과 김옥균》 등의 소설을 창작했다.

이처럼 이들이《매일신보》에 많은 소설을 쓴 까닭은 당시 정치, 사회문제를 제대로 비판할 수 없는 상황에서 문화 쪽으로 눈을 돌렸기 때문으로 분석된다. 기자들에게 소설은 하나의 스트레스 해소책이었다. 이는 일제의 언론억압 정책이 낳은 부산물이기도 했다. 도쿠토미도 처음 부임해서 사원들에게 말한 대로 식민정책을 비판하는 소재가 아니라면 어떤 글도 간섭하지 않았다.

《매일신보》는 일제가 1919년 3·1독립만세운동을 계기로 이른바 문화정책을 펴기 시작하면서 민간지 발간을 허가하기 전까지 기자들은 물론 일반 작가들의 유일한 작품발표장이었다. 따라서《매일신보》에 작품을 기고한 작가도 크게 늘어났다. 이서구(李瑞求), 이효석(李孝石), 염상섭(廉相燮), 김동인(金東仁), 최서해(崔曙海), 최정희(崔貞熙), 방인근(方仁根), 이상(李箱), 박태원(朴泰遠), 전영택(田榮澤), 박종화(朴鍾和), 박영준(朴榮濬), 장덕조(張德祚), 박계주(朴啓周), 채만식(蔡萬植), 정비석(鄭飛石), 김내성(金來成) 등은 1920년대 이후《매일신보》에 작품을 쓴 대표적 작가로 꼽힌다.

또 백철(白鐵), 정현웅(鄭玄雄), 이관구(李寬求), 우승규(禹昇圭), 서승효(徐承孝), 김규택(金奎澤) 조풍연(趙豊衍), 곽복산(郭福山), 조경희(趙敬姬), 노천명(盧天命), 이홍식(李弘植), 박종수(朴鍾秀), 홍종인(洪鍾仁), 정비석 등은 1940년대《조선일보》,《동아일보》 등 민간지 강제 폐간 때《매일신보》에 들어와 기자로 일하기도 했다. 이들은《매일신보》에 실로 많은 작품을 남겼다. 문학평론가들이《매일신보》를 빼놓고는 우리나라 근대문학을 논할 수 없을 정도라고 평가하는 이유도 바로 여기에 있다.

그러나 이런 글 실력을 바탕으로 이들이 만들었던 《매일신보》는 정말 가관이었다. 한마디로 민족의 혼을 빼앗기 위해 정도(正道)언론이기를 거부한 신문이었다. 《매일신보》는 한일합방을 정당화하는 일부터 시작했다. 1910년 8월 30일자로 발행된 첫 호에는 합방 사유를 국민에게 알리는 순종(純宗) 황제 조칙(詔勅)과 칙유(勅諭)를 1면 머리로 보도하고 그 밑에 일본 왕의 조서(詔書)를 실었다. 순종 조칙의 요지는 다음과 같다.

> 짐은 동양평화를 공고히 하고 만세(萬世) 행복을 꾀할 생각으로 관계가 친밀한 한·일 양국과 서로 의논하여 일가(一家)가 되기로 했다. 이에 한국 통치를 짐이 신뢰하는 대일본제국 황제폐하께 양여(讓與)하기로 결정하고 나아가 필요한 조장(條章)을 규정하여 장래 우리 황실의 영구 안녕과 민생 복리를 보장받을 예정이다. 이를 위해 내각총리대신 이완용을 전권위원(全權委員)으로 임명하고 대일본제국 통감부 데라우치 마사다케와 만나 상의 협정하게 함이니 제신(諸臣) 또한 짐의 확실한 뜻을 알아차려 봉행(奉行)하라.

대한제국의 환란(患亂)을 우려해 국권을 인수한다는 다음과 같은 일본 왕의 조서에 담긴 논리는 억지도 이만저만이 아니다.

> 짐은 동양의 영원한 평화와 제국의 장래 안전보장의 필요성을 느끼고 늘 한국이 화란의 연원(淵源)임을 걱정해 오던 가운데 짐의 정부와 한국정부의 협정으로 한국을 제국의 보호 아래 둠으로써 화원(禍源)을 없애고 평화를 확보하게 되

었다. 그 뒤 4년에 걸쳐 한국 시정(施政)을 개선하는 데 예의 (銳意) 힘써 성과도 눈에 보이나 한국의 현 체제로는 치안 유지가 어려우므로 공공의 안녕 유지와 민중 복리 증진을 위해 체제를 혁신할 수밖에 없다. 짐은 한국 황제와 더불어 이 사태를 거울삼아 시세의 요구에 응하여 한국을 일본제국에 영구히 병합하기로 했다. 한국 황제폐하 및 황족은 병합 뒤라도 상당한 예우를 받을 것이며, 민중은 직접 짐의 휘하에서 강복(康福)을 증진하게 되고, 산업 및 무역 또한 평화 속에 현저한 발전을 보게 될 것이니, 동양 평화의 기초가 더욱 튼튼하게 되리라 믿어 의심치 않는다. 짐은 특히 조선총독을 두고 짐의 명을 받들어 육해군을 통솔하고 제반 정무(政務)를 총괄케 하니 백관들은 짐의 뜻을 알고 시설의 완급을 기하여 서민들을 기쁘게 하라.

《매일신보》는 이와 함께 '일한병합' 조약 내용 전문(全文)을 게재하고 2면에는 〈동화(同化)의 주의〉라는 제목으로 논설을 실었다. 이 논설은 "백제 왕인(王人) 박사가 문자를 일본에 전해줌으로써 두 나라의 우호관계가 맺어졌고, 국토가 같은 아시아 지역에 있으며, 인종이 같고, 식산(殖産)이 동일하며, 역사적으로도 같은 뿌리이므로 서로 동화하여 극동 평화를 영구히 유지케 해야 한다"는 터무니없는 논리를 내세워 합방 타당성을 강조하고 있다. 이는 앞서 설명한 〈조선통치의 요의〉의 주요 내용이기도 하다. 따라서 도쿠토미가 자기보다 먼저 부임한 데라우치에게 편집지침을 미리 주었거나 도쿄에서 전보 등으로 제작 방향을 지시했던 것으로 보인다.

《매일신보》는 도쿠토미가 부임한 뒤 그의 뜻을 담아내기에 바빴다. 식민통치 선전은 물론이고 민족동화 문제에서 사회·경제·문화·교육 그리고 풍습에 이르기까지 도쿠토미의 식민주의 논리를 폭넓게 응용했다. 식민통치 정책 선전은 주로 제국주의 일본의 한반도침략을 합리화하고 통치 모순을 은폐하는 내용이 주조를 이루었다. 매년 새해만 되면 일왕(日王) 부부의 사진과 함께 식민통치 정당성을 강조하는 신년사를 1면에 실었다. 또 식민통치 성공사례 미화도 빼놓을 수 없는 기사거리였다. 식민지배 질서를 확립하는 방안으로 총독의 발언과 주변 이야기를 주로 보도하며 권력에 복종하고 충성하도록 강요했다. 민족 말살을 전제로 한 민족동화 논리는 조선과 일본을 '입술과 이[脣齒]'의 관계로 설정하고, '병합'은 침략에 따른 지배가 아니라 과거 신라의 한반도 통일 내지는 번(藩)으로 갈려 있는 일본 내 여러 분국(分國)을 통일하는 과정과 같은 현상이라며 침략 사실을 완전하게 은폐, 호도했다. 이에 더하여 일본어 교육이 민족동화의 선결과제라고 주장하고 일본어를 익히면 10~20년 안에 완전한 동화가 이루어져 황국신민화를 이룰 수 있다고 강조했다. 따라서 '광의(廣義)의 애국심'과 '광의적 단합'이 강조되기도 했다. 이는 일본 왕에 대한 충성논리로 직결됐다.

경제 분야는 수탈을 위한 산업구조 개선과 일본 경제체제로의 예속화에 중점을 두는 논조를 폈다. 농사개량과 토지개량이 농업발달의 선결과제라는 논리로 농업개량 사업을 강조했다. 수탈의 상징인 토지조사사업도 이른바 근대화라는 논리로 위장, 토지조사사업을 통해 한국 경제제도가 확립됐다고 선전했다.

일제는 조선의 자주성과 전통문화를 단절시키기 위한 문화말살정책을 폈다. 무엇보다도 종교, 특히 유교와 기독교를 중점적으로 탄압했다. 이들 종교단체가 식민통치를 강력하게 반대했기 때문이다. 《매일신보》는 종교와 국체는 동일하다는 논리를 내세워 식민통치를 어렵게 하는 종교 활동을 철저하게 비판했다. 교육부문도 학교와 사회, 가정에 이르기까지 황국신민화를 위한 교육을 강조했다. 한국인에게는 식민통치를 이해할 정도의 보통교육과 실업교육만 받게 하면 그만이고 고등교육은 필요치 않다는 것이 논리의 요지였다.

특히 사회분야는 식민통치 기반을 구축하기 위한 사회재편에 역점을 두었다. 이에 따라 《매일신보》는 일제로부터 작위를 받은 사람을 중심으로 한국사회를 재편해야 한다고 주장했다. 아울러 식민통치의 사회적 책임과 의무를 강조하는 사설을 거듭 내보냈다. 일제는 1910년 10월 7일 한일합방에 공을 세운 이완용 등 친일파 67명에게 작위와 은사금을 주어 합방을 자축했다. 작위는 후작 6명, 백작 3명, 자작 22명, 남작 36명 등이었다. 등위가 가장 높은 공작은 대상자가 한 명도 없었다. 남작은 당초 45명이었으나 윤용구(尹用求)는 사퇴했고, 조희연(趙羲淵)은 뒤에 반납했으며, 홍순형(洪淳馨)·김석진(金奭鎭)·한규설(韓圭卨)·유길준(兪吉濬)·민영달(閔泳達)·조정구(趙鼎九)·조경호(趙慶鎬) 등 7명은 받기를 거절했다. 《매일신보》는 1910년 10월 8일자 2면에 이들의 명단을 보도했다. 작위를 받은 사람은 다음 쪽의 표와 같다.

이 가운데 김윤식은 중추원 부의장에 임명되고, 이완용·박제순·고영희·조중응·이지용·권중현·이하영·이근택·송병준·임선준·이재곤·이근상·이용직·조희연(뒤에 사퇴) 등은 고문으로 추대됐다. 이들에게는 연 2천5백 엔의 수당이 지급됐다. 중추원은 한말에 보직을 받지 못한 고위 관리들을 예우하는 뜻에서 발령하던 의정부 소속 관청으로 원래는 중추부라

한일합병 공로로 일제로부터 작위를 받은 사람

작위	명 단
후작	이재완(李載完), 이재각(李載覺), 이해창(李海昌), 이해승(李海昇), 윤택영(尹澤榮), 박영효(朴泳孝)
백작	이완용(李完用), 민영린(閔泳璘), 이지용(李址鎔)
자작	이완용(李完鎔), 이기용(李琦鎔), 박제순(朴齊純), 고영희(高永喜), 조중응(趙重應), 민병석(閔丙奭), 이용식(李容植), 김윤식(金允植), 권중현(權重顯), 이하영(李夏榮), 이근택(李根澤), 송병준(宋秉畯), 임선준(任善準), 이재곤(李載崑), 윤덕영(尹德榮), 조민희(趙民熙), 이병무(李秉武), 이근명(李根命), 민영규(閔泳奎), 민영소(閔泳韶), 민영휘(閔泳徽), 김성근(金聲根)
남작	한창수(韓昌洙), 이근상(李根湘), 박제빈(朴齊斌), 성기운(成岐運), 김춘희(金春熙), 조동희(趙同熙), 박기양(朴箕陽), 김사준(金思濬), 장석주(張錫周), 민상호(閔商鎬), 조동윤(趙東潤), 최석민(崔錫民), 남정철(南廷哲), 이건하(李乾夏), 이용태(李容泰), 민영기(閔泳綺), 이종건(李鍾健), 이봉의(李鳳儀), 윤웅열(尹雄烈), 이근호(李根浩), 김가진(金嘉鎭), 정낙용(鄭洛鎔), 민종묵(閔種默), 이재극(李載克), 이윤용(李允用), 이정노(李正魯), 김영석(金永皙), 이용원(李容元), 김종한(金宗漢), 김학진(金鶴鎭), 박용대(朴容大), 김희철(金熙轍), 김주영(金冑榮), 정한조(鄭漢朝), 민형식(閔炯植), 김병익(金丙翊)

불렸으나, 1894년(고종 31년) 중추원으로 바뀌어 이듬해 사무장정(事務章程)에 따라 내각 자문기관이 되었다. 일제는 대한제국을 합병하면서 이를 다시 조선총독부 자문기관으로 개편, 관직에서 물러난 고위 관리들을 예우·관리했다.

　도쿠토미는 이들을 비롯한 전직 고위 관리들과 언론인, 작가 등 지식층만 잘 구슬리면 식민통치가 한결 쉬워지리라 판단했다. 그래서 그는 서울을 방문할 때마다 지식인들을 만나 '일한병합'의 불가피성을 설득하기로 작정하고 서대문 밖에 있던 일본식 건물을 활동 본거지로 정했다. 이 건물은 총독부 소유로

서대문경찰서장이 사용하고 있었다. 도쿠토미는 이 거소를 '애오려(愛吾廬)'라 이름 짓고 자필로 현판까지 써서 내걸었다. 그는 자리를 비울 때를 대비해 비서도 두었다. 비서는 21세의 야마자키 다케시(山崎猛, 1886~1957)였다. 야마자키는 '애오려'에서 기거하며 도쿠토미가 없는 사이 모든 일을 도맡아 처리했다. 야마자키는 전후(戰後) 일본 요시다(吉田) 내각의 운수상, 국무상, 경제심의청장관 등을 지낸 인물이기도 하다.

도쿠토미의 이 생각 역시 예상을 빗나가지 않았다. 그가 서울에 머무는 동안 '애오려'에는 그를 만나기 위한 사람들이 줄을 이었다. 그가 만난 사람들은 박영효·김윤식·이완용·송병준과 같은 정계 인사는 말할 것도 없고, 재계와 교육계에 이르기까지 실로 다양했다. 심지어 이광수·최남선 등 문인들 가운데서도 그를 만나지 않은 사람이 없을 정도였다고 한다. 그때 도쿠토미의 명성은 하늘을 찌를 듯했다. 보통 사람들은 그를 만나고 싶어 안달이었다. 그는 서울 남산 총독관저 부근의 대화정(大和町) 1정목(丁目)에 있던 《경성일보》 사옥으로 출근, 신문 편집과 경영을 점검하고 퇴근 뒤에는 '애오려'로 돌아와 찾아오는 사람을 맞이했다. 그러나 《매일신보》는 건물이 비좁아 1914년 10월 17일 지금의 서울시청 자리에 새 목조 건물을 짓고 《경성일보》와 함께 옮겼다.

도쿠토미는 특히 김윤식과 절친했다. 그는 김윤식을 조선 5백년 최후의 한학자로 꼽을 만큼 그의 학식을 높이 평가했다. 도쿠토미는 그의 자서전에서도 김윤식을 극찬하고 있다.

나 스스로 조선에서 무슨 일을 했는지에 대해 말하고 싶지 않다. 이를 말하면 자연히 내 자랑이 되기 때문이다. 그러나 지극히 개략적으로 말하면 내가 1910년 9월부터 조선에 있는 《경성일보》 감독 임무를 맡아 1918년 7월까지 약 8년 동안 경성에서 고생한 것은 반드시 쓸데없는 일이 아니었다고 믿는다. 특히 조선 전국을 모두 여행하고, 여러 명사들과 유감없이 교제한 것이 가장 보람 있었다. 이완용·송병준·조중응 등 여러분을 친구로 손꼽을 수 있다. 뿐만 아니라 이준용·박영효 씨 등은 그들이 일본에서 떠돌이 생활을 할 때부터 친한 오랜 친구임은 말할 필요도 없다. 그밖에 각 방면의 조선 인사들과도 서로 진지하게 의견을 나누며 조금이라도 그들의 감정을 들어주려고 노력했다. 그 가운데서도 내가 가장 탄복한 사람—탄복의 의미는 동일하지 않지만—은 학자로서 김윤식 군, 정치가로서 이완용 군이다.

도쿠토미와 김윤식이 얼마나 친했는지는 도쿠토미의 법률고문이었던 하야가와 기요지(早川喜代次)가 쓴 《도쿠토미 소호(德富蘇峰)》 평전에서도 알 수 있다. 하야가와는 "김윤식은 도쿠토미가 처음 서울 방문을 마치고 도쿄로 돌아갈 때 도쿠토미의 아버지 기수(淇水) 옹에게 '천리교우(千里交友)'라는 명문을 써서 보내 기쁘게 했다"고 적고 있을 정도다. 도쿠토미는 뒤에 김윤식을 조선 유일의 제국학사원 회원으로 추천했다고도 한다. 도쿠토미는 그를 찾아온 사람이나 유지들의 말을 귀담아 듣고 고칠 점은 기탄없이 총독부에 전달했다. 이 때문에 유지들은 대단히 감격했다고 하야가와는 적고 있다. 하야가와는 "조선을 확실히 옛날 일본의 은인이라고 믿었던 그가 조선 인사들과 마음을 터놓고 교유함으로써 종래 자신이 주창한 일선융화책(日鮮融化策)을 몸소 행동으로 실천했다"고 도쿠토미를 평했다.

도쿠토미가 이들을 설득하기 위해 내세운 논리의 요지는 대강 이렇다.

　　조선이야말로 옛날 일본의 은인이다. 일본은 조선에 문화적 빚이 많다. 현재 원금은 갚고 있지만 긴 기간 동안의 이자는 아직 한 푼도 갚지 못했다. 조선에는 고유의 문화가 없다. 그래도 중국의 문화를 일본에 소개한 자는 조선이었다고 일본 역사는 기록하고 있다. 《논어(論語)》와 불전(佛典)·불승(佛僧), 회화·조각·공예 등이 모두 조선으로부터 왔다. 중국이 도매상이라면 조선은 소매상 구실을 했다. 특히 조선은 메이지 말기에 이르기까지는 일본이 아시아 대륙과 교류하는 데 관문의 전부는 아니더라도 요지의 하나였음에 틀림없다. 일본과 중국의 교통에는 조선반도를 무시할 수 없다. 중국 대륙의 파동을 최초로 입는 것은 조선이고 일본은 조선을 통해 그 파동을 겪는 것이 거의 보통 순서였다. 그럴 정도로 중국과의 관계에 조선은 중요한 역할을 하고 있다.
　　유사 이전부터 일본과 대륙의 교류는 늘 조선반도를 거쳐야 했다. 그래서 조선은 중국 한족과 북방 여러 민족, 그리고 일본 민족의 쟁패지(爭覇地)였다. 이 삼각관계가 메이지시대에 들어와 깨져 조선병합에 이르게 되었다. 일한병합은 사람의 힘 탓이 아니라 하늘이 내린 시대의 대세이다. 대영(大英)제국을 보라. 그들은 잉글랜드와 스코틀랜드, 그리고 아일랜드의 세 섬을 통일해 지구상에 웅비하는 대 강국을 건설했다. 일한병합도 고려 태조가 삼한(三韓)을 통일한 것과 마찬가지이다. 중국은 고유의 오랜 역사를 가지고 있지만 근대문명에는 도저히 순응할 수 없는 망해가는 민족이다. 중국인에게는 국가 관념이 없다는 고정관념을 바꿀 수 없다. 조선도 예외는 아니다.

대일본제국의 사명은 동양평화의 파수꾼으로 동서문명의 융합자(融合者)가 되는 것이다. 일본은 무국(武國)이다. 무(武)는 일본의 개국 이래 국시(國是)이다. 다만 무는 이른바 창을 막는 데 있으며 평화가 그 목적이다. 권리는 말만으로는 지켜지지 않는다. 이를 지키는 힘이 있어야 지킬 수 있는 것이다. 인의(仁義)도 말만으로는 행해지지 않는다. 이를 행하는 힘이 있어야 비로소 행해지는 것이다. 일본은 상무(尙武)의 나라이고 일본인이 무용(武勇)의 국민이라는 것은 세계에 숨길 수 없는 사실이다. 물론 상무의 나라는 일본만이 아니고 무용도 일본인에게만 한정된 것은 아니다. 고대 희랍인과 로마인, 몽고인, 흉노인, 게르만인도 무용의 국민이다. 그런데도 일본의 무용이 그들과 다른 까닭은 화(和)를 밑바탕으로 하고 있기 때문이다.

일본인은 적에게 최대한 관용을 베푸는 국민이다. 역사는 흔히 이긴 병사가 지나가는 들에는 푸른 풀이 남아나지 않는다고 기록하고 있다. 그러나 일본군이 지나는 곳엔 오히려 춘색이 돈다. 일본인은 결코 항복하는 자를 죽이지 않는다. 일본인은 죽이는 것을 좋아하지 않는다. 칼은 '파사항마(破邪降魔)'를 위해 휘두르는 것으로 목적을 달성하면 바로 칼집에 도로 넣는다. 일본인에게는 본래 배타 근성은 없다. 배타적일 때도 있으나 그것은 일본인의 평화와 체면을 방해하는 자에 대한 의분(義憤)이다. 일본 국성(國性)의 기조는 화이다. 화는 포용이고 박애이다.

조선인이 일본과 동화되면 그 속에서 대신도 나오고 장관도 나올 것이 아닌가. 그렇게 되면 그들도 영원히 영화를 누리게 될 것이다. 조선 지식인 여러분은 영국처럼 작은 나라를 합하여 큰 나라를 이루고자 하는 일본제국의 이런 뜻을 잘 헤아려 넓은 의미의 애국심을 발휘해 주기 바란다.

도쿠토미는 이와 같이 《경성일보(매일신보)》 '감독' 직함을 적극 활용, 조선사회에 영향을 미칠 수 있는 지도급 인사들을 직접 만나 의견을 듣고 잘못된 점을 고치도록 총독부에 건의하는가 하면, 그래도 미진한 점은 《매일신보》 지면을 통해 지적했다. 그가 《매일신보》에 쓴 글은 〈강화도유기(江華島遊記)〉를 비롯, 〈정몽주(鄭夢周)의 시고(詩藁)〉, 〈황실중심론(皇室中心論)〉, 〈대당평백제비(大唐平百濟碑)〉, 〈백제 왕조유적(百濟王朝遺蹟)〉, 〈지나만유(支那漫遊)〉, 〈유지우록(遊支偶錄)〉 등 손꼽을 수 없을 만큼 많다. 특히 중국을 여행하고 쓴 〈지나만유〉는 1917년 10월 17일부터 1918년 1월 15일까지 자그마치 66회나 연재됐으며, 이어진 〈유지우록〉은 86회에 이르렀다. 도쿠토미는 이 밖에도 나무 심기를 장려한 데라우치 총독을 지원, 1911년부터 3년 동안 일본에서 벚나무 3만 그루를 들여와 신사(神社), 불전, 학교, 관청 등에 심도록 하고 1915년에 열린 다이쇼(大正)박람회에 조선인 일본시찰단을 보내는 등 '일선융화' 사업을 적극 도왔다.

이광수를 포섭하라

조선 지식층을 무력감에 빠뜨리게 하는 도쿠토미의 공작은 실로 주효했다. 도쿠토미와 대면한 지식인들 가운데 그의 현란한 논리에 말려들지 않은 사람은 하나도 없었다. 뒷날 일제 침략에 동조하는 글을 쓰며 민족을 오도했던 춘원 이광수(1892~1950) 역시 그 덫을 벗어나지 못했다. 도쿠토미는 메이지시대에 구가 가쓰난(陸羯南, 1857~1907), 아사히나 치센(朝比奈知泉, 1862~1939)과 함께 후쿠자와 유키치(福澤諭吉, 1835~1901)를 잇는 일본 3대 신문기자로 명성이 높았다. 2백자 원고지 6장 분량 기사를 평균 16분 남짓 만에 쓸 만큼 문장력도 뛰어나 다른 기자들의 부러움과 시기심을 사기도 했다. 그는 춘원보다는 스물아홉 살 위로 아버지뻘이었다. 그런 그가 춘원을 중국의 양계초(梁啓超)[10]와 견주며 재주를 칭찬했으니 우쭐해질 수밖에 없었으리라. 도쿠토미는 춘원에게 "자네는 나와 내 동생 로카(蘆花)[11]가 하는 일을 혼자서 하고 있네. 중국에 양계초가 있고, 조선에는 이광수가 있으니 셋이 힘을 합하면 동양을 위해 못할 일이 없네"라고 하며 "감옥에 갈 일은 하지 말라"고 설득했다.

춘원과 도쿠토미의 만남은 춘원으로서는 인생행로를 결정짓

---

10) **양계초** : 1873~1930. 중국 청말 사상가. 민족혁명을 고취하고 공화제를 선호, 경학·사학·불교학에 능통하였다.

11) **로카** : 도쿠토미 로카. 1868~1927. 메이지·다이쇼기의 소설가. 장편《후지(富士)》,《검은 눈과 갈색 눈》등 많은 작품과 수상집《신춘(新春)》등을 남겼다.

1932년의 춘원 이광수(41세)

는 '운명'이었다. 춘원이 도쿠토미를 만나지 않았더라도 이름마저 바꾸는 극성스런 친일 행위를 했을지 모른다. 그러나 춘원의 글을 종합해 보면 도쿠토미의 영향을 많이 받은 것만은 틀림없어 보인다. 춘원이 민족을 배반하고 친일파로 변절해 가는 과정은 말 그대로 드라마 같다. 춘원과 도쿠토미를 연결시킨 매개체는 《매일신보》였다. 춘원이 《매일신보》에 글을 싣고 이에 감동한 《경성일보(매일신보)》 사장 아베 요시이에(阿部充家)가 도쿠토미와의 만남을 주선했다.

아베는 도쿠토미가 경영하던 《고쿠민신문》 부사장으로 근무하다 1914년 8월 1일 요시노에 이어 제2대 《경성일보(매일신보)》 사장이 된 사람이었다. 그는 조선식민통치에 대한 인식이 기본적으로 대부분의 일본인들과 크게 다를 바 없었지만 조선인의 처지를 상당히 이해하는 편이었다. 아베는 춘원과 알게 된 지 2년 뒤 그가 과로로 폐병에 걸려(1918년) 묘향산에서 요양하게 되자 그곳을 찾아 문병하고, 같은 해 10월 중순 허영숙과 애정에 얽혀 중국 베이징으로 도피할 때 도와주기도 했다.

춘원이 《매일신보》와 인연을 맺은 것은 1916년 9월 22일 〈대구(大邱)에서〉라는 편지 형식의 독특한 기행문을 쓰면서였다. 그가 일본 와세다대학 고등예과를 졸업하고 잠시 귀국해 있을 때의 일이었다. 춘원은 예과 졸업생 3천여 명 가운데 2등으로 졸업했다. 그 결과 대학 무시험 입학과 함께 특대생(장학생)으로 뽑히는 영예를 안고 금의환향했다. 때마침 《매일신보》에는 그가 잘 아는 심우섭(필명 천풍)이 기자로 근무하고 있었다. 그

《매일신보》1917년 신년호에 실린 우리나라 최초의 근대 장편소설인 이광수의
《무정》첫 회와 연재를 예고하는 《매일신보》사고(왼쪽 위).

가 춘원에게 큰 힘이 되었음은 말할 것도 없다. 춘원과 아베 사
이에 다리를 놓은 것도 바로 그였다. 심우섭은 앞서 설명대로
작가 심훈의 맏형으로, 춘원이 1917년 1월 1일부터 《매일신보》
에 연재하기 시작한 소설 《무정》의 작중 인물 신우선 기자의
실제 모델이었다. 춘원이 1917년 6월에서 9월까지 쓴 기행문
〈오도답파여행(五道踏破旅行)〉전반부를 일본어로 옮겨 《경성일
보》에 싣도록 도와주기도 했다.

춘원이 조선총독부 기관지 《매일신보》에 글을 쓰게 된 데는
그 나름대로 이유가 있었다. 1910년 3월 26일 일본 메이지학원
보통부(5학년 과정)를 졸업하고 귀국한 춘원은 평북 정주 오산
학교의 교사생활(1910. 4.~1913. 11.)과 중국, 시베리아 등지의
유랑생활 끝에 인촌(仁村) 김성수(金性洙)의 지원으로 1915년 9
월 다시 일본 유학을 할 수 있게 됐다. 그때 춘원은 오로지 작가
가 되는 게 꿈이었다. 9월 30일 와세다대학 고등예과에 입학한
그는 육당 최남선이 운영하던 잡지 《청춘(靑春)》에 시와 소설을
발표하는 등 창작활동에 더 열중했다. 〈상해에서〉, 〈해삼위에

서〉(이상 기행문), 〈동정(同情)〉(논설문), 〈새 아이〉(시), 〈중학 방문기〉(탐방 기사), 〈김경(金鏡)〉(단편) 등이 그때 쓴 글들이다. 그는 이에 앞서 1915년 5월 아직 유학이 결정되기 전 일본유학생 친목단체의 기관지 《학지광(學之光)》(제5호)에 〈공화국의 멸망〉이라는 논설문을 기고해 유학생들의 시선을 끌기도 했다. 그러나 《청춘》은 육당 중심의 동인지 성격이 짙었고, 《학지광》 또한 1년에 2~3회밖에 발행되지 않은데다 발행부수도 1천6백 부 안팎이어서 그의 성에 차지 않았다. 게다가 합방된 지 6년이 지난 당시 그가 유학생활에서 체험한 바로는 일본이 너무나 발전해 조선독립은 도저히 이룰 수 없는 허황한 꿈으로 느껴졌다. 따라서 그는 일본 눈치를 보아 적당히 처신하며 기회가 오기를 기다릴 수밖에 없다고 판단했다. 춘원의 친일은 사실 그때부터 머릿속에 계산되었는지도 모를 일이다.

이런 상황에서 창작 의욕이 왕성한 그에게는 독자가 많은, 더 큰 발표 무대가 필요했다. 그것이 바로 우리말 신문으로는 국내에 하나밖에 없는 《매일신보》였다. 《매일신보》는 합방 뒤 찾는 사람이 드물어 한때 발행부수가 2천여 부까지 떨어졌으나 총독부의 강제 구독 등으로 1만여 부까지 다시 늘어났다.

《매일신보》는 독립투쟁을 '강도사건'으로 조작한 〈대구에서〉를 9월 22일과 23일 이틀로 나누어 실었다. 줄거리는 다음과 같다.

아침에 선생을 배별(拜別)하고 종일 비를 맞으며 대구에 도착하였나이다. 이튿날 잠시 비가 그친 틈을 타서 시내에 몇몇 친구를 방문하니 도처에 강도 사건이 화제에 오르더이다. 이번 사건의 범인은 모두 상당한 교육을 받은 중류 이상 인들이오, 겸하여 다소간 생활할 만한 재산도 있는 자들이며 일찍이 대구친목회를 조직하여 대구 청년의 향상 진보(進步)를 도모한다던 자들이라. 그러하거늘 사회의 중추가 되어야 할 그네가 이러한 대규모의 대죄(大罪)를 범하게 되니 이를 단순한 강도 사건으로 범범(泛泛 ; 사물에 대해 꼼꼼하지 아니하고 데면데면함) 간과치 못할 것은 물론이라. 반드시 그네로 하여금 이에 이르게 한 동기가 있을 것이로소이다. 족하(足下 ; 편지를 받아보는 사람의 이름 아래에 존칭어로 쓰는 말)의 형안(炯眼)은 이미 이 사건의 진인(眞因)을 통찰하였을지요. 족하의 심모(深謀 ; 깊은 꾀)는 이미 이에 대한 명확한 성산(成算)이 있을 것이니 원하거니와 위선 소생(小生)의 천단(淺短)한 견해를 진술하여 고평(高評)을 얻고자 하나이다.

이에 그 원인을 열거하고 개략(槪略)히 설명하건대

1. **명예심의 불만족**(춘원이 강조)이니, 그네는 대개 병합 전에 교육을 받았고 이미 청년이 되었던 자들이라. 소생도 기억하거니와 당시 조선의 다소 깬 계층에서는 정치열이 비등하였고 또 그 중심은 청년이었는지라. 따라서 소위 웅심(雄心)이 발발(勃勃)하여 거개(擧皆) 치국평천하의 대공(大功)을 몽상(夢想)하였나니 전도(前途)에는 대신(大臣)이 있고 국회의원이 있고 대경세가(大經世家)가 있어 모두 영웅이요 호걸이라. 그러하더니 일조(一朝) 병합이 성(成)하며 그네의 소지(素志)를 펴려던 무대가 없어지고 민도(民度)가 높은 내지인(內地人)의 손에 전반(全般) 사회의 주권이 들어가니 감히 만반사위(萬般事爲)에 보무(步武)를 같이 할 수 없이 된지라. 이러므로 그네는 이제까지 6~7년을 아무 할 일도 없이 울울(鬱鬱)하게 지내는 것이라. 이러한 상태에 있는 자가 그들뿐이면, 즉 병합 전에 교육을 받고 병합 전에 청년이 되고 지식

이 암매(暗昧)한 자로 미주(美洲)·노령(露領) 등지와 남북만
주 벽지로 표류하는 일부 청년 같은 자들뿐이면 그 수도 얼
마 아니 될 뿐더러 10년, 20년을 지내어 대가 바뀜에 따라 절
멸(絶滅)할 수도 있으련마는 금일 고등 정도 학교 출신자 대
부분도 바로 이러한 위험 상태에 있지 아니한가. 저 내지(內
地) 유학생 다수가 당국의 요주의 인물이 되고 기타 조선 각
지에 당국이 위험하게 보는 고등유민(遊民)이 산재함은 바로
이 때문인가 하나이다.

2. '할 일이 없음'이니, 사람이 순경(順境)에 처하여 '할 일
이 없으면' 좋은 일을 하기 쉽고, 역경에 처하여 '할 일이 없
으면' 악한 일을 하기 쉬운 것이다. 감히 무슨 일에 분망(奔
忙)하면 그 일 이외에 사려(思慮)를 할 여유가 없나니 만일
저 범인들로 하여금 분망한 무슨 사업에 종사케 하였던들 이
러한 사건은 일어나지 않았을 것이다. 이는 청년을 수용치
아니하여 생긴 일반사회의 결함이라 할 수 있을지라. 관계
(官界)나 교육계나 우편전신국, 철도, 수선(輪船), 은행, 회사
등은 교육받은 다수 청년을 수용할네라. 가령 대구 내의 재
산가가 분발하여 유교육(有敎育)한 청년 1백 인을 사용할 만
한 사업을 일으켰다면, 대구 내의 유교육한 청년, 즉 차종(此
種) 위험인물 될 만한 청년의 거의 전부에게 사업을 주게 될
지니, 그러면 금번 20여 인도 그중에 들어 안분낙업(安分樂
業)하는 양민이 될 뿐더러, 동시에 사회의 산업을 발전하는
훈공자가 될지라. 나는 이 20여 명 청년의 대 범죄를 목도함
에 수만 수십만 후래(後來) 청년의 위기가 안전(眼前)에 방불
(彷彿)한 듯하여 전율을 금치 못하나이다.

3. **교육의 미비와 사회의 타락**이라 하나이다. 그네가 강

도를 짐짓 한 목적은 이종(二種)에 불출(不出)할지니, 하나는 소위 정치적 음모에 자(資)하려 함이요, 다른 하나는 주색의 쾌락을 탐하려 함이요, 혹은 몽롱하게 이 두 가지를 결합한 것이나 또는 전자의 명의를 빌어 후자를 탐하려 함일지라. 그러나 어차피 이는 지식이 부족하고 사회에 질서가 없음이니, 만일 저 20여 명으로 하여금 서양사 한 권이나 (일본)국사학 한 권은 그만두고, 1,2년 동안 신문 잡지만 읽게 하였더라도 자기네 능력과 그만한 수단이 족하고 그 목적을 달(達)치 못할 줄을 깨달을 것이니, 일찍 해외에 있어 격렬한 사상을 고취하던 자가 동경에 와서 2,3년 간 교육을 받노라면 번연(翻然 ; 모르던 것을 갑자기 환하게 깨닫는 모양) 인구몽(引舊夢)을 버려 이전 동지에게 부패하였다는 조소까지 듣게 되는 것을 보아도 알지라. 조선도 옛날에는 매동매향(每洞每鄕)에 엄연한 불문율이 있어 사회가 스스로 다스려가더니, 근래에 이것이 다 깨어지고 새 것이 아직 확립치 못하여 인인(人人)이 헌병이나 순사에게 포위만 아니 당하는 일이면 기탄없이 행하게 되니 이에 적잖이 재산 있는 이는 주색과 사치와 태만에 빠지기를 자랑하게 된 것이라. 저 사회의 일류 명사라는 변호사, 실업가 등은 그 언행의 조야(粗野) 외설(猥褻)함으로 사회의 청년을 독해(毒害)하고 교육가, 종교가 같은 선량한 인격자는 사회의 냉대를 받아 청년의 숭앙(崇仰)하는 목표가 되지 못하니, 이에 청년들은 도도히 악 풍조에 휩쓸려 무수한 죄악과 손실을 초래하는 것인가 하나이다.

이상 말한 것을 한마디로 요약하면 이러한 죄악은 조선 청년들 사이에 가장 일어나기 쉬운 죄악이요, 또 그 책임은 사회의 결함에 있으며, 그 원인은 명예심의 불만족과 자기의 포부 능력을 펼 기회가 없음과 심신을 바쁘게 할 만한 사업이 없음과 교육이 미비하고 사회가 타락하여 청년이 상당한 지식을 얻을 기회 없으며 선량한 감화(感化)와 선량한 표적(標的)을 얻지 못함에서 출래(出來)한다 하리니. 그 구제방책은 학교교육과 사교(社交)기관과 강연과 신문 잡지와 종교와 독서 등으로 청년들에게 현대를 이해케 하여 활동할 무대와 명예의 표적을 구하게 하는 동시에 직업교육을 힘써 각각 **불한식(不汗食)의 수치**를 깨닫게 하고 겸하여 **신사업을 일으켜** 청년들의 활동 문호를 개방하며 일면으로 청년의 사교기관을 장려하여 서로 선량한 감화를 얻게 하고 타면으로는 문장과 언론으로 사회의 선악미추(善惡美醜)를 비판하여 청년으로 하여금 지향할 바를 알게 함에 있다 하나이다.

이 글은 한마디로 춘원이 식민통치 아래 나쁘게 되어가는 조선 청년들의 실태를 걱정하며 이들을 다스리는 방법을 총독부에 제시하는, 하나의 건의서라고 볼 수 있다. 그래서 글투도 윗사람에게 보고하는 '~하나이다'를 쓰고 있다. 춘원이 이 글을 쓴 의도는 물론 식민통치자들의 반성을 촉구하기 위함이었다. 하지만 동시에 할 일이 없어 빈둥대는 조선 청년들이 행여 독립운동에라도 가담할까 속을 끓이던 통치자들에게는 여론의 흐름을 읽을 수 있는 하나의 좋은 자료가 됐다. 도쿠토미가 《매일신보》를 총독부 기관지로 둔 이유도 바로 이런 데 있었다.

이 글은 특히 《경성일보(매일신보)》 사장 아베에게 큰 감동을 주었다. 아베는 춘원이 예시한 두 번째 것, 조선 청년들을 은행, 회사, 상점의 사무원이나 보통학교 교원, 하급 기술직 직원 등으로 채용해야 한다는 방안을 시정(施政)에 참조하도록 총독부에 보고했다. 그리고 심우섭의 주선으로 《경성일보》 사택에서 춘원을 만났다. 춘원은 그 뒤 23년이 흐른 1939년 3월 11일부터 6회에 걸쳐 《경성일보》에 쓴 〈무부츠 옹(無佛翁)의 추억〉에서 당시 상황을 이렇게 적고 있다.

> 내가 처음 '무부츠(아베 요시이에의 호) 옹'을 만난 것은 다이쇼(大正) 5년(1916년) 초가을이었다고 생각한다. 그때 나는 학교 교사를 그만 두고, 시베리아 유랑에서도 돌아와, 다시 와세다대학에 학적을 두고 있던 때로, 여름방학을 마치고 도쿄로 돌아가는 도중 경성에 들른 어느 날 아침 일찍 심우섭 군의 권유로 욱정(旭町)에 있던 옹의 집을 찾아갔다. 심 군은 그때 《매일신보》의 민완(敏腕)기자 가운데 한 사람으로, 이상협 씨와 함께 이름을 날리고 있었다. 심 군은 "아베라는 사람은 조선인을 잘 이해하고 있고, 조선 청년과 만나 이야기하기를 좋아하네. 아베 씨에게 자네 말을 이미 해 두었네. 오늘 자네를 데려 가겠다고 약속했지"라고 말하는 것이었다. …… 그날은 무슨 이야기를 했는지 도무지 기억이 나지 않는다. 단지 된장국에 단무지와 김으로 차린 아침밥을 대접받고, 아주 맛없는 이질 풀 달인 물을 마시며 위장약으로는 이질풀이 최상이라는 등의 말이 기억날 뿐이다.

춘원은 앞으로 쓸 글들을 미리 구상해 두고 이처럼 《매일신보》에 접근했던 것일까. 아니면 사장 아베의 권유 때문이었을까. 《매일신보》에 한번 물꼬를 튼 춘원은 말 그대로 봇물 터지듯이 많은 글을 쏟아냈다. 〈대구에서〉를 선보인 지 나흘 만인 27일부터 〈동경잡신(東京雜信)〉를 쓰기 시작한 데 이어 〈문학이란 하(何)오〉(1916. 11. 10.~1916. 11. 23.), 〈교육가 제씨(諸氏)에게〉(1916. 11. 26.~1916. 12. 13.), 〈농촌계발〉(1916. 11. 26.~1917. 2. 18.), 〈조선가정의 개혁〉(1916. 12. 14.~1916. 12. 22.), 〈조혼(早婚)의 악습〉(1916. 12. 23.~1916. 12. 26.), 〈무정(無情)〉 1917. 1. 1.~1917. 6. 14.) 등을 연달아 썼다. 〈동경잡신〉은 기행문이고, 〈농촌계발〉은 가상 보고문이다. 또 〈문학이란 하오〉는 문학론이고, 〈무정〉은 소설이며 나머지는 논설이다. 이는 모두 춘원이 대학생활을 하며 쓴 글이었다. 그는 특히 1면에 〈무정〉을 연재하면서 동시에 3면에 〈농촌계발〉을 44회나 이어 쓰는 초인적인 능력을 발휘했다.

그뿐만이 아니다. 그는 《학지광》에 〈극웅행(極熊行)〉, 〈천재야! 천재야!〉, 〈혼인에 관한 관견(管見)〉, 〈우리의 이상〉 등을 발표하고, 《청춘》에도 〈어린 벗에게〉, 〈야소교(耶蘇敎)의 조선에 준 은혜〉, 〈부활의 서광〉, 〈자녀중심론〉 등을 기고했다. 그때 《매일신보》 1면에는 최남선의 〈동도역서기(東都繹書記)〉(1916. 11. 18.~1917. 1. 16.)가 연재되고, 4면에는 심우섭의 〈산중화(山中花)〉(1917. 4. 4.~1917. 9. 19.)가 함께 실려 서로 글재주를 겨루며 좋은 대조를 보였다.

춘원의 글 가운데서도 같은 해 11월 9일까지 28회나 계속된 〈동경잡신〉은 도쿄의 모습을 소개한 새로운 기행문체로 독자들에게 인기가 대단했다. 이는 그가 최초의 장편소설 〈무정〉을 연재할 수 있는 확고한 디딤돌이 됐다. 〈학교〉, 〈유학생의 사상계〉, 〈공수(工手)학교〉, 〈학생계의 체육〉, 〈홀망(忽忙)〉, 〈목욕탕〉, 〈경제의 의의〉, 〈근이이의(勤而已矣)〉, 〈명사(名士)의 검소〉, 〈조선인은 세계에서 제일 사치하다〉, 〈가정의 예산회의〉, 〈후쿠자와 유키치(福澤諭吉)의 묘(墓)를 배(拜)함〉, 〈문부성 미술전람

회기〉, 〈지식욕과 독서열〉, 〈일반 인사의 필독할 서적 수종(數種)〉 등 15가지를 주제로 하고 있다.

그는 여기서 도쿄를 문명이 앞선 별천지로, 일본인들을 한 점 흠잡을 데 없는 우수 민족으로 묘사한 반면 우리 민족은 못나고 게으르고 돼먹지 않은 종족으로 깎아내리고 있다. 그리고 조선의 야만성을 지적하는 자신이야말로 선각자이자 잘난 사람이라는 인상을 강하게 풍기고 있다. 문체도 도쿠토미를 본받으려고 애쓴 흔적이 역력하다. 실제로 일본의 좋은 점을 조선의 낙후된 현실과 견주어 조선 민족을 바보스럽게 만드는 도쿠토미의 글을 그대로 닮았다. 이 글 또한 신문사는 말할 나위도 없고 총독부 쪽의 마음에 쏙 들었다. 글이 주는 메시지가 그들의 의도대로 조선 독자들을 민족적 허무주의에 빠져들게 한 꼴이었기 때문이다.

그는 이 글에서 일반 인사들의 필독 도서로 《서양사》(箕作元八 著 《西洋史講話》가 최적할 듯), 《세계지리》(志賀童昴 또는 野口保興 著), 《진화론》(丘淺次郎 著 《進化論講話》), 《경제원론》, 《개국50년사》(大隈重信 編), 《중국철학사》 및 《서양철학사》(전자는 遠藤隆吉 著, 후자는 大西祝 著), 《소호문선(蘇峰文選)》(德富猪一郎 著) 등 여덟 가지를 꼽았다.

여기서 한 가지 주목해야 할 일은 그가 《소호문선》을 추천했다는 점이다. 앞의 일곱 가지는 모두 지식에 관한 책이지만 《소호문선》은 도쿠토미가 그동안 신문 등에 쓴 글을 한데 묶은 것이다. 이는 춘원이 도쿠토미를 만나기 전의 일이었다. 그런 점으로 미루어 춘원은 평소 도쿠토미의 글에 빠져 그를 흠모했던 것으로 추측된다. 춘원은 이 책을 권하면서 "소호 씨는 일본 최대 신문기자이니 그가 30년 간 쓴 웅혼경건(雄渾勁健)한 문장도 오늘날 일본 문화에 많은 공헌을 했으므로 이를 읽음은 일본 문명사를 읽음과 같으며 나아가 그 문장이 배울 만하다"고 추천 이유를 밝히고 있다.

그러나 《소호문선》에는 도쿠토미가 황국사관의 시각에서 일본을 미화하고 다른 민족을 얕잡아 쓴 글이 많아 우리들이 읽기에는 거북하기 짝이 없다. 〈일본국민의 팽창성〉, 〈정청(征淸)의 진 의의(眞意義)〉, 〈일본무사의 정(情)〉, 〈이토(伊藤) 공(公)의 조난(遭難)〉 등이 바로 그런 유형이다. 특히 도쿠토미가 한일합방을 자축하며 썼던 〈조선병합의 말〉도 실려 있다. 〈조선병합의 말〉은 우리 민족이 힘이 없어 당한 수모였다. 원문을 우리 글로 옮기면 다음과 같다.

천운순환(天運循環). 일본과 조선의 관계는 우리 신대(神代)의 옛날로 복귀했다. 선조들이 뗏목을 타고 일본해를 왕래하던 당시에는 일본과 조선은 일가(一家)였다. 스진텐노(崇神天皇), 진구황후(神功皇后) 시대는 조선의 태반이 일본 속령(屬領)이었다. 세월이 흘러 조선은 원구(元寇)의 안내자가 되거나 도요토미(豊臣) 공의 문록(文祿)·경장(慶長) 싸움터가 되었고, 이어 일본은 유신(維新)에 이르렀다. 이후 40여 년, 안팎의 큰 사건이 조선병합의 원인이 되고, 동기가 되고, 기회가 되었다. 큰 사건의 시발은 메이지 6년(1873년)의 정한론(征韓論)이었다. 그 결과 메이지 10년 서남(西南) 내전(內戰)이 일어났다. 그리고 27, 28년 전쟁과 37, 38년 전쟁이 잇따랐다. 그리하여 이제야 도달할 곳에 이르러 양국 합의 조약에 따라 병합을 보기에 이르렀다. 사람들은 이로써 1천7백 년 이래의 문제를 해결했다고 말한다.

만약 왕정(王政) 유신이 진무(神武)의 옛날로 복귀한 것이라고 할 수 있다면 조선병합은 신대의 옛날로 돌아갔다고 말할 수밖에 없다. 즉 선대(先代) 일가가 중엽에 본가와 작은집으로 나뉘고 그 때문에 쓸데없는 다툼을 계속해왔으나, 이번 쌍방의 타협에 따라 작은집 간판을 거두어 본가에 합체한 격이다. 이것은 실로 본가만 기뻐해야 할 일이 아니라, 많은 작은집을 위해 축하하지 않으면 안 된다. 마음을 탁 터놓고 솔직히 이야기하자면 무엇보다 먼저 우리 조선 동포를 위해 축배를 들 수밖에 없다. 왜냐하면 그들은 오늘에 이르러 처음으로 제자리를 찾았기 때문이다.

생각컨대 오늘의 일, 천명인심(天命人心)으로 돌아간 것이라 이를 수 있고, 사적(史的) 자연의 발전이라고 할 수 있다. 대세를 여기까지 이끈 데 대해서는 꼭 기억해야 하고 또 잊지 말아야 할 많은 인물이 있음을 안다. 일은 대개 성사되는 당일 이루어지는 것이 아니다. 오늘의 성공을 단지 한 명 혹은 수명의 인사에게만 돌리는 것이 온당치 않음은 의심의 여지가 없다. 그래도 혹시 그 귀착점을 찾는다면 실로 텐노헤이카의 성덕에 있다. 이를 감사하게 생각해야 한다. 그리고 이러한 일본 국사의 대 전환기에 텐노헤이카의 성덕을 받드는 일이 우리들의 의무라고 믿는다. 아울러 우리 국민의 책임이 한 가지 더 늘어났다는 점도 깨달아야 할 것이다. 앞으로 전진하자. 이것이 바로 폐하의 성덕에 보답하는 길이다.

춘원의 필력은 장편 소설 〈무정〉에서 더욱 탄력을 받았다. 1917년 1월 1일부터 시작된 〈무정〉은 그해 6월 14일 1백26회를 끝으로 막을 내렸다. 이 연재소설로 《매일신보》 독자도 크게 늘어났다. 이쯤 되자 《매일신보》로서도 춘원은 이제 놓칠 수 없는 필자로 떠올랐다. 《매일신보》는 소설 연재가 끝나갈 무렵 아직 도쿄에 있던 춘원에게 여름방학을 이용해 '시정(始政) 5년 기념 민정(民情)시찰' 계획이 있음을 알리고 여행기를 써달라고 요청했다. 춘원은 이에 마다하지 않았다. 그는 《경성일보》와 《매일신보》 특파원 자격으로 6월 26일부터 충남, 전북·전남, 경남·경북 등 남쪽 5도를 차례로 도는 이른바 '오도답파여행' 길에 올랐다. 기사는 도착지에서 송고하면 2~3일 뒤 지면에 반영됐다. 춘원은 그때 "조선인 기자로는 처음이라 하여 회사나 총독부로부터도 각지 관헌에 통첩을 보내, 가는 곳마다 실로 면목이 없을 정도의 성대한 환영을 받았다"고 〈무부츠 옹의 추억〉에서 술회하고 있다. 그는 당시 《경성일보》 편집국장 마쓰오(松尾)로부터 일본어로 여행기를 써달라는 부탁을 받고 전주 부근부터는 직접 일본어와 우리말로 원고를 썼다. 마쓰오는 춘원의 일본 문체에 반했음인지 2면 머리에 초호(初號) 3단 크기의 표제를 달아 보도했다. 춘원은 "아마 이것이 도쿠토미 소호 선생의 눈에 들었던 모양"이라고 밝히고 있다.

춘원은 이 취재여행 도중 부산에서 도쿠토미를 처음 만났다. 날짜는 그가 충남, 전남·북을 돌고 부산에 도착한 날이 1917년 8월 1일이었으므로 그날부터 부산에서 활동한 8월 5일 사이로 추정된다. 이들의 만남은 '관부(關釜)연락선'이 도착하는 부산항 부두에서 이루어졌다. 그때 도쿠토미는 54세 중늙은이, 춘원은 25세 혈기 왕성한 청년이었다. 도쿠토미는 이미 백발로 얼굴 근육에도 경련이 일어 말할 때마다 한쪽 눈과 볼이 바르르 떨리고 있었다. 춘원은 미리 부산에 와 있던 아베 사장과 함께 마중을 나갔다. 이들은 곧 스테이션 호텔 라운지로 옮겨 아침을 먹고 1

시간가량 이야기를 나누었다.

이 자리에서 아베는 춘원의 글재주를 극찬하며 《매일신보》에 실린 글들을 자세히 소개했다. 이를 듣고 있던 도쿠토미도 "목포에서 다도해를 지나 여수에 이르는 그 문장이 아주 좋았어요. 목포 부윤(府尹)에게 말한 부분도 솜씨가 좋았어.《고쿠민신문》으로 와주지 않겠나"라고 말하며 맞장구를 쳤다. 도쿠토미는 기행문을 잘 쓰기로 유명했다. 그가 1915년 10월 11일부터 5일 동안 금강산 단풍구경을 하고 돌아와 《경성일보》와 《고쿠민신문》에 쓴 〈금강산유기(金剛山遊記)〉는 독자들의 큰 반응을 불러 일으켰었다. 그런 그가 춘원을 이처럼 추켜세운 까닭은 춘원의 좋은 문장력에도 있었지만 그 보다는 춘원을 《매일신보》에 묶어두고 '일선(日鮮)동화'에 도움이 되는 글을 자주 쓰게 할 의도가 더욱 컸기 때문이었다. 춘원에게 《매일신보》 지면을 아낌없이 내어준 이유도 그런 뜻이 짙게 깔려 있었다. 도쿠토미와 이야기를 끝낸 춘원은 9월 8일까지 마산, 대구, 경주, 불국사 등을 계속 돌아보고 모두 53회에 걸쳐 유려한 필치로 지면을 장식했다.

'오도답파여행'을 마치고 도쿄로 돌아간 춘원은 11월 10일부터 1918년 3월 15일까지 소설 〈개척자(開拓者)〉를 연재했다. 이어 9월 6일부터는 유교와 기독교를 비판한 〈신생활론〉을 썼다. 10월 19일까지 계속된 〈신생활론〉은 특히 유림들의 반발로 한때 연재가 중단되기도 했다. 그러나 이게 어찌된 일인가. 그렇게 식민통치에 잘 순응하던 그가 1919년 2월 도쿄에서 이른바 〈2·8독립선언서〉를 쓰고, 중국 상하이로 건너가 독립운동에 뛰어든 것이었다. 김윤식은 이에 대해 《이광수와 그의 시대》에서 "이는 청년이었던 그가 사랑의 열병에 걸려 이를 일시에 초극

1919년 임시정부 사료편찬 시절의 이광수(앞줄 가운데)

하는 행위로, 그에게는 필연이었지만 역사 쪽에서 보면 우연이었다"고 평가하고 있다. 춘원은 그때 허영숙과 열애에 빠져 정신적 고통을 받고 있었다. 다시 말하면 북경으로의 도피, 북경 장기 체류의 불가능, 사랑의 위기, 이미 이루어 놓은 사회적 명성을 잃게 될지도 모른다는 초조감 등이 혁명 속으로 뛰어들 수밖에 없도록 만들었다는 설명이다.

잘 알려져 있듯이 춘원은 상해 대한민국 임시정부 대변인이자《독립신문》사장으로 독립운동에 가담했다가 망명 2년 남짓 만에 돌아와《동아일보》편집국장과《조선일보》부사장 등을 지냈다. 도쿠토미는 춘원의 이러한 돌출행동에도 변함없는 애정을 보냈다. 춘원은 시간이 날 때마다 더러 도쿠토미를 찾아가 이야기를 나누었다.

1936년 아베가 죽은 뒤《도쿄니치니치신문(東京日日新聞)》사옥으로 도쿠토미를 방문했을 때의 일이다. 도쿠토미는 자기 사무실로 가자며 자동차를 타고 민유샤(民友社)로 가면서 "저게 내가 경영하던 《고쿠민신문》이야. 《고쿠민신문》에서 손을 뗄 때는 울었어. 해군 중좌(中佐)였던 아들을 잃었을 때처럼 슬펐다. 《고쿠민신문》까지도 죽었으니, 난 이제 아들

이광수가 성과 이름을 일본식으로 고친 다음 도쿠토미 소호에게 보낸 친필 편지 일제 황국신민화 정책에 적극 협조하겠다는 내용을 담고 있다.

이 없는 셈이야"라며 목소리를 높여 웃으며 춘원에게 말을 걸었다. 춘원은 무언가 비창(悲愴)한 느낌이 든데다 위로할 말이 궁해서 "일본 청년 모두가 선생님의 아들 아닙니까?"라고 말하자 도쿠토미는 춘원의 어깨를 안으며, "자네도 내 아들이 되어 주게. 내 조선 아들이 되어 주게. 일본과 조선은 하나가 되지 않으면 안 되네. 크게 되어 주게, 알겠나"라며 마치 아들을 타이르듯 말했다.

그는 춘원이 인사를 하고 돌아가려 하자 의자에서 일어나 춘원의 손을 잡고 "잘 해주게. 감옥에 들어갈 일은 하지 말아 주게. 정치는 일시적인 것이지만 정신은 만대에 남는다. 정신을 전하는 것이 문장 아닌가. 자네는 일생을 문장으로 나아가게. 문장보국(文章報國) 말일세. 역사를 쓰게. 조선의 처지에서 본 동양사를 쓰게. 나는 이미 남은 시간이 없다네. 지금 쓰고 있는 《근세일본국민사》를 다 쓰지 못한 채 죽음을 맞을까봐 두렵다네. 감옥에 들어가지 않는 게 좋겠지. 나도 정치 쪽으로 갔으면 대신(大臣)이 되었을지도 몰라. 하지만 나는 문장보국 쪽을 원해서 그것으로 일생을 지내 왔다네"라고 말하고 또 말하며 춘원

의 손을 꼭 쥐고 흔들었다. 춘원은 눈시울이 뜨거워지는 것을 느끼며 민유샤를 나왔다고 〈소호 옹을 둘러싼 감회〉에서 털어 놨다.

　도쿠토미는 춘원이 신문사를 그만두고 북한산에 들어가 생활하고 있을 때 '하늘이 나와 같은 재목을 낳았으니 반드시 쓰임이 있으리라'는 뜻의 '천생아재필유용(天生我才必有用)'이라는 액자와 함께 편지를 보내 위로했다. 또 1937년 6월 7일 일어난 이른바 '수양동우회사건' 때도 도쿠토미는 춘원을 보호하기 위해 구명운동에 발 벗고 나섰다. 이 사건은 잘 알려져 있듯이 일제가 중일전쟁을 앞두고 모든 조선 언론인과 지식인의 입을 막기 위해 꾸민 조작극이었다. 검거 인원만도 도산 안창호를 비롯, 모두 1백81명이나 됐다. 혐의는 치안유지법 위반이었다. 동우회를 통해 몰래 독립운동을 하고 있다는 이유였다. 그렇지만 '수양동우회'는 총독부가 묵인해온 합법적 단체였다. 죄가 있다면 춘원이 일제가 강제로 맡긴 조선문예회 회장을 거부하고, 김윤경이 총독부의 강연 요청을 거절한 일 밖에는 없었다. 총독부는 그때 김윤경에게 일제 정책에 호응하는 '심전(心田)개발강연'을 해 주도록 강요했다.

　재판은 1941년 11월 17일까지 자그마치 4년 5개월을 끌었다. 결과는 물론 전원 무죄였다. 사건이 전원 무혐의로 끝나게 된 것은 물론 도쿠토미의 도움이 컸지만 춘원의 창씨개명이 결정적이었다. 춘원은 1940년 2월 12일 이름을 가야마 미쓰로(香山光郎)로 고치고 경성부 호적계에 신고한 다음 도쿠토미에게 다음과 같은 내용의 편지를 보냈다(이 편지는 김원모 단국대 교수가 지난 1989년 3월 어느 고서점에서 입수, 논문으로 발표했다).

《도쿄니치니치신문》에서 자동차를 타고《고쿠민신문》앞을 지나갈 때 "내 자식이 되어다오"라는 선생의 말씀을 들은 지 5년의 세월이 지난 오늘에야 비로소 선생의 간곡한 부탁을 따르게 되었습니다. 민유샤에서 친히 문생(門生)의 손을 잡고, "감옥에 가지 말고 문장보국에 정진하라"고 타이르셨는데, 미처 실행하지 못한 채 소화 12년(1937년) 6월 독립운동 혐의로 검거되어 8개월 동안 영어(囹圄)의 몸이 되었었습니다. 다행히 1심에서는 중병으로 출옥 중 무죄 판결을 받았습니다만, 검사의 공소로 이번에 또다시 피고인이 되었습니다.

그러나 옥중에서 병을 앓으면서 깊은 반성과 함께 생각할 수 있는 기회를 갖고 조선 민족의 운명에 대해 확신을 얻게 되었습니다. 이는 무엇보다 다행한 일입니다. 조선인은 앞으로 텐노의 신민으로서 일본제국의 안락과 근심 걱정을 떠맡고 나아가 그 광영을 함께 누려야 한다는 사실을 깨닫고 국민 수업에 전념하게 되었습니다. 이제 조선이야말로 텐노 중심주의로 나아가야 하리라 생각합니다. 왜냐하면 야마토(大和), 조선 두 민족은 텐노를 끈으로 이음으로써 일가가 되기 때문입니다. 이제부터 조선의 올바른 민족운동은 황민화의 한길만이 있을 뿐입니다. 다행히 옛 역사와 문화, 그리고 혈액의 교류는 인식상이든, 정치상이든 두 민족의 동일국민화를 자연 복귀로 생각케 하여 실로 홀가분한 느낌마저 듭니다.

기원절(紀元節)12)부터 조선인 창씨제가 실시돼 내지식(內地式) 씨명(氏名)으로 고치는 자유가 인정되었습니다. 문생은

---

12) **기원절** : 진무텐노가 즉위했다는 2월 11일로 메이지 정부가 1872년 국가 공휴일로 제정했다. 일본 패전 뒤 한때 폐지됐으나 1967년부터 '건국기념일' 이라는 이름으로 부활됐다.

외람되게도 텐노 이름의 독법(讀法)을 본받아 가야마 미쓰로(香山光郎)라고 창씨 개명하여 오늘 호적계에 신고하였습니다. 재판이 아직 진행 중이고, 병이 낫지 않은데다 형기를 남겨두고 있는 만큼 이 몸은 이제부터 문장보국에 바치기로 결심했습니다. 부디 건강하게 지내시고, 조선 청년들이 읽을 만한 독본(讀本)을 가르쳐 주시기 바랍니다.

이 날 도쿠토미는 '일본인과 조선인은 본시 같은 뿌리의 민족이다. 소아를 버리고 대의를 위해 죽는다면 어찌 흔쾌하지 않으리오'라는 뜻의 '일선본시동근족망소아순대의흔쾌갈승(日鮮本是同根族忘小我殉大義欣快曷勝)'이라는 액자를 써 보내 마음을 달래게 했다. 이는 춘원의 평소 신념이기도 했다. 춘원은 《경성일보》 1939년 3월 16일자에 실린 〈그 생애를 말하는 장례예식장〉에서 두 노인의 대화 형식을 빌려 조선과 일본 두 민족은 같은 뿌리라고 다음과 같이 쓰고 있다.

"지금 일본인 가운데 최소한 1천8백만 명은 고구려나 백제, 신라인의 자손이라 할 수 있지 않을까."

"교토 거리만 보아도 건물에서부터 풍속까지 옛날 신라를 닮았다는 것 아닌가."

"지금도 교토에는 조선식 사원이 남아 있고."

"히라노신사(平野神社, 교토시 북구에 있는 신사)는 간무텐노(桓武天皇, 787～806 ; 781년부터 806년까지 재위) 어머님의 나라 백제에서 모셔온 세 신(神)께 제사 드리고 있다고 하지 않아."

"나라조(奈良朝, 710～784) 시대에는 두 나라 관계가 한층 더 가까워 형제 이웃 같았는데 대립 따위의 민족 감정이 어디 있었겠어."

"음, 쇼토쿠태자(聖德太子, 574~622)의 법화경 스승이 고구려 스님 아닌가."

"그래 혜자(慧慈)라는 사람이지. 백제의 자총(慈聰)이란 스님도 그렇고."

아무리 봐도 덧없는 세상에서 벗어난 이 두 노인은 촉촉히 내리는 빗속에 옛 정취가 그대로 남아 있는 정자에 앉아 술잔을 기울이며 일본과 조선은 옛날부터 이미 하나라고 거침없이 이야기하고 있었다. 나도 저절로 그 속으로 녹아들어 두 국민이 이런 감정이라면 얼마나 행복할까 하고 곰곰이 생각했다.

나이를 초월한 춘원과 도쿠토미의 이와 같은 교제는 이후 일본이 패망하던 1945년까지 계속됐다. 그리하여 춘원은 일제를 위해 더욱 있는 힘을 다했다.

무단통치에 앞장서다

한일합방 뒤 수많은 병력을 동원한 일제의 조선 '무단통치(武斷統治)'는 참으로 가혹했다. 국권 강탈에 대한 항의는 그만두고라도 심지어 부부간에 입씨름도 제대로 할 수 없는, 말 그대로 공포시대였다. 세계에서 유례를 찾아볼 수 없는 이러한 가혹한 무력통치는 앞서 설명한 도쿠토미 소호의 〈조선통치의 요의〉에서 비롯됐다. '평화와 질서유지'를 주제로 한 도쿠토미의 통치 시나리오를 헌병대사령관 아카시 모토지로가 총독 데라우치 감독 아래 총칼로 극화(劇化)한 '역사적 폭거'였다. 풀어 말하면, 도쿠토미는 무단통치 이론을 정립한 '전략가'이고, 아카시는 이를 실행에 옮긴 '행동대원'이었다.

합방 당시 신문사를 강제 폐쇄한 장본인이 바로 아카시였다. 《대한매일신보》가 총독부 기관지로 넘어갈 때 신문 제호에서 '대한'을 떼어내도록 한 것도 그였다. 그런 점에서 이들 둘을 서로 떼어놓고는 조선의 무단통치사(武斷統治史)를 설명할 수 없는 '바늘과 실'의 관계였다. 도쿠토미는 그의 자서전에서도 이런 사실을 분명히 밝히고 있다. "나와 가장 협력한 사람은 당시의 조선 경무총장 아카시였다. 아카시 남작은 후쿠오카(福岡) 출신으로 과단성의 장점을 갖춘 쾌남아였다. 데라우치 총독이 그와 같은 좋은 치적을 남길 수 있었던 것은 무엇보다 아카시 남작의 힘이 컸다. 이는 아카시 장군이 나와 합심 협력한 결과라는 점을 여기에 특필해 두지 않을 수 없다"고 쓸 정도로 아카시를 치켜세웠다.

일제는 합방 뒤 들끓는 조선 민심을 잠재우기 위해 '당근과 채찍'을 동시에 들고 나왔다. 그들은 먼저 막대한 돈을 들여 협력자를 만드는 일부터 손을 쓰기 시작했다. 일제가 당시 '임시 은사금(恩賜金)'이란 명목으로 민심 수습에 쓴 돈은 자그마치 3천만 엔이나 됐다. 이를 일본 중앙은행이 발표한 물가지수를 기준, 지금(2005년 2월) 우리 돈으로 환산하면 대략 3천3백억 원에 이른다. 포섭 대상자도 작위 수여자 67명, 귀족 및 합방 공로자 3천6백40명, 반족(班族) 유생(儒生) 1만2천3백여 명, 효자 효부 3천2

항일운동을 무자비하게 탄압한 아카시 모토지로.

백여 명, 혼자 사는 노인 7만9백여 명 등 모두 9만여 명에 이른다. 은사금 가운데 1천7백만여 엔은 지방으로 내려 보내 합방유공자 표창 등에 쓰도록 했다. 순종(純宗) 황가에도 매년 1백50만 엔씩을 지급했다.

이와 함께 1910년 9월 18일자로 '조선주차(朝鮮駐箚)헌병조례'를 제정 공포, 병력동원체제를 크게 강화했다. 조례는 헌병이 경찰과 군사경찰을 거느리고 치안을 담당한다는 내용을 담고 있다. 하지만 이는 한마디로 식민통치에 반대하는 행동이나 항일독립운동 등이 발생하면 무장 군인을 동원해 철저히 차단하겠다는 뜻이었다. 이 조치가 바로 우리 민족을 탄압하는 무단통치의 시발점이었다. 헌병과 경찰을 총 지휘하는 헌병대사령관 겸 경무총장에는 아카시 모토지로 육군중장이 재임됐다. 아카시는 처음 1908년 한국주둔군 참모장으로 건너와 마침내 조선

1910년 8월 28일자 《대한매일신보》 종
간호(위)와 1910년 8월 30일자 《매일
신보》 첫 번째 호(아래).

인의 생사여탈권(生死與奪權)을 쥔 치
안총수의 자리에 올랐다. 그는 이에
앞서 1910년 6월 대한제국 정부로부
터 경찰업무를 넘겨받아 치안통제권
을 완전 장악했다. 겉으로는 물론 사
무를 위임받는 형식이었지만 사실상
강제로 빼앗은 것과 다름없었다. 이
어 7월 1일자로 헌병대사령관 겸 경
무총장으로 임명된 그는 통감부 시
대 경찰과 헌병 등 세 곳으로 흩어져
있던 치안업무를 통합하고 합방을
위한 비상조치를 서둘렀다. 그가 합
방조약 체결 당시 덕수궁과 경복궁
주변을 비롯한 장안에 무장병력을 풀어 더욱 삼엄하게 공포분
위기를 연출한 사실은 역사가 증명하고 있다.

아카시는 그의 지휘 아래 2개 사단 1만3천여 명의 병력을 거
느려 실로 나는 새도 떨어뜨릴 만큼 권세가 막강했다. 서울에서
지방 두메산골에 이르기까지 헌병대 힘이 미치지 않은 곳은 없
었다. 각 도에는 헌병대장인 좌관(佐官)을 경무부장으로 앉히고
읍·면사무소에까지 끄나풀을 두어 주민들의 움직임을 샅샅이
감시했다. 동화정책에 반대하는 언동이나 집단항의는 상부에
즉시 보고되었다. 도쿠토미나 아카시는 특히 항일구국 의병운
동에 신경질적인 반응이었다. 아카시는 사소한 일에도 곧바로
군대를 동원해 더욱 악명이 높았다. 그는 당시의 요화(妖花) 배
정자(裵貞子)를 밀정(密偵)으로 고용, 정계 동태를 감시했던 이야
기로도 유명하다.

아카시가 우리 민족에게 얼마나 혹독하게 굴었는지는 도쿠토미가 쓴 〈조선통치의 성적(成績)〉에도 잘 드러나 있다. 도쿠토미는 합방 뒤 5년이 흐른 1915년 10월 19일부터 11월 3일까지 《매일신보》 1면 머리에 '조선통치의 성적'이란 제목으로 총독통치 5년을 결산했다. 연재 횟수만도 14회나 된다. 내용도 〈물질적 개관(槪觀)〉·〈대(大) 방침의 확립〉·〈견실한 위정자〉·〈은위(恩威)와 관맹(寬猛)〉·〈기관(機關)과 인물〉·〈주변의 파동〉·〈제삼자〉·〈기독교문제〉·〈교육과 종교〉·〈평화와 질서〉·〈재정의 독립〉·〈동화(同化)의 실(實)〉·〈조선과 만주〉·〈결론〉 등 14가지 작은 제목으로 나누어 조선통치 전반을 분석하고 있다. 결론부터 말하면, 그는 이 글을 통해 조선통치를 대성공으로 평가했다. 특히 〈견실한 위정자〉와 〈기관과 인물〉이란 주제는 데라우치 총독과 아카시 헌병대사령관에 대한 칭찬 일색이다.

도쿠토미는 10월 20일자 〈대 방침의 확립〉이란 글에서 "조선통치 5년 동안의 성적은 〈조선통치의 요의〉에서 기대했던 바의 십중팔구를 달성했다"고 자평하고 "이는 통치 관계자들이 성천자(聖天子)의 뜻을 받들어 조선인을 일본인처럼 어루만져 편안하게 하는 일시동인의 대 원칙을 지키고, 이에 지장이 되는 모든 장애물을 철저히 제거하며 조선시정(施政)의 기초가 잡힐 때까지 사람을 바꾸지 않은 데 있다"고 해석했다. 여기서 '사람'이란 물론 데라우치 총독과 아카시 헌병대사령관을 말한다. 데라우치는 1916년 9월까지 6년 동안, 아카시는 그해 말까지 5년 동안(참모장 근무를 합산하면 7년) 근속했다. 그 사이 일본 내각은 합방을 추진한 제2차 가쓰라 내각으로부터 제2차 사이온지(西園寺), 제3차 가쓰라, 야마모토(山本), 오쿠마(大隈) 내각에 이르기까지 다섯 번이나 바뀌었다. 그럼에도 데라우치와 아카시를 교체하지 않은 까닭은 이들이 실행한 무단통치가 그만큼 실효를 거두고 있다고 인정했기 때문이다. 데라우치는 조선통치를 잘한 공로로 1916년 10월 오쿠마에 이어 내각 수상으로 승진했다. 아카시도 사단장을 거쳐 1918년 타이완 총독으로 근무하다 병에 걸려 죽었다.

도쿠토미는 〈견실한 위정자〉(10월 21일자)란 기사에서 "데라우치 총독은 친구들이 그만하면 병합은 대성공이고, 앞으로 어떠한 성과를 거둔다 해도 지금까지의 공적에 더할 바 없는데다 거꾸로 조그만 차질이 생겨도 그 큰 공이 손상당할 우려가 있으므로 도쿄로 돌아오라고 권유해도 이를 마다하고 반도를 위해 전력을 다했다"며 "일신의 이해타산을 따지지 않은 그의 헌신적인 노력이 오늘의 대성공을 가져왔다"고 극찬했다. 그는 또 〈주변의 파동〉(10월 24일자)'이란 글에서 "치안체제가 허약했다면 주변정세 영향으로 조선통치는 크게 흔들렸을 것"이라는 말로 경찰과 헌병의 중요성을 강조했다. 도쿠토미의 본색을 잘 보여주는 〈주변의 파동〉을 다음과 같이 옮긴다.

최근 5년은 조선에 극히 위험한 시기였다. 조선인은 원래 인화성 물질처럼 불에 잘 타기 쉬운 가연질(可燃質)이요, 물에 떠 움직이는 부동체(浮動體)라. 1911년 중국에서 일어난 혁명의 여파는 곧 만주에 미쳤다. 총독정치가 부실했다면 이 혁명의 영향은 아마 요원의 불길처럼 조선에 번졌을 것이다. 그러나 중국은 솥과 같이 끓었어도 조선에는 아무런 감응이 없었다. 이는 우리에게 확고부동한 통제력이 있어 들끓는 민심을 진압할 수 있었기 때문이다.
아울러 주의할 일은 일미(日米)관계이다. 병합 이전 조선이 미국에 의지하려고 했음은 근세 동양사를 잘 알고 있는 자라면 모두 알 것이다. 일미관계가 원활하지 못한 사이 조선인이 이의 추세를 어떻게 관측했는지를 위정자는 결코 가볍게 보아서는 안 될 일이다. 우리 제국의 대외정책은 더러 임시처변(處變)에 잘잘못이 있었으나 대개의 방침은 결코 틀리지 않았다. 미국의 힘에 기대고자 한 조선의 노력도 결국 헛수고로 돌아갔다. 이는 극동 천지(天地)에서 일본을 무시하면 아무 일도 이룰 수 없다는 사실을 미국인도 잘 알았기 때문이다. 나는 우리 총독정치가 극동에서 인심 동향의 중심축이 되는 것을 보고 다시 한번 마음을 강하게 다져 먹지 않을 수 없었다.

작년에 일어난 세계적 대 전쟁에도 만일 우리 총독부가 미약했다면 아마 어떤 형태로든 말다툼이 시작되었을 것이나 독일과 어떻게 싸우든 우리 반도는 이로 인한 인심의 동요를 용납하지 않았다. 이는 조선인이 그 사이 견실해진 것이 아니라 어떻게 움직이려고 해 보아도 세(勢)가 불리함 때문이라. 그들이 세의 불가를 느끼는 것은 총독정치의 근저가 뿌리 깊고 두터운 증거가 아니고 무엇이리오.

대개 약소국민은 반드시 사대적이다. 조선이 그렇고 중국이 그러하다. 나는 지금 입 밖으로 내기에도 유쾌하지 못하나 헤이그 밀사사건을 기억한 자는 약소국민이 제삼자에 의지하여 목적을 이루려고 하는 음모가 얼마나 습관적인가를 알 것이다. 중국도 일본을 배척하고 미국과 손을 잡으려하나 미국이 비록 원하는 바이지만 여기에 이르지 못하고 도리어 퇴로를 찾아 일본의 관심을 회복하기 위해 급급하고 있는 실정이다. 이를 모르는 조선인이 일본의 국제관계 사정을 관측

하고 그 사이 무슨 일을 이루고자 여러 가지 잘못된 생각을 시험하려 함은 결코 이상한 일이라 말할 수 없다. 우리 데라우치 총독은 한 몸으로 외풍을 막는 임무를 맡아 이웃 나라에 봉화를 들고 격문을 나르는 사람이 아무리 많을지라도 우리 13도 산하(山河)는 작은 먼지라도 흔들리지 않게 하고 주변에 어떠한 새로운 사건이 발생할지라도 이를 불문하고 할 일만 하여 세계의 범란(犯瀾) 노도(怒濤) 중에도 비교적 평온을 유지했다. 그동안 조선이 비약적인 발전을 이룰 수 있었던 것은 실로 이러한 민심을 안정시킨 질서가 확실한 결과이다. 나는 이 점에 관해 특히 각 도에 배치돼 있는 1만3천여 헌병, 순사들의 효력이 다대(多大)함을 감사히 여기지 않을 수 없다. 조선의 질서는 실로 헌병 경찰관의 번쩍거리는 칼과 위엄 있는 모자, 그리고 말발굽 소리에서 나온 것임은 가히 다투지 못할 사실이다. 이는 반드시 조선인을 위압하려 함이 아니고 근거 없이 떠도는 말에 현혹되어 흔들리는 조선인에게 질서의 실물 표본을 보여 주어 우리의 목적을 달성하기 위한 것이다. 따라서 우리의 현 경찰제도는 조선인에게 질서의 좋은 본보기가 된 격이 아닌가.

도쿠토미의 헌병과 경찰에 대한 찬사는 이에 그치지 않는다. 그는 10월 29일자 〈평화와 질서〉라는 글에서도 다음과 같이 자랑하고 있다.

세인은 경찰정치라는 이름에 놀라 쓸데없이 이를 몹시 싫어하고 꺼리는 자가 있으나 조선반도의 치안을 확보하고 질서를 유지하는 직접 책임은 실로 경찰에 있다. 지금 여기에 말한 경찰이란 물론 헌병과 보통경관을 함께 뜻함이다. 나는 정치가 경우에 따라서 변할 수 있음을 알고 있으나 현행 제도를 당장 급하게 바꾸는 것은 빨라도 너무 빠르다.

또한 조선은 소위 무질서국이라 정확한 의미상의 평화라는 것은 수백년래 조선의 서민은 이를 누리는 자가 거의 없었다. 총독정치가 시작되기 전까지는 동학당 난을 비롯, 전국 각지에 불한당과 좀도둑이 횡행하여 거의 하루도 편한 날이 없을 지경이었다. 메이지 40년의 헤이그 밀사사건과 한황(韓皇) 양위 사건 등으로 경성에서 폭도가 일어나 당시 수상이자 지금의 백작 이완용의 저택을 불타게 했고, 병합 당시 일본인은 호신(護身) 준비 없이는 북문(北門) 이외 지역을 한 발자국도 나가기가 어렵지 않았는가. 이는 내가 직접 목격한 바이다. 또 멀리 떨어진 지방 오지의 불량배들이 패거리를 만들어 양민을 괴롭힘에 이르러서는 말로 다 표현할 수 없다.

그러나 통감시대는 경찰제도가 통일되지 않아 치안유지에 어려움이 많았다. 즉 지방에는 경찰부를 두고 중앙의 경보국장(警保局長)이 이를 지휘하고, 한성만을 관할하는 경시총감을 따로 두는가 하면 헌병에게도 치안을 맡겨 결국 선장이 많은 배가 산으로 올라가는 꼴이었다. 다행히 데라우치 총독이 이를 하나로 통합, 지휘체계를 단일화함으로써 오늘과 같은 큰 효과를 거둘 수 있게 됐다. 물론 나는 이로 말미암은 다소의 불편을 인정하지 않을 수 없었다. 하지만 얻은 것이 잃은 것을 갚고도 훨씬 많이 남았다.

조선에 있는 헌병과 경관은 내지에서는 도저히 상상도 할 수 없는 직무를 수행하고 있다. 그들은 도로를 뚫고 고치는 일은 말할 것도 없고 야간학교 교사로 일본어를 가르치고 양

잠이나 나무를 심는 일에도 참여하며 심지어 부부싸움을 중재하기도 한다. 이처럼 주민과 접촉하여 관여하지 않는 일이 없으니 폐해가 발생하지 않는다고 어떤 사람도 단언키는 어려운 일이다. 설령 해가 있다 할지라도 이로움이 해보다 많음은 오늘에 이르러 부인할 수 없는 사실이니 현행 제도는 반드시 영구적 제도는 아니나 5년의 치적을 결산함에서는 이 한 가지 일을 결코 잊지 못할 것이다.

도쿠토미가 총독정치와 관련, 종교문제에 가한 비판은 아전인수도 이만저만이 아니다. 그는 기독교와 유교, 그리고 사립학교를 식민통치 3대 걸림돌로 파악했다. 특히 "선교사의 보호를 받는 기독교는 통감부 시대만 해도 죄인도 감춰주는 일종의 정치세력이었다"고 지적하고, "데라우치 총독의 용단으로 정치와 종교를 엄격히 분리해 설령 1만 명의 외국인 선교사가 조선에 와 백만 명의 신도를 만든다 해도 아무런 지장이 없게 되었다"고 10월 27일자 〈기독교 문제〉에서 큰소리쳤다. 이보다 유교에 대해서는 더욱 비판적이다. 그는 다음날 이어 쓴 〈교육과 종교〉에서 유교는 "공론(空論)에 날 새고 실행을 주저하며 당쟁에 열을 올리고 공사(公事)를 외면하며 위선·허식을 조장하고 진솔·질박에 등한하여 극언하면 조선인의 품성과 자질을 송두리째 무너뜨리게 한다"고 질타하며 "데라우치 총독이 조선 교육제도를 제정할 때 심사숙고한 것도 이러한 폐풍을 씻어내고 조선인 스스로 쉬지 않고 움직여 실력을 기르는 국민이 되게 하는 데 있었다"고 털어놨다.

그는 또 2천2백여 개 학교, 그 가운데서도 외국인 선교사가 간여하고 있는 8백여 개 사립학교를 '위험사상의 온실'이라고 표현하며 경계를 늦추지 않았다. 그러나 이 역시 데라우치의 노력으로 학교 수가, 선교사 관할 5백여 개 학교를 포함, 1천3백여 개 학교로 줄어들었고, 교육은 종교의 보호를 떠나 모두 국가와 국민의 손으로 돌아갔다고 자랑했다.

도쿠토미의 글 가운데 특히 눈길을 끈 대목은 '일선동화' 문제다. 그의 긍정적인 시각도 심각한 수준이지만 터무니없는 논리는 위험하기 그지없었다. 11월 1일자 〈동화의 실〉을 옮기면 다음과 같다.

동화의 목적이 과연 어느 때 이루어질까 함은 경세가(經世家)에게도 큰 의문이다. 세계열강이 다른 나라를 병합하고 동화 효과를 거둔 사례는 극히 드물다. 프러시아는 약 1백50년 전에 폴란드를 분할했다. 그러나 폴란드인이 지금에 이르러 프러시아에서는 여전히 이분자(異分子)이고, 러시아의 핀란드와 영국의 아일랜드, 오스트리아의 헝가리 역시 동화에 성공하지 못해 방임주의에 맡겨둘 수밖에 없는 지경에 이르렀다. 나는 조선통치의 효과가 물질적인 발전처럼 정신적인 면에서도 성공할 수 있을지에 대해 전혀 걱정이 없는 것은 아니나 이는 기우에 지나지 않을 뿐이라고 생각한다.

내가 동화에 성공할 수 있다고 믿는 첫째 이유는, 일선인(日鮮人)이 같은 인종이라는 데 있다. 과학적으로 연구하면 많은 의론이 있을 수 있으나 일선의 인종이 동일하다는 것은 의론을 초월한 역사적 사실이요, 현존의 실체적 사실이다. 더 깊이 생각하면 일본인종 가운데도 분류가 가능하고 조선인도 마찬가지이다. 그러나 이는 독일인과 슬라브인종의 일파인 폴란드인의 관계와는 다르다. 따라서 일본과 조선은 본래 동일한 인종을 합한 것이므로 적어도 동화의 길을 잘못 걷지 않는 한 결코 어려운 일만은 아니다.

둘째 이유는, 조선에는 본래 독립국가로서의 역사가 없다는 점이다. 조선은 때로 거란(契丹) 또는 금(金)나라를 큰집처럼 섬기고, 원대(元代)에 이르러서는 원나라를 거의 종주국으로 받들어 고려 왕은 변발(辮髮)을 하고 호복(胡服)을 입지 않았는가. 명대(明代)에 와서는 명의 정삭[正朔 ; 천자의 정령(政令)]을 받들고 명이 멸망한 뒤에도 명나라 마지막 왕의 연호 숭정(崇禎)을 역년(歷年)의 기원으로 삼았다. 또 때로 당(唐)나라를, 한때는 일본을 섬기기도 했다. 이런 역사를 일일이 열거하기란 그리 어렵지 않다. 이처럼 그들은 다른 인종에서 보듯이 동화작용에 반발하지 않는 특수한 성격을 지니고 있으니 오직 그 길을 터득함에 있다.

셋째 이유는, 어떤 일이 있더라도 그들은 독립국으로 존재하기 어려운 처지에 있다는 사실이다. 최근 50년 동안의 문제는 조선이 독립을 이룰 수 있느냐 없느냐가 아니라, 러시아의 속령이 되느냐 중국의 속국이 되느냐 아니면 일본에 병합되느냐에 있었다. 그런데 대세의 흐름 대로 이제 일본에 병합되었으니 일본이 일류 웅국(雄國)의 자격을 스스로 상실하지 않는 한 조선을 잃는 일은 없다 할 것이다. 이를 인정한다면 조선인들은 앞으로 일본과 등지느냐 아니면 일본에 동화하느냐 하는 두 가지 가운데 하나를 택하지 않을 수 없으니, 이해를 따지는 데 빠른 조선인들이 어찌 일을 틀리게 할 수 있으리오.

넷째 이유는, 우리 제국주의가 독일과 폴란드의 경우 등과는 크게 다르다는 점이다. 우리 제국주의는 열성(列聖)이 국민을 편안하게 하는 데 있다. 따라서 조선인들에게 선정의 혜택을 입게 할 뿐만 아니라 조선인 스스로도 깨달아 끊임없이 충군애국 정신을 기르게 될 것이다. 지금 우리 일본에 있는 존왕(尊王) 애국지사 가운데에는 조선 귀화인이 있고, 한인종(漢人種)도 있으며, 이른바 번별(蕃別) 민족의 무리도 대단히 많다. 그러므로 이를 개인적으로 보거나 국가적으로 감안하더라도 다소 차이는 있을지 모르나 그 추구하는 주의(主義)에는 결코 두 가지가 있을 수 없다. 속담에 천리 길도 한 걸음부터라는 말이 있다. 우리 총독정치는 이제 시작일 뿐이니 오직 세월과 함께 철저하게 실행할 뿐이다.

이처럼 조선통치에 자신만만해 한 도쿠토미는 이에 그치지 않고 조선과 만주를 하루빨리 통일해야 한다고 11월 2일자 〈조선과 만주〉에서 데라우치 총독을 다그치고 있다. 힘이 세지면 반드시 압록강을 건너 만주지방으로 세력을 확장하고 약해지면 침식당했던 조선의 역사만 보아도 선만(鮮滿)통일은 당연하다는 주장이다. 그는 고구려가 한창 번창할 때는 홍경(興京)·무순(撫順)이 그 세력 범위에 들었고, 한(漢)나라 때는 대동강의 양안(兩岸)이 한족의 식민지가 되었으며, 여진족이 발흥할 때는 함경 남·북도, 평안남·북도가 그들의 점령지가 됐다는 역사를 예로 들었다. 따라서 선만통일은 다이쇼시대에 대두된 새로운 논제가 아니라, 유사 이래의 오랜 문제이니 만주를 그대로 방치할 수 없다는 게 그의 생각이다.

게다가 일제는 관동주(關東洲)를 조차(租借)하고 남만(南滿)철도를 갖는 등 조약상 만주에 많은 이권을 보유하였으므로 선만통일은 만주에 있는 제국의 모든 이권을 조선에 있는 것과 융합

도쿠토미 소호의 조선통치 방법을 맹렬히 비판한 요시노 사쿠조.

소통케 하는 의미라는 설명이다. 도쿠토미는 이를 위해 길림(吉林)과 회령(會寧)을 잇는 철도를 하루빨리 개통하고 일본의 쓰루가(敦賀) 또는 마이쓰루(舞鶴)에서 원산과 청진 사이를 오가는 직항로를 개설해야 한다고 강조했다.

도쿠토미는 끝으로 "사람은 과도한 자유의 동물이라 궁하면 넘치고 이루면 교만하니 조선이 부유하게 된 뒤 조선 측으로부터 요구가 분출할 것이 뻔하므로 지금부터 이에 대비해야 한다"고 강조하고 "조선통치의 목적은 위압에 있지 않고 즐거운 마음으로 따르게 함에 있다"고 결론지었다.

그러나 도쿠토미의 이 같은 논리를 바탕으로 한 일제 강압통치는 같은 제국주의를 신봉하는 일본 지식인들에게까지도 비판을 받기에 이르렀다. 당시 민본주의(民本主義)를 주창, 학생과 지식인들의 열렬한 지지를 받았던 요시노 사쿠조(吉野作造, 1878~1933)는 "도쿠토미는 조선통치에는 질서가 제일이라고 말하고 있지만 조선의 질서는 이상할 정도로 많은 헌병배치로 겨우 유지되고 있을 뿐이다. 다른 민족의 통치는 위압만으로 성공할 수 있는 것이 아니다"고 비난했다. 또 당시 소설가로 이름을 날렸던 도쿠토미의 동생 도쿠토미 로카도 군부 앞잡이가 된 형에게 등을 돌렸다.

로카는 형의 활동 모습을 보기 위해 1913년 10월 23일 아내 아이코(愛子)와 양녀 쓰루코(鶴子, 도쿠토미의 6녀) 등과 함께 만주로부터 귀국하던 도중 서울에 들렀다. 하야가와가 쓴 《도쿠토미 소호》에 따르면 로카는 살찐 체구에 커다란 검은 안경을 끼고 구레나룻를 기른 채 신경과민 상태로 도착했다. 도쿠토미는 성미가 까다로운 동생을 맞이하기 위해 신경을 곤두세우고 기다렸다고 한다. 평소 데라우치 총독의 통치를 비판하던 동생이 야유라도 하면 낭패였기 때문이다. 형은 이튿날 마치 부스럼이라도 건드리는 심정으로 비서 야마자키와 '애오려'에서 함께 지내던 니시무라(西村) 등을 총 동원하여 동생 일행을 청량리와 경복궁, 창덕궁 등으로 안내하며 구경시키고 데라우치와 아카시를 만나게 했다. 또 '애오려'에 돌아와서는 쇠고기 전골로 극진히 대접했다. 동생은 그때 이황가(李皇家) 미술품 제작소에서 아내에게 은 목걸이와 반지 등을 잔뜩 사주었다.

도쿠토미는 또 25일 이들을 일본 구마모토 교외에 있던 오에기쥬크(大江義塾) 땅을 팔아 사놓은 백운동(白雲洞 ; 지금의 청운동) 중턱 산지로 안내했다. 면적은 1천5백여 평으로 그곳에는 조그만 한옥 세 채가 흙돌담에 둘러싸여 있었고 입구에는 '와운대(臥雲台)'라 새긴 바윗돌이 누워 방문객을 맞이했다. 개간을 해 일군 사과나무와 복숭아밭이 우거진 잡목 사이 계곡을 끼고 흐르는 물과 어우러져 운치를 더했다. 일행은 자리를 깔고 차를 마시며 그곳에 심어진 감나무에서 단감을 직접 따 맛보기도 했다. 도쿠토미는 득의만면(得意滿面)으로 "이곳은 내가 20년 뒤 은퇴하여 머무를 곳이다. 좋은 곳이지"라며 자랑했다. 형은 이어 그가 사둔 북문 밖 의주로(義州路)의 토지에도 동생 일행을 안내했다. 이곳은 대원군의 석파정(石坡亭)이 건너다보이는 산 중턱으로 잡목 숲 속에 오래된 배나무와 감나무, 밤나무 등이 가지가 늘어지도록 열매를 달고 있었다. 이들은 맑은 가을 하늘 아래 더욱 아름다운 색깔로 단장한 북한산을 바라보며 기분 좋은 하루를 보냈다. 인력거꾼과 지게꾼까지 함께한 일행 14명은 큰 나무 아래서 기념촬영을 하기도 했다.

로카는 그날 저녁 《경성일보》가 명월루(明月樓)에서 베푼 만찬회에도 참석, 난홍(蘭紅)이라는 기생 등 5명을 불러 실컷 먹고 놀았다. 이처럼 극진한 대접을 받은 로카는 다음날 아침 군산으로 가기 위해 남대문역으로 나갔다. 그러나 이때 뜻하지 않은 일이 벌어졌다. 묵고 있던 호텔 지배인이 짐을 늦게 들고 나타난 것이다. 짐 속에는 형과 요시노 사장이 준 백옥 필세(筆洗), 전주 종이, 자신이 산 선물 등이 잔뜩 들어 있었다. 로카는 지배인에게 호통을 치고는 형을 비롯한 여러 환송객에게도 말 한마디 하지 않고 떠나버렸다. 극진한 대접이 아니었더라도 형과 아무 상관이 없는 호텔 측의 잘못이 그렇게 형제를 무정하게 갈라놓을 만한 사건은 아니었다. 더욱이 호텔은 로카 자신이 정했다.

하야가와는 평전 《도쿠토미 소호》에서 "이는 로카가 조선의 이곳저곳을 돌아보며 조선인의 참상을 직접 목격하고, 조선이 이 지경에 이른 것은 무엇보다 형이 깊이 개입한 한일합병에 있다고 판단, 형에게 반감을 표시한 것"이라고 일의 실마리를 설명하고 있다. 로카는 실제로 분을 삭이지 못해 식식거리며 도쿄로 돌아왔다고 한다. 동생은 이 일이 있은 뒤 아버지가 죽었을 때에도 형의 얼굴을 제대로 쳐다보지 않았으며 눈을 감기 전까지 15년 동안 형과 발걸음을 끊고 살았다. 도쿠토미는 그의 자서전에서 "소식을 끊고 지내던 동생이 1927년 9월 17일 갑자기 보고 싶다는 전보를 보내와 18일 아내와 함께 부랴부랴 동생 집을 찾았으나 이미 병이 깊어 있었다. 나를 본 동생은 '형, 그동안 내가 잘못했다. 형이 옳았다. 사과한다. 이제부터 함께 하자'고 말한 뒤 이날 밤 10시 50분쯤 숨을 거두었다. 그러나 왜 그토록 오랫동안 내왕을 끊고 살았는지는 물어보지 않았다"고 쓰고 있다.

조선은 천국이다

　도쿠토미는 총독부와 약속한 대로 1년에 두 번 이상, 많게는 네 번까지 서울에 와 근무했다. 특히 꽃 피는 봄철이나 단풍이 물든 가을이면 어김없이 그가 조선 지식인들을 만나기 위해 묵었던 '애오려'를 찾았다. '애오려' 정원에는 은행나무를 비롯한 백양나무, 사과나무 등 크고 작은 수목과 울긋불긋한 꽃나무들이 빽빽이 들어서 언제나 그를 반겼다. 그 가운데서도 국화와 코스모스 향기는 도쿠토미의 마음을 사로잡았다. 그래서 그는 도쿄에서 비서 야마자키에게 편지로 늘 코스모스가 언제 피느냐고 물어왔다. 그때 '애오려'에는 야마자키 외에도 《경성일보》 스케치 담당 화백 이케베 긴(池部鈞), 뒤에 아오모리(靑森)와 야마구치(山口) 지사를 지낸 히라이 산난(平井三男), 심부름하며 공부하는 니시무라(西村), 이치(伊地) 등 다섯 명이 함께 생활하고 있었다. 도쿠토미가 도쿄에서 오는 날이면 한가하던 '애오려'에는 으레 비상이 걸렸다. 누구랄 것도 없이 먼저 생각나는 사람이 전화통으로 달려가 도쿠토미의 서울 도착 사실을 총독관저에 알렸다. 도쿠토미는 서울에 출장 오면 보통 한 달가량 머물렀다.

　도쿠토미는 '애오려'에서 신문사까지 날마다 출퇴근했다. 1914년 10월 17일 완공된 《경성일보(매일신보)》 사옥은 목조건물이었지만 당시로서는 좀처럼 보기 드문 최신식 시설을 갖추고 있었다. 그의 집무실은 편집국 한가운데 있었다. 그는 책상 주변에 국내외 신문잡지를 산처럼 쌓아놓고 읽거나 글을 썼다.

원고지는 당지(唐紙) 상등품을 사용하고 원고는 붓으로 작성했다. 그러나 글씨가 너무 읽기 어려워 '악필 두목'이란 별명이 따라 다녔다. 그의 원고를 담당하는 전문 교열기자가 따로 있었음은 말할 나위도 없다. 《경성일보》에 실린 그의 글은 대개 국한문과 영어로도 번역되어 《매일신보》와 《서울 프레스》에 실렸다. 그는 신문 편집실 여기저기에 경구를 써 붙여 놓고 사원들에게 뜻을 깨닫게 하기를 좋아했다. '본초가(本草家)에 독초(毒草) 없음'이라든지 '화(火)의 용신(用愼)' 등 대부분 기자와 관계 깊은 내용들이었다. 그는 어느 날 앞 구절을 가리키면서 "여러분, 만물에 쓸모없는 것은 없다. 따라서 일선인 사이에 구별이 있어서는 안 된다. 신문을 만드는 데는 애증의 사념(邪念)을 버리고 전적으로 공평하게 하지 않으면 안 된다"고 설명했다. 그러나 이런 문구들은 1915년 11월 18일 누전으로 불이 나 사옥이 반소되면서 소실됐다.

도쿠토미는 업무에 쫓기면서도 독서나 산책 등 취미생활을 게을리 하지 않았다. 고서 수집은 가히 광적이었다. 그가 고서를 얼마나 중요하게 여겼는지는 1911년 3월 3일자 〈고서적(古書籍)에 대하여〉라는 《매일신보》 사설이 잘 말해준다. 그는 이 글에서 "눈밭의 기러기 발자국도 사람이 애착하고, 골짜기에서 우는 앵무새 소리도 즐겨 듣거늘 옛사람의 정화(精華)가 담긴 고서적을 어찌 잠시 보고 잠시 듣는 홍과앵음(鴻瓜鸚音)에 비교하리오. 서적 종류도 신간보다는 고판(古板)을 더 사랑하고 같은 내용의 책이라도 당판(唐板), 송판(宋板)의 가치가 같지 않음은 옛사람의 정성어린 손때가 묻어 있기 때문이다"라고 설명하고 "만약 인가(人家)에 들어가 그 주인의 인품을 알아보려면 고서적이 제일이다. 주인이 아무리 좋은 음식을 내놓고 훌륭한 복장으로 관중(管仲)¹³⁾의 지(智)를 논하더라도 집안에 고서적이 없으면 그는 속물에 불과하다"고 단언했다. 또 4월 16일자 〈서적계(書籍界)에 대하여〉라는 사설에서는 "서적은 그 나라 국민의 정신수준을 가늠할 수 있는 잣대이다. 서적 내용이 고상하면 그만큼 국민수준은 높고, 비하하면 역시 비천함을 확인할 수 있다. 그런즉 서적은 문명의 원소라 말할지니 비록 태어날 때부터 도(道)를 아는 천재라도 서적 밖에서 식견을 얻을 수는 없다. 고금의 치란득실(治亂得失)도 서적에 있고, 현우선악(賢愚善惡), 의약, 농공상업도 서적에 있다"고 책의 중요성을 강조했다.

이처럼 책을 끔찍이 사랑한 도쿠토미는 '애오려'를 찾아온 내방객이 돌아가고 나면 야마자키를 데리고 고서점으로 내달았다. 그때 장안에는 고서점이라고 해야 겨우 세 집밖에 없었다. 그것도 나중에는 모두 합쳐져 한 집만 남았다. 밖으로 내놓은 진본(眞本)도 별로 없었다. 도쿠토미는 이를 임진왜란 때 일본과 명나라 군대가 모두 가져간 탓으로 짐작했다. 게다가 책이 서점 안에 여기저기 흩어져 있어서 스스로 찾지 않으면 안 되었다. 일주일에 적어도 두세 번 책방을 찾는 토쿠토미는 어느새 서점 주인과 친해져 창고 속까지 들어가 쥐똥을 털어내면서 책을 뒤졌다. 항상 정갈한 그도 진귀한 고본을 건져내기 위해서는 불결한 일을 마다하지 않았다. 손가락에 침을 발라 먼지투성이 책을 넘기기는 보통이었다. 야마자키가 불결하고 피로하다며 말리면 "어이, '애오려'로 돌아가면 전골냄비다. 잘 부탁한다"고 구슬리고 스스로도 거미줄 검댕에 얼굴이 새까맣게 될 정도로 열심이었다. 그런 보람으로 휴지처럼 버려진 책 가운데서 더러 국보급

---

13) **관중** : ?~645. BC 중국 춘추시대의 제(齊)나라 정치가. 환공(桓公)을 섬기고 부국강병책을 추진하여 환공을 중원의 패자로 만들었다.

진본을 찾아내기도 하고, 옛날 일본에서 건너온 공문서류도 발견했다. 이는 일본의 과거를 알 수 있는 좋은 참고자료가 되었다. 그는 귀한 자료를 찾아내기라도 하면 뛸 듯이 좋아했다. 도서관이나 소문난 장서가도 빠짐없이 방문해 열람했다. 너무 깊숙이 두어 완전히 묻힐 뻔한 귀중본도 상당수 찾아냈다. 그는 조선 각지를 여행할 때도 오래된 사찰과 고서점 방문을 빠뜨린 적이 없었다. 도쿠토미는 이런 조선 고서점 탐방기를 《성궤당한기(成簣堂閑記)》에 남기고 있다.

도쿠토미는 골동품 수집에도 열을 올렸다. 그가 좋아하는 물건은 지팡이에서부터 조선자기, 고동인(古銅印), 고전(古錢) 등에 이르기까지 실로 다양했다. 그때만 해도 보통사람들은 고려자기에만 눈독을 들일 뿐 조선자기에 주목하는 사람은 별로 없었다. 그래서 골동품상에는 조선자기가 지천으로 널려 있었다. 그는 어느 날 《경성일보》화백 이케베와 비서 야마자키에게 10엔짜리를 주고 오래된 연적을 살 수 있을 만큼 사오라고 했다. 둘은 인력거꾼 오키다(大木田)에게 동대문 뒷길로 인력거를 끌고 나오도록 하여 좋고 나쁨을 가리지 않고 마구 사서 실었다. 이들이 산 물건은 인력거 손님이 발 놓는 부분까지 가득 차 마치 산더미 같았다. 그래도 이에 든 돈은 3엔에 불과했다. 도쿠토미의 심부름으로 이들이 골동품 가게를 자주 들락거리자 값이 갑자기 뛰었다. 도쿠토미는 하나에 1엔 이상 하는 꽃병과 사발 같은 조선자기는 자신이 직접 사러 나갔다. 때로는 값싼 고본상자도 사왔다. 이런 헌책 상자에는 벌레들이 득실거려 약을 쳐야 했다. 그 바람에 '애오려' 동인들은 밤잠을 제대로 못잘 때도 있었다. 구리로 만든 오래된 도장과 옛날 쓰던 동전도 산처럼 쌓였다. 그의 이층 거실은 골동품으로 발 디딜 틈이 없었다. 그는 사온 물건에 일일이 구입한 날짜와 값을 붓으로 적었다.

도장재료로 쓰이는 백단향(白檀香)도 즐겨 모았다. 교외를 산책하다 백단나무가 눈에 띄면 야마자키를 시켜 주인에게 말해 반드시 사오도록 했다. 그는 이를 갖고 도쿄로 돌아가서는 이름난 전각가에게 친한 사람들의 호를 새겨와 선물로 주었다. 데라우치는 '노암(魯庵)', 야마가타는 '소공(素空)', 아카시는 '백음(柏蔭)'이라 했다. 그는 자신도 여러 가지 호를 새겨 고서적이나 역사 자료의 중요도에 따라 각각 다른 도장을 찍었다. 첫째는 천하일품, 둘째는 세간에 좋은 평을 받은 책, 셋째는 가짜 같지만 눈에 든 것 등 세 종류로 분류했다. 이런 사실을 알아차린 야마자키는 책에 찍힌 도장을 보고 책의 가치를 판단, 자신도 많은 고서를 사 모았다. 도쿠토미는 이런 골동품 짐 꾸러미를 갖고 도쿄로 돌아가는 것이 더 없는 즐거움이었다. 그러나 《고쿠민신문》의 인력거꾼은 짐이 너무 많아 신바시(新橋)역에서 회사까지 옮기느라 여간 고역이 아니었다. 그때 짐을 실어 나르던 인력거꾼은 "우리 선생은 이런 고물만 살 것이 아니라 새 인력거 한 대라도 사 주면 얼마나 좋을까"라고 투덜댔다고 전해진다.

도쿠토미가 '애오려'에서 생활하면서 남긴 일화도 적지 않다. 그는 말을 잘 듣는 니시무라를 좋아했다. 니시무라는 그때 스무 살가량의 청년으로 잔심부름은 그의 몫이었다. 어느 날 아침 니시무라가 도쿠토미의 옷 입기를 돕고 있을 때였다. 도쿠토미는 "자네 어떤가. 조선은 좋은 곳이지"라고 말을 건네면서 향수 뿌린 손수건을 바지 주머니에 넣으려 했다. 그러나 그는 와이셔츠 위에 조끼와 웃옷만 걸쳤을 뿐 바지는 입지 않은 상태였다. 도쿠토미는 "어이, 니시무라. 어떻게 된 거야"라며 발끈 화를 냈다. 당황한 니시무라가 얼른 바지를 입히자 "자네는 넥타이 묶는 솜씨가 보통이 아니야"라는 엉뚱한 말로 웃겼다고 한다.

이들은 '애오려'에서 저녁 때 전골 회식을 자주했다. 하루는 이케베가 화로 당번으로 숯불을 피우고 있었다. 그러나 어쩐 일 인지 불이 잘 피어오르지 않았다. 배가 고픈 도쿠토미가 옆에 서서 "이케베 군, 고기는 계속 얼릴 건가"라고 한마디 하고는 나가 버렸다. 그러나 한참 뒤 전골이 맛있게 익자 함께 들면서 "이케베 군은 그림도 잘 그리지만 전골 만들기가 본업인 것 같 다. 정말 맛이 좋다. 늦게 먹어 살이 되었다"고 칭찬을 아끼지 않았다. 또 히라이가 당번 때는 전골에 설탕을 너무 많이 넣어 도쿠토미를 두 손 들게 했으나 그때도 "히라이군의 쇠고기국은 일품이야"라며 웃어넘겼다고 하야가와는 평전 《도쿠토미 소 호》에 적고 있다.

도쿠토미에게 '애오려'는 일본에서 가져온 근심을 씻고 마음 을 기쁘게 하는 데 그만이었다. 이곳에서 일주일 정도 지내다 보니 체중도 눈에 띄게 불었다. 도쿄에서는 신문사 경영의 어려 움 등으로 울화통에 시달렸으나 서울에 와서는 한번도 기분 나 쁜 일이 없었다. 도쿠토미는 언제나 새벽 3시 반쯤이면 일어나 하고 싶은 일을 했다. 그래서 아래층 사람들은 위층의 부스럭거 리는 소리에 제대로 잠을 이룰 수 없었다. 도쿠토미는 아침 먹 을 때까지 보통 편지나 엽서 스무 장 정도를 쓰고 그 밖에 원고 도 썼다. 그리고는 밑의 젊은 친구들이 빨리 일어나도록 소리 내어 시를 암송했다. 때로는 좋아하는 친구에게 보내기 위해 종 이나 책갈피에 끼워 말린 꽃을 손질하기도 했다. 그는 목욕을 특히 좋아했다. 외출에서 돌아오면 반드시 욕탕에 들어갔다. 물 이 너무 뜨거워 이케베와 니시무라가 찬물을 부으려고 해도 성 질이 급한 도쿠토미는 기다릴 새 없이 두 손으로 뜨거운 물을 몸에 끼얹고 올라와 버릴 때도 있었다. 저녁식사 시간이면 도쿠토미는 젊은이들에게 자연과 인생에 관한 문제나 동서고금의 문호(文豪)에 대한 이야기를 자주 들려주었다.

1913년 어느 가을 밤 그는 백낙천(白樂天)의 〈장한가(長恨歌)〉를 화제로 독회를 열고 "책은 자손에게 남기려 생각하면 휴지가 되지만 이해하는 사람에게 주면 보석이 된다"고 젊은이들에게 일러주었다. 그때 야마자키 비서가 "도쿄에 선생의 정치론에 반대하는 녀석이 있어 화가 나 견딜 수 없으니 한번 단단히 혼을 내 주십시오"라고 말하자 도쿠토미는 빙긋이 웃으며 "정치란 서로 의견을 달리할 수 있는 문제"라며 받아넘겼다. 그는 여러 이야기 끝에 "사람은 오래 살아서는 안 된다. 결국 나는 조선 땅에 묻힐 것이다"라며 "자네들에게 돈을 줄 수는 없으니 나를 이용할 방법을 생각하게"라고 권하기도 했다. 그래서인지 그는 서울에 많은 땅을 구입했다. 백운동과 대원군의 석파정 건너편 산지 외에도 용산 벌판에 있는 땅도 샀다. 가을철 일요일에는 '애오려' 사람들과 함께 교외에 자주 놀러갔다. 산보 때는 언제나 은행나무 밑에 서서 잠시 명상을 즐겼다. 총독관저나 독립문 성벽 위의 큰 은행나무는 그의 오랜 친구였다. 북한산을 오르기도 했다. 계곡으로 흐르는 맑은 물과 형형색색으로 온 산을 뒤덮은 단풍, 멀리 보이는 한강 풍경 등은 도쿠토미를 시경(詩境)에 빠뜨리게 했다.

그는 기관지 발행이 자리를 잡게 되자, 1911년 5월과 6월 두 달에 걸쳐 전국 13개 도를 모두 돌아보았다. 목적은 민정시찰이었다. 북으로는 의주에서 회령·원산을 거쳐 남쪽의 경주·마산·군산·목포 등 거의 들르지 않은 곳이 없었다. 경주에서는 요시노 사장이 안내를 맡았다. 그때 도쿠토미가 말을 타고 작은

도쿠토미(왼쪽에서 세 번째)가 자신이 구입한 '작소거'로 이사해 비서 가족 등과 함께 기념 촬영을 하고 있다.

내를 건너면서 한바탕 소동이 벌어졌다. 부근 소나무 숲 속에서 말 한 마리가 갑자기 뛰어나와 달려든 것이다. 도쿠토미를 경호하던 헌병과 경찰이 놀라 있는 힘을 다해 쫓았으나 그래도 말은 막무가내로 덤벼들었다. 이상히 여긴 도쿠토미가 숙소로 돌아와 안내자에게 이유를 묻자, 그는 도쿠토미가 탄 말이 암컷이고 뛰어든 말이 수컷이어서 그랬던 것 같다고 겸연쩍어 했다. 시찰에서 돌아온 그는 〈조선사〉와 〈조선인 명사전〉을 펴내도록 하고 해인사 대장경을 인쇄하도록 건의했다고 한다.

명승지 관광도 그가 좋아하는 둘도 없는 취미였다. 그는 1913년 11월 8일 개성을 찾았다. 만월대에 올라 고려 고궁 터를 보고 돌아오는 길에 다리 아래서 빨래하는 여인들의 모습을 스케치하기도 했다. 1915년 10월 11일에는 금강산 단풍구경 길에 올랐다. 그는 15일까지 닷새 동안 만물상 등 이름난 곳을 빠짐없이 구경했다. 그는 오만가지 색깔로 단장한 1만2천봉의 비경(秘境)에 빠져 발길을 제대로 옮겨놓지 못했다. 지팡이를 즐겨 모으는 그는 돌아오는 길에 표훈사(表訓寺)에서 팔려고 내놓은 특재 향나무 지팡이 11개를 모두 사버렸다. 사찰마다 들러 고서 · 고문서를 보는 일도 잊지 않았다. 그때 도쿠토미가 한 절간에 들어가 보관된 고서를 보며 갖고 싶다고 욕심내자 관리하던 스님이 셔츠와 양말을 준다면 책을 주겠다고 제의해 도쿠토미는 얼른 벗어주고 바꿨다. 그 때문에 도쿠토미는 속옷은 물론 양말도 신지 않은 채 돌아와야 했다. 그의 〈금강산유기(金剛山遊記)〉는 《고쿠민신문》과 《경성일보》에 실려 있다.

금강산에서 돌아온 그는 백운동 중턱 '작소거(鵲巢居)'로 거처를 옮겼다. '애오려'에서 남산 총독부 관사를 거쳐 세 번째 이사였다. '작소거'라는 이름은 도쿠토미가 집안 정원에 서 있던 높은 나무 가지 위의 까치집을 보고 지었다. 집은 모두 세 채로 도쿠토미와 야마자키 부부, 파수꾼 다카야마(高山) 부부가 각각 한 채씩 나눠 자리 잡았다. 도쿠토미는 이곳에서 많은 글을 썼다. 〈카이저론〉을 완성한 것도 그때였다.

그는 언제나 4시 반쯤 일어나 양초 하나를 켜고 원고를 쓰기 시작해 초가 다 닳으면 붓을 놓았다. 그리고 밖으로 나와 인왕산을 바라보며 큰 돌 옆에서 나오는 맑은 물로 얼굴을 씻고 상쾌한 분위기를 즐겼다. 그는 집 앞으로 흐르는 계곡에 '명금협(鳴琴峽)'이라 이름 붙였다. 아침을 먹고 나면 글을 잘 받아쓰는 나카지마(中島司) 기자가 인력거로 급히 달려왔다. 이어 《경성일보》에 실을 〈작소거 한화(閑話)〉, 〈제왕학(帝王學)〉, 〈원로론(元老論)〉 등의 구술이 시작됐다. 나카지마가 이를 다 받아 적은 뒤 회사로 돌아가고 나면 그는 집안 산보를 시작했다. '애오려'로부터 남산을 거쳐 이곳에 옮겨 심은 은행나무가 뿌리를 잘 내리는지 살피는 일도 일과의 하나였다. 도쿠토미는 서울에 머무는 동안 일본에 있는 노부모가 걱정되어 아침 일찍 일어나면 반드시 편지를 썼다. 내용도 아주 세밀했다. 아버지 기수 옹은 하루라도 아들의 편지가 오지 않으면 서운해 했다고 한다.

이 무렵 《경성일보》와 《매일신보》는 아베 무부쓰 사장의 노력으로 크게 발전했다. 아베는 도쿠토미보다 한 살 위였지만 무사의 법도를 아는 신사였다. 그는 조선인이 사는 마을의 한옥에 살며 '일선동화'에 앞장선 인물이기도 하다. 한복을 입고 한식을 즐기며 조선인의 의견을 들어 총독부에 건의했다. 그는 배일(排日), 항일인사와도 격의 없이 교제하며 의견을 나누었다. 그가 도쿠토미에게 큰 도움이 되었음은 물론이다. 때마침 후쿠오카 야나가와(柳川) 출신의 오랜 친구 다치바나 고이치로(立花小一郞) 중장이 경무총장으로 부임했다. 또 도시샤(同志社) 선배 이치하라(市原盛宏)가 조선은행 총재로 와 서울은 마치 고향과도 같았다. 이들은 서로 만나 회식도 자주했다.

도쿠토미는 1917년 4월 11일 서울을 찾아온 둘째 아들 만구마(萬熊)와 가정교사 마쓰오카(松岡彦野)를 데리고 백제 도읍지 부여 구경에 나섰다. 이들은 부여 주변 고분과 백제 왕릉을 돌아본 다음 창밖으로 '5층 대당평백제비(大唐平百濟碑)'가 보이는 부여여관에 들었다. 지방 유지들은 이곳을 처음 찾은 도쿠토미에게 환영회를 베풀었다. 도쿠토미는 이 자리에서 다음과 같은 요지의 인사말을 했다.

이곳에 와 친숙한 고적을 보니 감개무량하다. 그 가운데서도 저 대당평백제비는 우리들에게 좋은 교훈이다. 저 비는 지금부터 1천2백50년 전, 당의 현경(顯慶) 5년에 세워진 것으로 당의 승전 기념비이자 우리 일본으로서는 일본도 패배한 적이 있었다는 사실을 가르쳐 주는 하나의 '유단대적(油斷大敵) 비'라고 할 수 있다. 그래도 우리는 다시 일어나 오랜 기간에 걸쳐 이를 설욕하는 목적을 달성했다. 이는 우리 야마토(大和) 민족의 본령이다.

그때 일본의 한반도 경영 실패는 이윽고 텐지(天智), 텐무

(天武) 두 텐노의 대 혁신을 가져왔고, 미국 페리호의 우라가(浦賀) 난입은 유신을 일으키는 하나의 동기가 되었다. 일청전쟁으로 획득한 요동반도를 삼국간섭으로 되돌려 준 사실도 알려진 대로이다. 이런 역사는 현대 우리들에게 실로 많은 시사점을 던지고 있다. 일본이 수많은 시련을 극복하고 오늘과 같이 한반도를 경영하게 된 데는 무엇보다 메이지 텐노의 성덕이 제일이며, 둘째는 유신 선배들의 헌신적인 노력이고, 셋째는 일본민족의 발전을 꼽을 수 있다. 이는 우리들이 만대 후세에까지 전해야만 하는 일대 사실이다. 그러나 옛날을 되돌아보면 조선은 일본의 은인임에 틀림없다. 망은은 어떠한 경우에도 금물이다.

도쿠토미 일행은 다음 날도 유적지를 돌아보며 기념으로 깨진 기왓장, 석축, 돌도끼 등을 주웠다. 도쿠토미는 "어쩌면 이렇게 나라(奈良)와 똑같을 수 있느냐"고 계속 말하며 반월성지(半月城址)를 돌아본 뒤 낙화암으로 발길을 옮겼다. 일행은 고란사(皐蘭寺)를 구경하고 백마강에서 배를 타 보기도 했다. 15일에는 북쪽 멀리 평양으로 가 명소를 구경하고 모란대 밑 아목(阿牧) 찻집에서 영명사(永明寺) 종소리를 들으며 이틀 밤을 지낸 뒤 17일 '작소거'로 돌아왔다. 도쿠토미는 그때 도쿄 《고쿠민신문》으로 다음과 같은 기사를 송고했다.

4월 17일 《경성일보》에서 긴급한 일을 모두 마치고 오후 4시쯤 북문 밑의 '작소거'로 돌아왔다. 청풍계류에서 백운동에 이르는 마을 어귀에는, 개나리꽃이 흐드러지게 피어 마치 황금비가 낭떠러지에서 떨어지는 것 같다. 여기저기 3분의 1

가량 꽃망울을 내민 살구꽃은 무어라 말할 수 없는 광경이로다. 보따리 행상들도 등 뒤에 개나리를 꽂고 다닌 걸 보면 경성도 이제부터 꽃 천국이다. 살구꽃은 깨끗한 매실에 미치지 못하고 요염한 복숭아에 대적할 수는 없지만 깨끗하고 수려한 풍채가 북쪽의 꽃으로는 으뜸이라.

4월 18일에는 합천 해인사를 찾았다. 서울에서 막 피기 시작한 살구꽃도 여기서는 활짝 피었다. 일행은 우선 절의 일품요리로 배를 채웠다. 그런 뒤 경내를 천천히 돌며 아름다운 경관을 감상했다. 특히 장경각(藏經閣)에 이르러서는 고판목 보존 방법을 보고 감탄, 한동안 눈길을 떼지 못했다. 밤에는 사찰과 안내자를 위해 방문기념 붓글씨를 써주기도 했다. 도쿠토미는 이곳에서 잡은 승냥이 새끼를 선물로 받았으나 어릴 적 아오야마(青山)에서 때까치를 잡아먹던 모습이 생각나 그대로 돌려보내 주었다.

이렇게 조선을 즐기던 도쿠토미도 1918년 7월 《경성일보(매일신보)》 '감독'을 물러났다. 사장 아베 요시이에와 주간 아베 쓰루노호(阿部鶴之輔)도 그를 따랐다. 이유는 쌀값소동 관련 기사 때문이었다. 그때 일본과 조선에서는 쌀값이 동시에 폭등해 일본 정부가 임시 국고를 풀고 다이쇼 왕이 내탕금을 내놓는 등 큰 사회문제로 번졌다. 도쿠토미는 절친한 데라우치가 수상이었는데도 《고쿠민신문》에 "쌀값 폭등은 대신들이 책임을 져야 한다"는 요지의 〈각 신(臣)의 책임을 묻는다〉는 사설을 발표했다. 이는 취재원과 기자의 관계를 잘 말해주는 대목이기도 하다. 도쿠토미는 이에 앞서 1916년 3월 9일 데라우치 총독에게 《경성일보》를 사유화(私有化)하자고 건의했으나 거절당했다. 데라우치는 "《경성일보》는 이토 히로부미가 기관지로 창간했고, 전임자들이 나에게 총독부 기관지로 인계해 주었듯이 나도 후임자에게 인계해야 할 의무를 가지고 있다"고 사유화 반대 이유를 밝혔다.

　그러나 도쿠토미가 '감독'에서 물러난 뒤에도 데라우치와의 교제는 변함이 없었다고 한다. 서울을 오가는 것도 여전했다. 도쿠토미는 임진왜란사 집필에 필요한 자료를 구하기 위해 1921년 4월 20일 아내 세이코(靜子)와 함께 조선을 방문했다. 부산에 도착하자 벚꽃나무는 이미 푸른 잎만 남았으나 추풍령부터는 화사함을 한껏 뽐내고 있었다. 도쿠토미는 조선호텔에 방을 잡고 23일 왜성대(倭城臺) 총독관저로 사이토 총독을 예방했다. 오후에는 옛날 둥지였던 '작소거'로 향했다. 집을 보던 다카야마 부부가 즐겁게 반겨주었다. 집 안팎은 3년 전과 변한 것이 없었다. 책상과 원고용지, 명함도 그대로 놓여 있었다. 명금협 골짜기에 심은 요시노 벚꽃은 멀리서 온 주인을 반기듯 활짝 피었다. 복숭아와 야생철쭉도 아름다운 자태로 무릉도원을 연출했다. 아내 세이코는 "그동안 당신이 자만한 이유를 알 만하다. 정원이 자연 그대로여서 정말 반했다"며 침이 마르도록 남편을 칭찬했다.

　24일에는 우이동에서 벚꽃 구경을 하고, 25일에는 비원과 황가 박물관, 창경궁, 동물원 등을 관람했다. 28일까지 개성과 평양, 중국의 봉천 등지를 돌아보았다. 29일 서울로 돌아온 도쿠토미 부부는 그날 낮 경성기자단이 베푼 오찬에 참석하고 밤에는 삼청동의 송병준 별장에서 박영효, 이완용, 윤덕영 등 한말 대신들이 주최한 환영회에도 참석했다. 이날 특별 출연한 장안 미희들의 조선 고전무용은 세이코를 기쁘게 했다. 이들은 새벽

1시쯤 호텔로 돌아와 잠자리에 들었다. 세이코는 "이 환영회만으로도 서울에 온 보람이 있다"고 기뻐했다. 《경성일보》와 총독부도 이들 부부에게 만찬을 베풀고 서울 방문을 환영했다.

이들은 5월 10일까지 경주 불국사, 임진왜란 때 가토 기요마사(加藤淸正)와 고니시 유키나가(小西行長)가 머물렀던 울산의 전적지, 진주성, 해전이 치열했던 사천과 거제도, 한산도, 통영, 마산, 김해, 부산 통도사 등지를 답사하고 부산에서 배로 귀국했다. 도쿠토미가 생활하던 '작소거'는 그 뒤 요정여관 백운장으로 넘어갔다.

제2장
일본 내셔널리즘의 대부

■《고쿠민신문》창간
■ 청일전쟁을 성공의 발판으로 삼다
■ '국가주의자'가 되다
■《고쿠민신문》을 부셔라!

《고쿠민신문》 창간

　도쿠토미 소호는 90대 노년에도 글을 쓴, 보기 드문 신문기자
였다. 94세까지 장수한 데다 문필 생활만도 70년이 넘는다. 27
세 젊은 나이에 《고쿠민신문》을 창간하고, 사장 겸 주필로 39
년 동안이나 마음껏 필봉을 날렸다. 그런 만큼 저서가 많기로도
유명하다. 그가 일생 동안 남긴 책은 《근세일본국민사》 백 권
외에도 3백 종을 웃돈다. 그럼에도 그에 대한 자국 내 평가는
찬반으로 엇갈린다. 그는 다이쇼시대 정권에 치우친 기사를 많
이 써 일본 국민들의 습격으로 신문사가 불탈 만큼 심한 공격을
받기도 했다. 한마디로 그는 일반 국민의 '배신자'였다. 그의
'황실중심주의' 사상은 제2차 세계대전 당시 전쟁터로 내몰린
국민들을 넌더리가 나게 했다. 제국주의 시대 '국가주의 상징'
이었던 그는 패전 뒤 민주주의 물결에 휩쓸려 한동안 역사 속으
로 묻혔다. 그러나 최근 극우 보수주의자들이 고개를 들면서 그
에 대한 평가가 다시 이루어지고 있는 실정이다.
　도쿠토미는 1863년 3월 15일(음력 1월 25일) 구마모토현(熊本
縣) 미나마타(水俣)에서 가즈다카(一敬 ; 호 淇水)와 히사코(久子)
의 2남 4녀 가운데 장남으로 태어났다. 그때 아버지는 마흔둘이
었고, 어머니는 서른다섯이었다. 도쿠토미의 출생은 말 그대로
집안의 경사였다. 당시 세태로는 늦은 나이에, 그것도 출산 다
섯 번 만에 아들을 보았기 때문이다. 본명은 이이치로(猪一郞)였
다. 소호라는 이름은 아호로 그가 1887년 2월 15일 《고쿠민노토
모(國民之友)》라는 잡지를 창간하면서 쓰기 시작했다. 당시 미

1890년 2월 1일 발행된 《고쿠민
신문》 창간호(위). 도쿠토미 소
호가 1887년 2월 창간한 잡지
《고쿠민노토모》(아래).

나마타는 8백여 호에 4천여 명이 모여 사
는 꽤 큰 고을이었다. 도쿠토미 집안은 미
나마타를 대표하는 '향사(鄕士)'였다. 향사
는 무사(武士) 계급은 아니다. 평상시 지역
행정을 책임지고, 자력으로 밭이나 산림
을 일구는 일에 종사하다 국가에 큰일이
생길 때만 동원되는 신분이었다. 그러나
무사처럼 허리에 칼을 차는 이른바 '패도
(佩刀)'는 허용됐다. 도쿠토미의 생애는 이
러한 가문의 특징을 빼놓고는 설명할 수
없다. 완전 자력으로 의식주를 해결해야
하는 마음가짐이 그의 정신 깊숙이 자리
하고 있었다.

구마모토는 원래 서구문명이 일찍 유입
된 곳으로 많은 학자와 문화인들이 배출
돼 사상 논쟁이 활발한 지역이었다. 이런
'백가쟁명(百家爭鳴)'의 피를 이어받은 소
년 이이치로는 부모 밑에서 《삼국지》,
《태합기(太閤記)》, 《한초군담(漢楚軍談)》,
《산요(山陽) 요괴》, 《당시(唐詩)》 등을 배
웠다. 그는 네 살 때부터 한시(漢詩)를 읽
기 시작했다고 한다. 그러나 습자를 싫어
해 죽을 때까지 글씨는 서툴렀다. 그는 아홉 살이 되면서 한학
자(漢學者) 가네사카 시스이(兼坂止水)의 가숙에 들어가 몸종처
럼 일하며 사서오경 등을 공부했다. 도쿠토미는 그곳에서 한학
외에도 가네사카의 진보주의와 자치본위(自治本位) 사상 등에

깊은 감명을 받았다. 도쿠토미가 그의 자서전에서 "오늘에 이르기까지 힘 입은 바 큰, 선생의 교육에 감사하지 않을 수 없다" 고 밝힌 점만 보아도 가네사카로부터 얼마나 많은 영향을 받았는지 짐작할 수 있다. 그는 열 살이 되던 해 구마모토 현립 양학교(洋學校)에 들어가 미국인 교사 젠스로부터 그리스도교를 처음 접했으나 믿지는 않았다. 젠스는 그를 교토 도시샤(同志社 ; 1884년 대학으로 승격) 창립자이자 독실한 기독교 신자인 니이지마 죠(新島襄, 1843~1890)에게 소개했다. 도쿠토미는 젠스의 말에 따라 열세 살 때 친구들과 함께 도시샤의 문을 두드렸다. 도쿠토미는 그때도 그리스도교를 신봉하지 않았다. 다만 니이지마의 순수한 인격에 깊이 매료되었다고 자서전에 기록하고 있다.

도쿠토미의 도시샤 스승으로 학창 시절 많은 영향을 준 니이지마 죠(위). 메이지시대 기자로 이름을 날린 후쿠치 겐이치로(아래). 후쿠치 겐이치로는 도쿠토미의 동경의 대상이었다.

　도쿠토미는 어려서부터 신문기자가 꿈이었다. 그는 구마모토 양학교에 다닐 때 이미 아버지가 구독하던 《도쿄니치니치신문》을 애독하고, 구마모토에서 발행된 《시라가와신문(白川新聞)》과 《구마모토신문(熊本新聞)》도 빼놓지 않고 읽었다. 도시샤에 들어가서도 도쿄와 오사카 등지에서 발행된 신문, 잡지를 열심히 읽었다. 후쿠자와 유키치의 《가정총담(家庭叢談)》이 발행되던 1876년에는 유빈호치신문사(郵便報知新聞社)까지 첫 호를 사러 갈 정도였다. 특히 《도쿄니치니치신문》의 후쿠치 겐이치로(福地源一郎, 1841~1906)가 1877년 2월 메이지유신의 주역 사이고 다카모리(西鄕隆盛, 1827~1877)가 일으킨 서남 내전 때 종군기자로 활약하며 쓴 기사는 하나도 놓치지 않았다. 그는 자서전에서 "반드시 신문기자가 되고야 말겠다고 마음을 굳힌 것은 서남 내전에서 발로 뛰며 건필(健筆)을 휘두르는 기자들의 모습에 크게 자극 받았기 때문"이라고 말하고 있다.

일본에서 본격적으로 신문이 발행되기 시작한 것은 1872년이었다. 《도쿄니치니치신문》이 그해 2월, 《유빈호치신문(郵便報知新聞)》이 6월, 《고분쓰시(公文通誌)》[뒷날 《조야신문(朝野新聞)》으로 되었다가 1893년 폐간]가 11월에 각각 창간됐다. 당시 일본 정부는 신문을 '문명의 이기'로 국민정신 앙양에 유익하다고 판단하고, 널리 읽히게 하기 위해 신문사마다 일정 부수를 사주기도 했다. 또 전국에 신문을 볼 수 있는 '신문종람소(新聞縱覽所)'가 생기고, 신문 내용을 알기 쉽게 설명해주는 '신문해설소'도 등장했다. 자유민권운동가 우에키 에모리(植木枝盛, 1857~1892)가 신문종람소를 드나들며 투고로 이름을 날린 것은 1875년이었다. 이는 신문이 최신 미디어로 자리 잡으면서 입신출세 수단이 될 수 있다는 신호이기도 했다.

도쿠토미가 좋아했던 후쿠치는 문장력도 뛰어났지만 경력도 다채로웠다. 그는 막부(幕府)시대 통역으로 유럽 파견사절단을 두 번이나 수행했다. 그러나 1868년 유신정변으로 실직, 유신정부에 좋지 않은 감정을 갖게 됐다. 그래서 《고코신문(江湖新聞)》을 만들어 정부를 비판하다 구속되기도 했다. 후쿠치는 사건이 수습된 뒤 정부 권유로 1872년 대장성(大藏省) 관리로 전직, 1년 넘게 구미 여러 나라를 순방하는 이와쿠라(岩倉具視) 외교사절단을 수행하는 등 한동안 관리로 잘 적응하는 듯 했으나 1874년 사직하고《도쿄니치니치신문》에 입사했다. 후쿠치는 이 신문에서 '오조(吾曹)'라는 필명으로 사설을 써 일약 유명해졌다. 그는 내전이 끝나자 도쿄로 돌아와 메이지 텐노에게 전황을 직접 보고하기도 했다.

후쿠치는 그가 쓴《신문지실력(新聞紙實歷)》에서 "내가 대장성을 그만두고《도쿄니치니치신문》에서 붓을 잡게 되자 주위 사람들은 다시 한번 생각해 보라며 말렸다"고 적고 있다. 그때만 해도 신문기자는 음란 통속소설 작가보다 못할 정도로 사회적 평가가 낮았기 때문이었다. 그러나 후쿠치가《도쿄니치니치신문》에 기명기사를 쓴 뒤부터 게이오(慶應)대학을 졸업한 후지다 모키치(藤田茂吉, 1852~1892), 외국유학을 하고 돌아온 나루시마 류호크(成島柳北, 1837~1884) 등과 같은 인재들이 신문에 속속 글을 쓰게 됐다. 당시《유빈호치신문》에 입사한 후지다와《도쿄니치니치신문》의 후쿠치가 지면을 통해 벌인 지상(紙上) 논쟁은 신문의 성가를 더욱 높였다.

물론 후쿠치의 경우와는 반대로 신문기자에서 관리로 등용되는 사례도 적지 않았다. 1874년《요코하마마이니치신문(橫浜每日新聞)》을 창간, 주필로 민권운동에 앞장서다 문부성(文部省) 대서기관이 된 시마다 사부로(島田三郎, 1852~1923)와《아케보노신문(曙新聞)》기자에서 외무성 공무원으로 전직, 베를린 주재 외교관, 내무성 경보(警保)국장, 내무차관 등을 지낸 고마쓰바라 에이타로(小松原英太郎, 1852~1919)가 대표적이다. 또 우에키와 나카에 조민(中江兆民, 1847~1901)처럼 기자 명성을 발판으로 정치가가 된 예도 많았다. 당시 일본 사회에서 신문은 '문명개화(文明開化)'의 상징이고, 신문기자는 어느새 문명개화가 새로이 낳은 화려한 직업의 '본보기'가 돼 있었다. 도쿠토미의 신문기자 지망은 이러한 시대 흐름의 반영이었다.

도시샤에서 공부하던 도쿠토미는 1880년 5월 25일 졸업을 1개월 남짓 앞둔 시점에서 니이지마의 설득에도 학업을 그만두고 도쿄로 향했다. 6월 3일 도쿄에 도착한 그는 이틀 뒤 이케노바타(池之端)에 있던 후쿠치의 집을 방문했다. 그러나 도쿠토미는 그곳에서도, 긴자(銀座)의 신문사에서도 그를 만날 수 없었다. 도쿠토미는 당시 후쿠치를 만나기 위해 열 번 이상 그의 집과 신문사 사이를 걸어서 왕복했다고 회상하고 있다. 도쿠토미의 실망은 이만저만이 아니었다. 끝내 후쿠치를 만나지 못한 도쿠토미는 6월 14일 〈공명(功名) 소년에 고(告)하다〉라는 글을 썼다. 내용은 "문벌(門閥)이 없어진 지금 역량에 따라 누구라도 공명을 얻을 수 있게 되었다. 공명을 구하는 것은 쾌락을 얻기 위함인데, 그것은 일시적이 아니라 영원한 것이 되지 않으면 안 된다"는 요지였다. 이는 자신을 향한 자계(自戒)의 말이기도 했다.

후쿠치 면담에 실패한 도쿠토미는 평소 알고 지내던 언론계 선배 말을 들은 뒤 다음날을 기약하고 구마모토로 돌아갔다. 고향으로 내려온 그는 어떤 일이 있어도 반드시 신문기자가 되고야 말겠다는 각오를 다지며 열심히 책을 읽었다. 독서는 역사학·문장학·경제학 등 세 분야로 한정하고 그 외는 일절 읽지 않았다. 다만 신문은 '시세(時勢)를 달관(達觀)하기 위해 유익하다'며 꼭 읽었다. 그는 《도비신보(東肥新報)》 창간에 참여하여 글을 쓰고 유세도 했다. 이와 함께 《구마모토신문》과 도쿄, 오사카 등지 신문에 글을 투고하고, 나카에 조민, 메이지유신 원로로 민권운동에 관심이 많았던 이다가키 다이스케(板垣退助, 1837~1919) 등과 서로 교유하며 자유민권운동에도 열을 올렸다.

그러나 그렇게만 시간을 보낼 수는 없었다. 그는 1882년 3월 아버지 도움으로 집에 오에기쥬크(大江義塾)를 개설했다. 요새말로 학교 교장이 된 그

도쿠토미가 1882년에 설립한 사설학원 오에기쥬크.

의 나이는 겨우 열아홉 살이었다. 도쿠토미보다 나이 많은 학생이 수두룩했다. 그는 개교식에서 "지금까지의 학교는 마치 감옥과 같은 곳으로 교사는 양치기가 양을 다루듯이 학생들을 대하고 있다. 이것으로는 '독립 기상(氣象)'을 키울 수 없고 비굴한 사람을 만들 뿐이다. 오에기쥬크의 목적은 수천년래 어른들에게 유린돼 온 '우리 소년사회의 판도를 회복하고, 우리 소년국(少年國)으로 하여금 속박되지 않은 자주(自主), 자유스런 독립 세계'를 만드는 데 있다"고 축사를 했다.

그가 학교를 감옥으로 비판한 것은 구마모토 양학교와 도시샤의 경험이 반영된 것이지만 사회를 지배하며 소년들의 전도를 가로막고 있는 어른들의 세계에 대한 도전이기도 했다. 이시기 도쿠토미는 '청년은 어른의 아버지다'는 17세기 영국 시인 밀턴의 말을 자주 인용해 글을 썼다. 사회의 미래를 결정하는 것은 청년이라는 생각이었다.

도쿠토미의 이러한 인식은 그로부터 3년 뒤에 쓴 《제19세기 일본의 청년과 그 교육(第十九世紀日本の靑年及び其敎育)》에 더욱 구체적으로 드러나 있다. 그는 이 책에서 "제군이 가장 적대해야 할 대상은 여러분이 늘 경애하는 노인들이다. 노인은 과거

도쿠토미 소호가 문장가로
이름을 떨치게 된 출세작
《장래의 일본》

의 유물에 지나지 않는 구질서의 상징일 뿐
이며 앞으로 '사회의 대세'를 결정하는 청년
의 동향을 교육에 반영해야 한다"고 강조하
고 있다. 도쿠토미는 1885년 6월 이 글을 도
쿄에서 자비를 들여 책으로 냈다. 책은 3백
부에 지나지 않았지만 일본에서 자기 돈으
로 책을 내기는 도쿠토미가 처음이었다. 그
는 이를 원하는 사람이나 친구들에게 선물
로 주며 비평해 주기를 바랐다.

그의 글은 뜻밖에도 큰 반향을 불러 일으
켰다. 신문과 잡지들이 앞 다투어 이를 보도
한 것이다. 특히 주간잡지 《도쿄게이자이잡
지(東京經濟雜誌)》는 수 주에 걸쳐 전문을 연재했다. 이토 히로
부미를 도와 일본제국헌법을 기초했던 이노우에 고와시(井上毅,
1844~1895)는 출근해 하루 종일 공무를 제쳐두고 도쿠토미의
글을 읽은 뒤, 그의 비서 아리가 나가오(有賀長雄, 1860~1921)가
읽고 평한 비평과 함께 보관할 정도였다. 도쿠토미의 평판은 이
노우에의 입으로부터 전해지기 시작했다. 도쿠토미는 이노우에
와 같은 고향 출신이었지만 반대당 사람으로 보고 그때까지 한
번도 만난 적이 없었다. 게다가 그는 이노우에를 메이지 정부의
문서 기록을 맡은 이른바 '도필(刀筆) 관리'의 표본으로 여겨 존
경은커녕 가까이 하려 하지도 않았다. 그런 그가 도쿠토미의 앞
길을 열어준 셈이었다.

이에 용기를 얻은 도쿠토미는 이듬해 5월 《장래의 일본(將來
之日本)》을 썼다. 이는 그의 운명을 건 저작이었다. 그는 당시
알고 있던 모든 지식을 총동원해 《장래의 일본》에 담았다. 스

펜서의 진화설, 밀의 공리설, 브라이트 등 맨체스터파의 비간섭주의와 자유방임주의, 요코이 쇼난(橫井小楠, 1809~1869)의 세계평화사상 등이 논리의 바탕이었다. 도쿠토미는 초고를 세 번이나 고쳐 썼다. 제목도 당초 《일본의 장래》에서 《장래의 일본》으로 바꾸었다. 독자들에게 더 강한 인상을 주려는 목적이었다. 그는 이를 들고 우선 도사(土佐)에 있던 이다가키를 찾아갔다. 그러나 이다가키는 별 반응을 보이지 않아 실망이 컸다. 그는 이대로 물러설 수 없다며 《제19세기 일본의 청년과 그 교육》을 보도해 준 《도쿄게이자이

23세로 《장래의 일본》을 출간할 당시의 도쿠토미 소호

잡지》의 다쿠치 우키치(田口卯吉, 1855~1905) 사장을 찾아갔다. 다쿠치는 그때 《일본개화소사(日本開化小史)》 저자로도 이름이 나 있었다. 도쿠토미의 글에 재미를 붙인 다쿠치는 《장래의 일본》의 논지가 마음에 들어 기꺼이 출판을 약속했다.

도쿠토미는 이 책에서 '무비주의(武備主義)'와 '생산주의'라는 두 가지 대조적인 논리를 제시하고, 앞으로 일본이 어느 길을 택하느냐에 장래가 달려 있다고 설파하였다. 다시 말하면 '병비(兵備) 확충'과 '국부(國富) 달성'이라는 두 가지 명제를 일본의 장래문제로 설정했다. 그는 군사형(軍事型) 사회(무비주의)가 되면 정권은 소수에게 돌아가고(귀족주의), 부의 분배는 불평등하며, 군대가 모델이 되는 '강박'적인 사회가 된다(완력주의)고 설명한다. 반면 산업형 사회(생산주의)에서는 인심 중심(평민주의)

으로 정치가 이루어지고, 사회는 계약에 바탕을 둔 평화를 기조로 결합하게 된다(평화주의)는 주장이다. 따라서 무비・귀족・완력주의와 생산・평민・평화주의는 양립할 수 없으며, 일본은 역사의 필연적 '대세'에 따라 생산・평민・평화주의로 나아가야 한다고 결론지었다.

이런 내용을 골자로 한 《장래의 일본》은 1886년 10월 세상에 나오기가 바쁘게 날개 돋친 듯 팔려 나갔다. 다음 해 2월 재판을 찍을 만큼 대성공이었다. 이에 고무된 도쿠토미는 1886년 12월 개교 4년 반 만에 오에기쥬크의 문을 닫은 뒤 가족을 이끌고 도쿄 이주를 결행했다. 그때 쥬크생 10여 명도 행동을 같이 했다. 오에기쥬크는 그동안 2백50여 명의 졸업생을 배출했다. 도쿠토미는 이듬해 2월 15일 민유샤(民友社)를 설립하고 잡지 《고쿠민노토모》를 창간했다. 잡지 이름은 도시샤 재학 때 애독했던 미국의 주간지 《네이션(Nation)》을 번역해 사용했다.

이 잡지 또한 인기가 대단했다. 창간 당시 월 1회 발행하던 것을 그해 10월부터 월 2회로 늘리고 1889년 1월부터는 열흘마다 한번씩 냈다. 도쿠토미는 잡지로도 상당한 돈을 벌었다. 그는 이를 바탕으로 일간신문을 만들기 위해 준비작업을 서둘렀다. 때마침 일본 정계는 메이지 헌법 제정으로 의회 개설을 눈앞에 두고 있었다. 도쿠토미는 제국의회가 열리는 1890년에는 반드시 신문으로 의견을 발표해 보고 싶었다. 당시 매월 세 번씩 발간하는 《고쿠민노토모》로도 기사를 소화하는 데는 별 지장이 없었지만, 일간신문이 아니면 어딘가 부족한 느낌이었다.

일간지 창간에는 자금과 인력, 그리고 경영이 큰 문제였다. 그가운데서도 당장 필요한 것은 인력이었다. 그래서 그는 행동을 같이 할 수 있는 인물을 미리 물색하고 일일이 손을 써 끌어 모았다. 뿐만 아니라 함께 일할 사람을 잘 아는 신문사에 보내 실무를 배우도록 했다. 후쿠다 와고로(福田和五郞)를 《교토일보(京都日報)》에 보내 편집 일을 충분히 익히도록 한 것도 그 하나였다. 도쿠토미는 이렇게 하여 결국 16명을 창간 멤버로 확보했다. 그는 또 읽히는 신문을 만들기 위해 영국 유학 중이던 모치즈키 고다로(望月小太郞)에게 부탁해 영국 신문을 모두 사오게 하고 그 장단점을 연구했다. 그때 뉴저널리즘을 표방한 스테드(W. T. Stead)의 《팔 말 가제트(*Pall Mall Gazette*)》는 많은 참고가 됐다고 자서전에 술회하고 있다.

도쿠토미에게 경영은 더욱 큰 골칫거리였다. 지금까지 잘 도와 준 누님의 남편 유아사(湯淺治郞)가 좀더 열심히 해준다면 문제는 달랐다. 그러나 그는 성질이 괴팍하여 의지를 잘 굽히지 않고 남과 어울리지도 않았다. 지나치게 자기 마음대로여서 보좌역으로는 부적당했다. 도쿠토미는 그를 자주 설득했지만 말할 때뿐으로 신문 발행에는 그다지 관심이 없었다. 이 때문에 자금 마련도 전적으로 도쿠토미가 나서지 않으면 안 되었다. 많은 흑자를 내는 민유샤가 그나마 큰 힘이 됐다.

도쿠토미는 5천 엔이 넘는 돈을 주고 히요시마치(日吉町)의 '공존동중연설관(共存同衆演說館)'을 사들였다. 매입비는 물론 민유샤에서 나왔다. 이 건물이 바로 《고쿠민신문》이 태동한 산실이었다. 도쿠토미는 다이쇼 15년(1926년) 4월 가가마치(加賀町)로 회사를 옮길 때까지 실로 36년을 이 건물에서 지냈다. 이로써 사무실은 해결됐지만 다음은 인쇄가 문제였다. 인쇄시설을 갖추기에는 너무 많은 비용이 필요했다. 그는 하는 수 없이 당시 다른 신문이 이용하던 수영사(秀英舍)에 맡겼다. 기사 마감은 오후 6시였으나 늦어도 한 시간 이른 5시까지는 넘겨야 배달시간에

댈 수 있었다. 지면 수는 보통 네 면이고, 많아야 여섯 면이었다. 발행부수는 5천~1만 부로 큰 신문에 속했다. 《고쿠민노토모》는 《고쿠민신문》에 없어서는 안 될 일등 공신이었다. 하지만 일간지 창간은 역시 어려운 일이었다. 모자란 돈은 빚을 내어 충당했다. 창간에 들어간 돈이 만 엔을 훨씬 넘었다고 한다.

이런 각고의 노력 끝에 도쿠토미는 1890년 2월 1일 아침 마침내 꿈에 그리던 일간 《고쿠민신문》 제1호를 들고 환호성을 올렸다. 여기서 그의 신문 창간 당시 이야기를 들어 보면 다음과 같다.

신문 발행은 내가 처음부터 계획한 일은 아니다. 단지 신문기자가 되겠다는 것이 유일한 꿈이었다. 그러나 신문기자의 기능을 완전히 발휘하기 위해서는 무엇보다 자기 소유 신문이 있어야겠다는 생각이 떠올랐다. 나름대로 자유롭게 수완을 떨치는 일이 필요하고, 한 가지 일의 획을 긋는 데도 필수적이라 여겨졌기 때문이다. 그래서 타사 기자로 들어가 일하기를 미루고 궁리에 궁리를 거듭했다. 그리고 그 생각은 《고쿠민노토모》가 예상 외로 큰 성공을 거두어 더욱 자신감을 갖게 됐다. 그러나 지금도 마찬가지지만 메이지 22년(1889년) 당시 일간지를 만든다는 것은 좀처럼 쉬운 일이 아니었다. 게다가 도쿄에는 이른바 5대 신문이 버티고 있었다. 《도쿄니치니치신문》·《유빈호치신문》·《마이니치신문》·《조야신문》·《지지신보(時事新報)》 등이었다. 그밖에도 규모가 작은 신문은 손꼽을 수 없이 많았다. 그 중간에도 몇몇 신문이 있었는데 이들 신문은 독자를 확장하려고 안간힘을 다 썼다. 대규모 신문과 소규모 신문 사이에 새로운 힘을 시험해 볼 만한 틈바구니가 있었기 때문이다. 나는 그 틈을 괭이질 해 볼 생각으로 슬슬 준비작업을 시작했다.

그때 신문, 특히 큰 신문은 모두 정치문제 아니면 기껏해야 잘못된 경제문제를 사설로 올리고, 그것도 모두 '그렇지 않소'라고 엄포를 놓는 문구뿐이었다. 따라서 신문지면은 단조롭고 무미건조했다. 어떤 신문을 보더라도 사막을 걷는 느낌이었다. 다만 그 가운데 《유빈호치신문》의 구리모토(栗本)옹, 또는 《조야신문》의 나루시마 류호쿠, 《도쿄니치니치신문》의 기시다 긴코(岸田吟香)의 문장이 겨우 눈에 띌 정도였다. 사설은 후쿠치와 후쿠자와 등의 문장이 돋보였으나 이들 역시 메이지 22, 23년쯤에는 이미 특색을 잃어 신문계에 새바람이 필요한 때였다. 나는 정치·경제문제만이 기사거리가 되는 것이라고는 결코 생각하지 않았다. 문학·종교·미술·사회 그리고 인사문제 등도 모두 기사가 될 수 있다고 판단했다. 또 신문은 꼭 읽는다는 고정 관념을 넘어 보는 것이라는 생각을 갖게 됐다. 읽기보다 보는 쪽이 오히려 빠르기 때문이다. 그래서 모든 사건을 그림으로 설명할 필요를 느끼게 됐다. 풍경·인물·초상은 물론이고 불이 나면 화재 현장, 제례(祭禮) 때는 제례 모습을 그림으로 처리하면 지면이 시원하고 보기도 한결 편하리라 판단됐다. 당시는 아직 사진술이 발달하지 않아 자연히 스케치·목판화가 활용됐다.

또 개인 의견도 중요한 기사거리라는 사실을 깨닫게 됐다. 그때 신문은 대부분 사설과 논설, 그리고 투고 형식으로 일반 의견을 다루었을 뿐 사건이 나면 전문가 의견을 들어 싣는, 이른바 대담 기사는 없었다. 나는 이러한 인터뷰 또한 중요한 일임을 절감했다. 내가 한 일은 반드시 나 스스로 발명

특허를 받을 정도로 가치가 높은 것은 물론 아니었다. 그러나 일본에서는 《고쿠민신문》이 발간되면서부터 이런 기사가 보편화되었다고 장담할 수 있다. 모든 준비는 메이지 22년에 끝냈다. 그리고 미국 뉴욕의 《네이션》 잡지와 《이브닝 포스트(Evening Post)》지의 관계를 본받아 신문 제호도 《고쿠민노토모》의 고쿠민 글자를 그대로 따왔다.

어려운 과정을 거쳐 탄생한 《고쿠민신문》은 '독립신문', '중류·평민주의'를 표방했다. 이는 신문사의 주의 주장을 명확히 갖고, 이를 바탕으로 중류사회 평민층을 대변하는 신문을 만들겠다는 의미였다. 《고쿠민신문》은 이와 함께 스스로 개혁의 최선봉임을 부르짖고 나섰다. 도쿠토미는 개혁 대상을 네 가지로 나누었다. 첫째는 정치개혁이고, 둘째는 사회개혁, 셋째는 문예개혁, 넷째는 종교개혁이었다. 그 가운데서도 정치개혁은 그가 가장 열중했던 부문이었다. 도쿠토미는 메이지 혁명을 주도했던 사쓰마(薩摩), 조슈(長州) 등 네 개 번(藩) 출신이 번갈아 권력을 세습하는 '번벌(藩閥)정치' 타파에 온힘을 기울였다. 그는 그렇다고 《고쿠민신문》에 대해 백 퍼센트 만족하지는 않았다.

독자들 반응도 두 가지로 갈렸다. 특히 《고쿠민노토모》를 애독하던 독자들은 실망감을 감추지 못했다. '일간잡지'라고 업신여긴 사람도 있었다. 심지어 쓸데없는 문자를 나열하여 뭐랄까 신문다운 기사거리는 없다고 혹평하는 이도 적지 않았다. 반면 찬성 쪽은 종전에 거의 거들떠보지도 않던 인간 사생활과 사상 등을 기사로 다룬 점은 다른 신문에서는 찾아볼 수 없는 장점이라고 지적했다. 이는 다른 신문에 새로운 자극제로 작용했다.

《고쿠민신문》은 이런 찬반 속에서도 창간 때 벌써 7천여 명의 독자를 확보했다. 그때 7천 부는 결코 적은 부수가 아니었다.
큰 신문이라고 해보아야 1만 부가 최고였다. 이런 점을 고려하
면 세간의 기대에는 다소 미흡했을지라도 신문계에 신기원을
세웠음에 틀림없다고 도쿠토미는 자평했다.

청일전쟁을 성공의 발판으로 삼다

도쿠토미가 《고쿠민신문》을 창간한 1890년대 일본사회는 말그대로 대혼란이었다. 일제의 부국강병정책으로 사회는 발전했다지만 전에 없던 극심한 공황으로 국민들은 정부에 등을 돌린지 오래였고, 정계는 정계대로 권력 독점을 성토하는 민권운동이 격랑을 이루었다. 뭔가 돌파구를 찾지 않으면 막 시작한 의회정치도 무너지게 될 분위기였다. 이런 소용돌이 속에 청일전쟁(1894~1895)이 일어났다. 이는 일본 국민의 정치적 관심을 나라 밖으로 돌려 국내 정치 불안을 해소하고, 흩어진 민심을 정부 쪽으로 끌어안기 위한 고도의 통치 계산에서 나온 커다란 모험이었다(정일성, 《이토 히로부미 – 알려지지 않은 이야기들》 참조).

그럼에도 외국과의 전쟁을 경험하지 못한 일본 언론인들은 거의 모두가 청일전쟁을 '대의(大義) 있는 전쟁'이라고 미화하고 나섰다. 심지어 격려금을 내놓으며 전쟁을 부추기는 언론인도 있었다. 《지지신보》와 게이오대학을 운영하던 후쿠자와 유키치는 1만 엔의 거금을 군부에 기탁하고 그의 신문을 통해 "정부에 불만이 있더라도 이번 대사건이 마무리될 때까지는 모든 정쟁(政爭)을 중지하고 오로지 정부 정략(政略)과 군략(軍略)을 지켜보자"며 정부에 대한 조건 없는 협력을 제의했다. 그는 이에 앞서 《지지신보》 사설에서 연일 파병을 주장하며 "파병만이 국내 정치 혼란을 막을 수 있는 유일한 길"이라고 외쳐댔다.

도쿠토미 역시 자서전에서 "나는 처음부터 주전론(主戰論)을 열심히 주창한 사람"이라고 밝힐 정도로 후쿠자와 못지않은 강경론자였다. 그에게 청일전쟁은 제국주의이론 정립의 시험무대였다. 나아가 사세(社勢)를 키울 수 있는 절호의 기회이기도 했다. 그는 1894년 들어 청·일 사이에 긴장이 고조되면서 창간 당시 표방했던 '평민주의' 이념을 접었다. 정부에 대한 단순한 협력만이 아니라 신문 보도 내용 자체를 아예 국익을 앞세우는 '국가주의'로 바꾸었다. 1893년 5월부터 9월까지 막부 말 혁명 이론가 요시다 쇼잉(吉田松陰, 1830~1859)에 대한 평전(評傳)을 《고쿠민노토모》에 연재하고 책으로 묶어낸 것이 계기였다. 1894년 5월 '대외 강경론'을 주요 내용으로 하는 《자주적 외교》라는 책을 펴내 또 다시 시정(市井)의 입에 오르내린 그는 5월 31일자 《고쿠민신문》 사설에 〈조선에 군대를 보내야 한다〉를 통해 출병론(出兵論)을 주창했다. 이어 6월 초에는 《고쿠민노토모》(제228호)에 "국가를 팽창시키는 결정적 요소는 인구 증가이다. 일본인은 어떠한 기후에도 적응할 수 있는 팽창 가능성을 지니고 있다. 일본 국민 팽창의 최대 라이벌은 더위에 약한 서구 제국(諸國) 국민이 아니라 중국인이다"라는 요지의 〈일본국민 팽창성(膨脹性)〉을 발표하고 제국주의 논리를 노골적으로 펴기 시작했다.

　이처럼 도쿠토미가 평민주의를 버리고 국가주의로 변절한 것은 무엇보다 그가 사상가가 아니라 시대 상황에 휩쓸리기 쉬운 신문기자였기 때문이라는 분석이 지배적이다. 게다가 독자로 겨냥한 중류계층이 예상과는 달리 대부분 정당, 혹은 정부 쪽에 흡수돼 당초 추구하려던 목표가 흔들리게 된 점도 원인이었다. 앞서 설명했듯이 그는 창간 당시 편집 목표를 '중류 평민계층'을 중심으로 '천하국가 일을 생각하되 일신일가(一身一家)를 잊지 않고, 일신일가를 생각해 천하국가를 잊지 않는다'라는 '일신일가'와 '천하국가'를 결합한 국민정신 구현에 두었다. 그러나 그는 이를 과감히 벗어던지고 국가 장래가 걸린 청일전쟁에 승부수를 띄웠다.

도쿠토미는 청일전쟁 직전 〈호기(好機)〉(도쿠토미는 1894년 12월 〈호기〉를 비롯, 그가 쓴 여덟 편의 글을 한데 묶어 《대일본팽창론》이라는 제목의 책으로 펴냈다)라는 글에서 "호기란 얻기는 어려워도 잃기는 쉽다. 호기는 이제 곧 우리에게 입을 맞추고 악수하려 하고 있다. 이를 모르는 정치 당국자는 어떻게 이를 맞이할 것인가. 호기란 말할 필요도 없이 청나라와의 개전(開戰)이다. 다른 말로 설명하면 팽창적 일본이 팽창 활동을 달성할 수 있음을 뜻한다"며 청나라와의 일전을 촉구하고 나섰다. 그리고 정작 전투가 시작되자 그는 7월 28일자 〈시민과 병사〉라는 제목의 《고쿠민신문》 사설을 통해 "청일전쟁은 정부와 군대만의 전쟁이 아니라 '국민적 전쟁'이다. 국민은 대외정책의 원동력이다. 국민 개개인은 잠재적 병사이고 '국가의 명예와 위신'을 높이는 일은 모든 국민에게 과해진 의무이다"라고 전 국민의 전쟁 참여를 선동했다. 또 〈전쟁과 국민〉(《대일본팽창론》에 수록)이라는 글에서는 "우리 국민 내부에 잠재한 위대한 국민적 성격은 확실히 전쟁에 잘 나타난다. 우리 국민만큼 큰일이 있을 때 잘 뭉치는 국민은 없고 그들은 국가 앞에 자신을 포함한 모든 것을 던진다. 세계는 이를 인정해야 한다. 우리도 이를 믿어야 한다. 자가(自家)의 위대함을 믿는 것은 더욱 더 자가를 위대하게 만든다"고 국민을 설득하고 있다. 다시 말하면 잠재적으로 존재한 '자신'이 열강의 '인식'에 따라 확인되고, 그럼으로써 '자신'이 더욱 강해지게 되는 것이라는 설명이다.

당시 많은 일본 지식인들은 청일전쟁이 열강으로부터 일본의 실력을 인정받을 수 있는 좋은 기회가 되리라 보았다. 도쿠토미도 유럽과 미국의 시선을 의식하기는 마찬가지였다. 그는 〈호기〉에서 "이탈리아 독립운동가이자 수상을 지낸 카부르(Camillo Benso conte di Cavour, 1810~1861)는 '광기(狂氣)의 사태(沙汰)'라고 비난받으면서도 크리미아 전쟁에 참전해 구주열국(歐州列國)으로부터 인정받음으로써 국가 이익과 광영(光榮)을 가져왔다"고 주장했다. 또 〈세계적 일본의 지위〉라는 글에서는 "일본인은 구미를 지나칠 정도로 잘 알고 있음에도 일본은 이들에게 '매음국(賣淫國)' 정도로 인식되고 있을 뿐 올바른 평가를 받지 못하고 있다"며 "이번 전쟁은 이를 씻을 수 있는 좋은 계기가 될 것"이라고 강조했다. 결국 청일전쟁은 이와 같은 주전론자들의 전쟁도발 논리 탓으로 그때 일본 국민들에게 '신체적, 심리적 팽창'의 계기로 받아들여졌다고 요네하라 겐(米原 謙)은 그가 쓴 《도쿠토미 소호 — 일본 내셔널리즘의 궤적(軌跡)》에서 분석하고 있다. 여기서 신체적 팽창이란 국민들의 해외활동 범위 확장을 뜻하고 심리적 팽창은 전쟁에 대한 자신감을 의미한다.

일제는 이와 같이 일본 언론의 전폭적인 지지 속에 청나라에 포문을 열었다. 전쟁이 시작되자 신문사들은 그야말로 벌집을 쑤셔놓은 듯 초비상이었다. 각 사마다 앞 다투어 종군기자를 전지에 특파하고 전황(戰況)을 쫓느라 부산했다. 기록에 따르면 당시 일본 종군기자는 모두 1백29명에 이르렀다. 《고쿠민신문》은 한일합방 뒤 《경성일보》 사장을 지낸 아베 요시이에와 화보기자 구보다(久保田米僊)를 조선에 파견하는 등 20여 명을 투입했다. 임시통신원까지 합하면 30명도 넘었다고 한다. 그리고 도쿠토미 자신도 32세 젊음을 무기로 다른 기자들과 함께 현장을 직

도쿠토미 소호의 정계 진출을
적극 도운 마쓰가타 마사요시.

접 뛰며 기사를 썼다. 그때 전황 기사와 삽화는 독자들로부터 인기가 대단했다. 화보 기자 구보다를 조선으로 보낸 것도 그 때문이었다. 도쿠토미는 특히 승전소식이 전해질 때마다 호외(號外)를 발행해 독자들의 관심을 끌었다. 그래서 도쿠토미는 "아마 그때 우리 회사 만큼 많은 종군기자를 파견하고 호외를 자주 발행했던 곳도 없었을 것"이라고 자서전에서 자랑하고 있다.

청일전쟁이 일어날 때만해도 《고쿠민신문》은 정부는 말할 것도 없고 군부에도 평판이 좋지 않았다. 정권을 이끄는 이른바 샷죠(薩長) 인사들 가운데 사쓰마 출신 마쓰가타 마사요시(松方正義, 1835～1924)를 제외하면 도쿠토미를 인정하는 사람은 한 사람도 없었다. 그들에게 도쿠토미는 '나라를 파는 역적 아니면 그 앞잡이'로 생각될 정도였다. 그런 분위기에서 도쿠토미가 '모든 희생을 각오하고 멸사봉공(滅私奉公)의 태도'로 나오자 그들의 마음이 풀어져 뜻밖의 친구도 많이 생겼다. 그 가운데 대표적 인물이 가와카미 소로쿠(川上操六, 1848～1899)였다. 가와카미는 당시 소장으로 참모차장이었지만 아리스가와노미야 다루히토(有栖川宮熾仁, 1835～1895) 친왕이 참모본부장이어서 사실상 가와카미가 최고 사령관이나 다름없었다. 도쿠토미를 가와카미에게 소개한 사람은 도시샤 후배 요시이(吉井一三)였다. 그러나 도쿠토미는 "나를 가와카미에게 소개한 것은 물론 요시이였지만 그보다도 《고쿠민신문》의 전쟁에 대한 발 빠른 행보에 있었다"고 설명한다. 가와카미는 군인으로는 보기 드물게 겸손하고 남에게 호감을 주는 사나이였다.

어떠한 경우에도 면회를 거절하는 일이 없었다. 이야기는 간단해도 요령이 있었다. 그는 늘 도쿠토미에게 "도쿠토미군은 무엇 하나 부족한 점이 없지만 곤란한 점은 평민주의다. 이 점을 버린다면 그야말로 좋겠다"고 충고했다. 그렇지만 "그런 그의 사고방식과 태도도 자신이 모르는 사이에 평민적이었다"고 도쿠토미는 술회했다.

도쿠토미는 가와카미와 마치 오래 사귄 친구처럼 갑자기 가깝게 됐다. 전황 보도에 가와카미는 없어서는 안 될 존재였다. 도쿠토미는 마치 천군만마를 얻은 느낌이었다. 그는 특종을 위해 거의 매일 아침 가와카미 집을 방문했다. 그때 참모차장 집은 현관에 들어서면 응접실이 두 개 있었으나 얇은 판자로 벽을 가로막아 안에서 이야기 하는 소리가 옆방으로 잘 들렸다. 도쿠토미는 가와카미에게 가끔 특종거리를 직접 듣기도 했을 뿐만 아니라 기다리는 동안 응접실에서 많은 사람들과 만나 잡담하는 가운데 암시를 얻기도 했다. 그가 7월 24일 황해도 옹진군 대부면 풍도(豊島) 근해에서 일본 군함 나니와(浪速)가 청나라 병력수송선 코싱호를 격침시킨 사건을 타사보다 한발 앞서 호외로 담아낸 특종도 어느 장군 집에 들렀다가 장군 아들로부터 우연히 들은 말에서 암시를 받은 것이었다.

전쟁이 격화되면서 신문사들의 경쟁은 더욱 뜨거워졌다. 정부에 대한 지지도 가히 절대적이었다. 그때 후쿠자와 유키치는 청일전쟁을 '문명과 야만의 전쟁'이라고 규정하고 군부를 응원했다. 열강의 식민지배 논리와 동일한 이 논법은 청일전쟁 도발을 정당화하고 나아가 열강의 일본에 대한 차별 시각을 없애겠다는 발상이었다. 후쿠자와의 주장은 이를 인용하지 않은 언론인이 없을 정도로 대 유행이었다. 도쿠토미도 《고쿠민신문》 9월

9일자 〈세계의 공적(公敵)〉이라는 사설에서 "청나라는 '문명의 적', '인도(人道)의 적'이므로 이를 토벌하는 것은 의전(義戰)이다"라고 후쿠자와의 논리를 받아들여 군부를 격려했다.

청나라에 대한 선전포고(1894년 8월 1일)에 앞서 6월 5일 이미 '대본영(大本營)¹⁴⁾'을 설치하고 작전에 들어간 일제는 전투가 더욱 격렬해지자 '대본영'을 히로시마(廣島)로 옮기기로 하고 준비작업에 들어갔다. 도쿠토미는 곧바로 가와카미를 찾아가 도움을 요청했다. 가와카미는 병참총감을 겸하고 있던 터라 편의제공은 어렵지 않았지만 아무리 친한 사이라 하더라도 다른 신문사 눈에 띄게 우대할 수는 없는 노릇이었다. 게다가 이토내각과 불편한 관계도 마음에 걸렸다. 가와카미는 떠나기 며칠 전 열차 탑승용 적색 완장을 도쿠토미에게 주었다. 완장은 금색·은색·적색 등 세 가지로 금색은 고등관, 은색은 판임관, 적색은 고용인 등이 차게 돼 있었다. 메이지 텐노가 탄 열차는 9월 13일 신바시 역을 출발했다. 그를 수행한 이토 수상을 비롯한 정부 관료들은 물론 열차에 탄 사람은 모두 군복차림이었다. 그러나 도쿠토미는 평상시 옷을 그대로 입고 나왔다. 신문기자라 하더라도 평복차림은 동승할 수 없었다. 별 수 없이 도쿠토미는 가와카미에게 사정했다. 가와카미는 결국 도쿠토미를 그의 수행자로 만들어 함께 타고 갈 수 있게 했다. 열차 안에서는 넓은 방 한 칸이 그에게 배정됐다. 이는 둘 사이의 친분 관계가 보통이 아니었음을 잘 말해준다.

열차는 15일 오후 5시 10분 히로시마에 도착했다. 텐노는 곧바로 히로시마 성 안에 설치된 대본영으로 들어갔다. 히로시마

---

14) **대본영** : 전시 또는 사변 때 설치되는 군의 최고 통수부로 텐노가 직접 군을 통솔하게 되어 있다.

시내는 텐노를 따라온 정부 고위 관리들과 군대로 갑자기 홍청거리기 시작했다. 임시 의회가 설치되고 정객들이 몰려들어 도쿄를 옮겨온 듯한 분위기였다. 도쿠토미는 히로시마 오데마치(大手町) 겐야스가와(元安川) 다리 부근의 후쿠이여관(福井旅館) 2층을 빌려 임시지국으로 사용했다. 도쿠토미는 이곳을 '란보본부(亂暴本部)'라고 이름 붙였다. 그때 가와카미가 지휘하는 육군은 요시가와(吉川)여관을, 가바야마 스케노리(樺山資紀, 1837~1922) 제독의 해군은 나가누마(長沼)여관을 각각 본부로 정했다. 모두가 같은 오데마치 안의 가까운 거리였다. 도쿠토미는 가와카미, 가바야마, 데라우치 등 군부 요인은 물론 무쓰 외상, 이노우에 내상, 구로다 체신상 등과도 친교를 더욱 두텁게 했다.

임시지국이 제대로 돌아가자 9월 27일 도쿄로 돌아온 도쿠토미는 10월 2일 밤 편집회의를 열고 "이번 싸움은 개벽 이래 일대 결전이므로 우리 회사도 여기에 운명을 걸고 전력을 쏟자. 비용은 얼마든지 사용해도 좋다. 나도 앞장 서 제 구실을 다할 테니 여러분도 젖 먹던 힘을 다해 열심히 해 달라"고 강조했다. 그리고는 다시 히로시마로 갔다. 그는 전시 중에도 이토 수상에 대한 공격의 고삐를 늦추지 않았다. 이토 수상이 10월 18일 히로시마 성 안에 임시로 만든 귀족원 회의장에서 행한 연설을 듣고 회사로 보낸 도쿠토미의 통신문은 그가 이토를 얼마나 못마땅하게 생각하고 있었는지를 여실히 보여주고 있다. 그는 "수상이 책상을 보며 연설했다. 그것도 마치 글을 읽는 듯한 어조다. 이는 연설이 아닌 낭독이다. 청중은 모두 어리둥절했다. 그는 실로 낭독술에 관한 한 의원서기관과 겨룰 만한 실력이다. 왜 정치를 그만두고 연극 낭독자로 나서지 않는지 정말 모를 일이다"라고 쓰고 있다.

전쟁이 시작된 지 반년, 승세는 점차 일본 쪽으로 기울었다. 2월 12일에는 중국 위해위(威海衛)가 함락됐다. 해전을 지휘하던 청나라 북양함대 정여창(丁汝昌)은 이토(伊東) 일본연합함대 사령관에게 "함대와 무기는 모두 내놓을 테니 장병들의 안전을 부탁한다"는 항복문서를 보낸 뒤 "모든 것을 받아들이겠다"는 이토의 답장에도 불구하고 자살로 패전의 책임을 졌다. 그때 도쿠토미는 《고쿠민신문》에 〈정여창과 일본무사의 정〉이라는 제목으로 위해위 함락 소식을 전하면서 "이로써 이 전쟁의 대의가 분명하게 됐다. 이토 해군중장의 아량과 정 제독의 청절(淸節), 둘 다 천고에 길이 빛남에 충분하다"고 썼다. 그는 이어 〈대본영〉이란 제목으로 군부 조직과 인물, 활동 등을 상세히 보도한 가운데 "오늘의 영광은 가와카미 중장이 1889년 육군 참모차장으로 취임해 미리 준비를 다한 혜안(慧眼)에 있다"고 극찬했다. 이와 함께 청일전쟁을 "국가 자위와 국민 웅비를 위한 첫걸음이었다"고 뜻매김했다.

그 사이 도쿠토미는 전황 기사뿐만 아니라 조선 내정에 대해서도 많은 기사를 쏟아냈다. 《고쿠민신문》이 1890년 2월 23일 〈조선의 경보(警報)〉라는 주제로 조선에 관한 기사를 싣기 시작한 이후 1896년 2월까지 6년 동안 게재한 조선 관련 기사는 207건이나 된다. 그 가운데 155건은 1894~1895년에 집중됐다. 내용도 각종 사건은 말할 나위 없고 정치·외교·경제·사회 문제에 이르기까지 실로 광범위하다. 1894년에 보도된 99건 가운데 주요 기사를 보면 〈김옥균과 홍종우〉(4월 12일), 〈자객(刺客)과 일한청(日韓淸) 관계〉(4월 12일), 〈자객과 청국〉(4월 14일), 〈자객사건〉(4월 29일), 〈병(兵)을 조선에 보내야 한다〉(5월 31일), 〈동학당의 난〉(6월 7일), 〈조선내란에 처한 이토내각〉(6월 9일),

〈조선출병의 목적〉(6월 14일), 〈조선의 독립〉(6월 14일), 〈조선 독립의 담보〉(6월 16일), 〈조선국왕과 대원군〉(7월 25일), 〈의병(義兵)의 실(實)〉(8월 1일), 〈조선국민의 개조〉(8월 7일), 〈하루도 일본화를 잊어서는 안 된다〉(10월 20일), 〈대원군의 진퇴〉(11월 30일), 〈조선을 경영할 권한은 일본에만 있을 뿐〉(12월 12일), 〈일본의 세력을 토착화하라〉(12월 15일) 등으로 일제의 이해와 직결된 문제는 거의 빠짐없이 다루고 있다. 그는 이듬해에도 〈조선 주재병(駐在兵)은 결코 철수할 수 없다〉(5월 14일), 〈왕비와 노국(露國)외교〉(7월 12일), 〈조선외교 대세〉(7월 16일), 〈조선 혁신의 2대 과제〉(7월 16일), 〈조선내각의 경질〉(8월 13일), 〈조선 문제의 장래〉(11월 2일), 〈선전(宣戰)칙사와 대한정략〉(12월 7일), 〈조선의 근사(近事)〉(12월 28일) 등 제목으로 56건의 기사를 보도했다. 이들 기사는 객관적 시각이 아니라 일본 이익을 우선하는 국가주의 관점으로 일관하고 있다는 점이 특징이다.

도쿄와 히로시마를 오가며 기사를 취재하던 도쿠토미는 요동반도에 '정청(征淸)총독'이 파견된다는 소식이 알려지자 4월 1일 히로시마로 다시 갔다. 벌써 일곱 번째였다. 정청총독 파견은 도쿠토미의 주장에 따라 실현됐다고 해도 지나친 말이 아니다. 도쿠토미는 요동반도로부터 승전보가 전해지자 베이징을 공격할 날도 머지않았다며 대본영을 요동반도로 옮겨야 한다고 역설했다. 그러나 당시 각료회의는 텐노가 바다를 건너 전지로 갈 수는 없는 일이라며 대신 고마쓰노미야 아키히토(小松宮彰仁)[15] 친왕(親王)을 '정청(征淸)대총독'으로 파견키로 결정했다. 고마쓰노미야는 1895년 4월 13일 가바야마 군령부장과 가와카미 참모

---

15) **고마쓰노미야 아키히토**: 1846~1903. 일본 왕족. 육군원수・근위사단장・참모총장 등을 지냈다.

차장 등 5백50여 명을 이끌고 요동반도로 향했다. 총독을 태운 위해호(威海丸)는 금빛 국화 총독기를 펄럭이며 군악대 주악 속에 치요다(千代田)·와이즈미(和泉)·다쓰다(龍田) 등 3척의 호위함과 함께 히로시마 우지나(宇品)항을 출항했다. 그때 규슈 모지(門司)항의 순반루(春帆樓)에서는 이토 수상이 청나라 전권(全權) 이홍장(李鴻章)과 담판 중이었다. 도쿠토미는 뒤에 일본은행 총재를 지낸 후카이 에이고(深井英五, 1871~1945)와 동행했다. 도쿠토미는 배에서 가와카미 참모차장과 많은 이야기를 나누었다. 가와카미는 도쿠토미에게 "언제나 자네가 먼저 의견을 내어 그대로 따랐다"고 웃으며 칭찬을 아끼지 않았다.

총독 함대는 4월 18일 아침 여순(旅順) 항에 닿았다. 도쿠토미는 일행들과 같이 갑판에 서서 쌍안경으로 주위를 둘러보며 일본이 반도를 차지하게 된 데 대해 기쁨을 감추지 못했다. 도쿠토미는 그날 저녁 통신으로 "18일 아침 일어나 보니 배는 이미 여순 항에 닿았다. 나는 너무 황홀해 마치 일본에 돌아온 느낌이다. 스쿠시노(筑紫) 함장이 오고 쵸카이(鳥海) 함장도 왔다. 이를 듣고 어제 이홍장이 천진(天津)으로 돌아왔다고. 여덟시 여순 부두에 배를 대다. 해안에 나온 사람들이 구름과 같고 해상의 함선들은 꽃과 같다. 음악을 연주하며 가고, 음악을 연주하며 환영한다. 산이나 해안, 바다 할 것 없이 일장기가 없는 곳이 없다"는 내용의 기사를 회사에 보냈다. 그는 요동반도와 대만, 그리고 팽호도(澎湖島) 할양(割讓), 3억6천5백만 엔 배상을 내용으로 한 시모노세키조약이 성립됐음을 18일 배 안에서 알았다.

도쿠토미는 다음날 아침 데라우치와 함께 가후루가와호(賀古川丸)를 타고 금주(金州)로 갔다. 도쿠토미는 금주성의 크기에 놀라며 성루 아래 이중문을 거쳐 제2군 사령부로 오야마 이와

오(大山 巖) 사령관을 방문했다. 그날 밤은 기자 숙소에서 지낸 뒤 20일 아침, 폭약을 사용해 성문을 부수고 성 안으로 들어가 작전에 성공한 일본 공병의 북문 폭파 장치를 구경했다. 그는 21일 오야마 대장과 함께 사쓰마호(薩摩丸)를 타고 다시 여순으로 돌아와 쉬다가 러시아·독일·프랑스 등 삼국이 동맹, 요동 반도를 다시 청나라에 돌려주도록 강요한 이른바 '삼국간섭' 소식을 들었다. 메이지 텐노가 이토·무쓰 두 전권의 수고를 위로 하고 조약을 비준, 평화극복 조칙을 내린 지 이틀 만이었다. 도쿠토미는 러시아 새 황제가 주의해야 할 인물이고, 러시아가 동양에 손을 뻗치고 있다는 사실 등을 이미 보도하며 국민의 경계를 환기시켰지만 설마 독일과 프랑스까지 공격해 오리라고는 생각지 못해 충격이 더욱 컸다고 했다. 일본 정계는 조야(朝野) 할 것 없이 모두 경악했다. 외국 신문들은 '삼국 강경외교의 승리', '일본외교의 대 패배'라고 보도했다. 특히 프랑스 신문《파리》는 〈일본의 항복〉이라는 제목으로 "이는 분명 삼국이 굳건히 뭉친 덕에 얻어낼 수 있었으며, 이로써 여순 항에서 펄럭이던 일장기를 영원히 볼 수 없게 됐다"고 야유했다.

도쿠토미는 그때 비록 세 나라를 상대로 싸울 힘은 없어도 헤쳐 나갈 길은 있으리라 믿었다고 자서전에 쓰고 있다. 그래서 그는 격전지를 돌아보기로 마음먹고 후카이와 함께 25일 영구(營口)로 가 이틀 동안 구경했다. 이어 27일 마차로 해성(海城)에 도착, 4일 동안 머무르며 여러 곳을 돌아봤다. 5월 2일에는 개평(蓋平)으로 옮겨 어느 연대장에게 면회를 요청했다. 그러나 연대장은 바둑을 두고 있으면서도 바쁘다며 만나기를 거절했다. 화가 난 도쿠토미는 이 일을 윗선에 항의하기 위해 상관인 가쓰라 다로 제3사단장을 방문했다. 가쓰라와의 대면은 그때가 처음이

청일전쟁 뒤 도쿠토미가 여순에 주둔하고 있던
일본군 부대를 위문하러 갔다가 삼국간섭 소식을
듣고 여순항 해변에서 가지고 온 자갈.

었다. 그와 한참 동안 이야기해
본 도쿠토미는 세평(世評)과는
달리 이해가 빠른 상식적인 사
람으로 생각하게 됐다. 게다가
가쓰라는 도쿠토미가 일부러
멀리 전지까지 온 것에 감사하
고 서양요리로 환대해 주었다.
도쿠토미는 이야기 도중 가쓰
라가 일본 동북 무진(戊辰)전란
때 22세 젊은 나이에도 야마가
타(山形)지방에서 '진무(鎭撫)총
독참모첨역(總督參謀添役)'으로 활약한 사실을 자세히 듣고 기
록해 놓았다가 나중 《근세일본국민사》 저술에 활용했다. 가쓰
라가 한일합방 때 도쿠토미를 《경성일보》 고문으로 적극 추천
한 이유도 바로 이런 인연 때문이었다.

도쿠토미는 7일 여순으로 돌아와 요동반도를 중국에 반환하
게 되었다는 사실을 알았다. 그는 물론 러시아·독일·프랑스
삼국을 증오했지만, 일본 정부의 실책에 대해서도 분개했다. 도
쿠토미는 그때 후카이에게 "도리(道理)가 있어도 실력이 없으면
안 된다. '멸치 새끼 이갈기(힘이 부치면 아무리 분해해봤자 소
용없음의 비유)'로는 아무 것도 할 수 없다"고 말하고, 발 밑에
널려 있는 자갈을 가리키며 "후카이군, 이 자갈이야 말로 우리
신영토의 한 조각이다. 이것만은 돌려줄 수 없다. 갖고 가자"고
했었다고 자서전에 쓰고 있다. 도쿠토미가 그때 손수건에 싸온
한 되가량의 백색 굵은 자갈은 지금도 도쿠토미 기념관에 소장
돼 있다. 거기에는 당시 전쟁에 사용된 포탄 파편과 용암석도

들어 있다. 도쿠토미는 여순에 있는 것이 고통스러워 하루빨리 도쿄로 돌아가고 싶었으나 배편이 없어 3일 동안 하릴없이 시간을 보냈다. 그는 5월 10일 저녁 6시 반에 출발하는 2천6백 톤급 신하쓰덴호(新發田丸)를 타고 5월 13일 시모노세키에 도착했다. 그러나 배 안에 콜레라가 생겨 격리되었다가 6일 만에 겨우 배에서 내렸다. 그동안 《고쿠민신문》은 이토 내각의 연약외교를 비판하는 기사를 실어 발행정지 처분을 받았다. 요동반도 반환을 문제 삼은 다른 신문들도 속속 발행 정지됐다.

도쿠토미는 청일전쟁에 대한 소회를 다음과 같이 자서전에 남기고 있다.

청일전쟁은 일본역사에서나 나 개인적으로도 매우 중대한 사건이다. 그리고 내 일생에서는 일대 전환기였다. 전쟁에 대해서는 여러 가지 재미있는 이야기가 있지만 젊은 관료와 군인들이 어떻게 고심했는지에 대해 조금 이야기해 두자. 사실을 말하면 청일전쟁은 원로들이 아니라 젊은이들의 용단으로 시작됐다. 이는 처음부터 가와카미의 입에서 나온 말이므로 틀림없다. 내지(內地)에서는 가와카미, 북경에서는 고무라, 이들에게 용기를 얻은 무쓰 등이 이토, 야마가타 등 원로들을 교묘하게 움직였다. 출병 당시 여러 논의가 있었는데 가와카미는 "작전은 늙은이들이 알 수 있는 일은 아니다"라고 공언했다.

전쟁이 나자 나는 번벌 정부고 뭐고 모두 잊어버리고 전 국민이 똘똘 뭉쳐 청나라를 대적하는 일을 당면 급무로 삼고 이를 위해 내가 갖고 있던 모든 것을 희생했다. 세간에서는 이 일에 대해 나를 여러모로 비난한 사람도 있었지만 그것은 각자의 관점으로 어쩔 수 없는 일이었다. 나 자신으로서는 싫더라도 대세에 순응하여 대세를 이끈다는 것은 당연한 일이라고 생각한다. 나는 그동안 번벌 정부를 상대로 최후까지 싸운 한 사람이다. 여기서 최후까지란 말은 민권론자들도 의회 개회 전부터 번벌 정부와 타협한 일이 더러 있었기 때문이다.

당시 어떤 신문도 전쟁에 열중하지 않은 신문은 없다. 그 가운데서도 '후쿠자와 유키치 옹'은 가장 열심이었고 자세히는 말할 수 없지만 1만 엔의 군자금을 헌금한 사실만은 확실히 기억하고 있다. 나는 그때까지 인쇄를 수영사에 맡기고 있었는데 신문이 커짐에 따라 불편을 느끼게 됐다. 그래서 새 인쇄기를 구입하려고 자금을 모으고 있었다. 그러나 공교롭게도 그때 전쟁이 일어났다. 나는 그 돈을 모두 전쟁기사 취재로 돌렸다. 격전지에 기자를 파견하고 통신체제를 정비하기 위해서는 많은 돈이 필요했다. 또 잦은 호외발행과 증면에도 돈이 들어갔다. 전쟁보도는 확실히 발행부수를 늘렸으나 반면 평상시보다 훨씬 많은 자금이 들어갔다.

도쿠토미의 말처럼 전쟁 덕에 《고쿠민신문》은 경영 규모가 크게 늘어났다. 창간당시 7천 부이던 것이 전쟁 중에 2만 부를 넘었고 6년 뒤에는 4만 부에 육박했다고 도쿠토미는 자랑한다. 이 시기 경시청 통계도 《고쿠민신문》 발행부수를 1894년 1만7천 부, 1895년 2만7천 부, 1896년 3만6천 부로 집계, 이를 뒷받침하고 있다. 도쿠토미로서는 전쟁을 통해 군부 실세들과 우의를 더욱 돈독하게 다지게 된 것도 큰 소득이었다.

'국가주의자'가 되다

　'삼국간섭'으로 말미암은 일제의 요동반도 반환은 일본 국민에게 커다란 충격이었다. 힘이 부족하면 잡았던 먹이도 힘센 놈에게 내줄 수밖에 없는 '정글(jungle) 법칙'을 그대로 보여준 대사건이었다. "요동 환부(還付)는 몸도 마음도 모두 타 재로 변한 일대 치욕이었다. 10년, 20년 아니 100년 뒤가 되더라도 기어코 설욕하지 않으면 안 된다고 결심했다"는 도쿠토미의 글이 당시 일본사회 분위기를 잘 대변해 준다. 특히 러시아에 대한 반감은 극에 달했다. 이는 곧 언론계를 비롯한 일본 식자층에 '군비확충론'을 불러왔다. 청일전쟁이 시작되기 전부터 주전론을 펴온 도쿠토미는 《고쿠민신문》을 통해 연일 군비확충만이 굴욕을 씻을 수 있다고 무기증강 필요성을 강조하며 정치지도자의 분발을 촉구했다. 그리고 이런 결과를 초래한 이토 수상은 강경외교를 실현할 수 있는 '거국일치(擧國一致)' 내각 구성을 위해 하루빨리 스스로 물러나라고 역설했다. 이는 다 낚은 대어(大魚)를 건져 올릴 시도도 해보지 않고 말 한마디에 놀라 그냥 놓아줘버린 실수는 오로지 겁쟁이 본성을 버리지 못한 이토의 연약외교 탓이라는 분석에서 나온 결론이었다.
　도쿠토미는 난국을 타개할 수 있는 인물로 마쓰가타 마사요시와 오쿠마 시게노부(大隈重信, 1838~1922)를 내세웠다. 둘이 힘을 모아 연립내각을 구성하면 실마리가 쉽게 풀리리라는 것이 그의 판단이었다. 도쿠토미는 그때 마쓰가타에게 대외 발표용 정치의견서를 대신 써주며 정치 현안을 서로 터놓고 주고받

도쿠토미 소호와 한때 국사를
논의한 오쿠마 시게노부

을 만큼 허물없는 사이였다. 도쿠토미는 1889년 '대일본제국헌법' 공포 축하연에서 마쓰가타를 처음 만나 교유하게 됐다. 마쓰가타가 아버지의 오랜 친구였던 점도 크게 작용했다. 그래도 제1차 마쓰가타 내각 때 (1891~1892)는 수상관저에서 마쓰가타와 같이 식사를 자주 하면서도 비판기사로 정부를 곤혹스럽게 한 적이 한두 번이 아니었다. 그러나 청일전쟁 중 서로 뜻이 통해 완전히 마쓰가타 지지자가 됐다. 그는 우선 이토내각의 대장상 (大藏相)으로 있던 마쓰가타에게 내각에서 나와 오쿠마와 손을 잡도록 건의했으며, 한편으로는 마쓰가타가 사퇴하면 이토내각은 저절로 붕괴될 수밖에 없다는 전망도 귀띔했다. 물론 오쿠마 쪽에도 다리를 놓았다. 이런 분위기에도 흔들림 없이 잘 버티던 이토내각은 들끓는 여론을 이겨내지 못하고 결국 1896년 8월 31일 무너지고 만다. 그리고 이어 도쿠토미의 주문대로 1896년 9월 18일 마침내 마쓰가타·오쿠마 연립내각이 탄생했다. 도쿠토미가 유럽 여행을 떠난 지 넉 달 뒤였다.

한동안 정치공작에 열을 올리던 도쿠토미는 구미 열강, 특히 러시아 사정을 직접 눈으로 보겠다며 1896년 5월 19일 후카이와 함께 요코하마 항을 출발했다. 그가 이듬해 6월 말까지 1년 1개월 동안 돌아본 곳은 영국·네덜란드·독일·폴란드·러시아·터키·루마니아·불가리아·헝가리·오스트리아·이탈리아·스위스·프랑스·미국 등 14개국 50여 개 도시에 이른다. 그는 특히 페테르부르크·크로시타드 군항·리빙스크·니지니노브고로도·모스크바 등 러시아 여러 지방을 돌며 동정을 눈

여겨 살폈다. 1896년 10월 8일에는 모스크바 서남쪽 벽촌 야스나야에 있던 문호(文豪) 톨스토이 집을 방문해 하루 종일 머물면서 톨스토이와 이야기를 나누었다. 당시 68세인 톨스토이는 도쿠토미에게 "기독교와 애국심은 양립할 수 없다. 또 인도(人道)와 애국심도 양립할 수 없다. 일본은 왜 유럽을 본받아 군비확장을 하고 있는가?"라고 물었다. 이에 대해 도쿠토미는 "애국심과 인도는 양립한다. 일본은 침략을 도모하는 나라는 아니다. 일본은 지금까지 세계 열강에게 여러모로 굴욕을 당하고, 부당한 간섭을 받았다. 앞으로 열강과 대등한 처지에 서는 것이 중요하다" 고 대답했다 한다. 도쿠토미는 귀국해 《고쿠민노토모》(제324호)에 〈톨스토이 옹을 방문하다〉는 제목으로 쓴 톨스토이 탐방기에서 "타국 침략을 좋아하는 러시아 국민 탓인지 톨스토이와 의견이 크게 다름을 깨달았다"고 적고 있다. 그는 또 10월 18일 러시아 순방을 끝내면서 오쿠마 외상에게 "러시아 육군은 2백50만 명이라고 하지만 대부분 서구 쪽에 치우쳐 있다고 한다. 다만 해군만은 우리가 주의하지 않으면 안 되므로 반드시 금년도 의회에서 군함제조를 앞당길 수 있도록 예산 조치하기 바란다"는 내용의 편지를 보내기도 했다.

여행비는 은행 대출과 친구에게 빌린 돈으로 충당했다. 은행에서는 오쿠마의 특별 부탁으로 쉽게 돈을 빌릴 수 있었다. 총여행비는 구체적으로 알 수 없으나 여행 시작 8개월 만인 1897년 2월 현재 6천3백 엔을 쓴 것으로 전해지고 있다. 당시 《고쿠민신문》 사원 월급이 평균 10엔 안팎이었으므로 그 돈이 얼마나 큰 액수였는가는 금방 알 수 있다. 그는 영국에서 이름 모를 병에 걸려 예상외로 많은 돈이 들었다고 밝히고 있다. 은행에서 빌린 돈은 나중 연립내각이 무너져 오쿠마와 관계가 소원해지자 빨리 갚도록 독촉을 받기도 했다.

도쿠토미는 미국을 거쳐 1897년 6월 말 귀국했다. 그가 도착한 요코하마 항에는 가족과 친지, 그의 회사 사원 등 많은 사람들이 나와 그를 열렬히 환영했다. 그때 그의 인기는 실로 대단했다. 반면 처음 사이좋게 출발한 마쓰가타·오쿠마 연립내각은 1년도 안돼 사쓰파(薩派)와 오쿠마파로 갈려 내홍(內訌)이 절정에 이르고 있었다. 도쿠토미는 이대로는 안 된다고 생각했다. 해외여행에서 서구인의 자유와 박애주의는 겉으로 내건 간판뿐이라고 깨달은 그는 "지금이야말로 러시아 침략에 대비할 때다. 이런 내부싸움에 정신을 팔 때가 아니다"며 일치단결을 호소했다. 하지만 좀처럼 생각대로 되지 않았다. 당시 연립내각의 당면 과제는 군비확장이었다. 이를 위해서는 무엇보다 자금조달이 선결문제였다. 정부로서는 토지수익세를 인상하는 것 외에는 별다른 방법이 없었다. 그러나 여론의 반대가 만만치 않았다. 연립내각은 여론을 무마하기 위해 '칙임참사관제(勅任參事官制)'를 생각해 냈다. 이는 우리나라 군사독재 시대 대변인과 비슷한 제도로 칙임참사관은 각료회의에 참석해 회의 내용을 듣고, 그에 따른 의견을 세간에 발표하는 신분이었다. 또 칙임참사관 스스로도 신문에 기사를 쓰고 각 신문사에 보도지침을 내리는 권한도 주어졌다.

연립내각은 1897년 7월 도쿠토미를 칙임참사관에 임명했다. 도쿠토미는 이에 앞서 《고쿠민신문》을 정부기관지로 만들 생각에서 각서를 작성해 내각에 제출했다. 각서는 △《고쿠민신문》은 현 내각의 유일, 정통 기관지이다. △일본 국민에 대해서는 현 내각을 대표하고 외국에는 대일본제국을 대표한다. △부국강병의 국시를 구현한다. △유신개혁의 대의를 선양하고 개국 진취정신을 고취한다. △내각은 뉴스를 제공하고 자금, 신문 확장 등을 지원한다. △부수확장은 각 정부부서를 대상으로 한다. △지역 내 신문과 통신사를 조종한다. △신문을 조종하는데 다소의 기밀비를 지원한다(민유샤 사상문학총서 별권에 수록) 등을 주요 내용으로 하고 있다. 도쿠토미의 이 같은 구상은 정부자금을 지원받아 경영난을 해소하고, 뉴스 배포 특권으로 일본신문 전체를 조종함으로써 정권을 돕겠다는 생각에서 비롯된 것으로 분석되고 있다.

당시 《고쿠민신문》은 도쿠토미가 외유(外遊)로 회사를 비운 사이 심한 내부 갈등으로 경영이 부실해져 어려움을 겪고 있었다. 그러나 도쿠토미 계획은 곧바로 상대 경쟁지들의 반발을 가져왔다. 다른 신문들은 마쓰가타 내각이 불순한 의도에서 내각 기관지 계획을 추진하고 있다고 폭로하며 《고쿠민신문》은 실제로 내각으로부터 2회에 걸쳐 보조비 17만 엔과 광고료 1천 엔을 지원받았다고 맹비난했다. 또 마쓰가타 내각은 기관지 지원금을 미쓰비시에서 끌어낼 계획이었으나 실패해 결국 마쓰가타 수상 월급에서 매월 10퍼센트씩 떼어 《고쿠민신문》을 돕고 있다고 보도했다. 하지만 이처럼 뉴스의 초점이 된 《고쿠민신문》의 정부기관지 계획은 불과 5개월 만에 연립내각이 무너지면서 중단되고 말았다. 도쿠토미는 그때 상황을 다음과 같이 자서전에서 밝히고 있다.

그때 토지 수익에 대해 부과하던 세금을 올리는 이른바 '지조증세(地租增稅)'는 여론의 거센 반대에 직면하고 있었다. 내각은 나에게 우선 신문 쪽의 무마를 부탁해 왔다. 군비 확장은 내가 추구하는 최대 목표였으므로 총리대신 관저에서 열린 주요 각료회의에 참석, 각서를 제출하고 의견을 제시했다. 그 자리에 있던 마쓰가타·오쿠마·가바야마·다카시마·사이고 해군대신 등 각료들은 누구도 이의 없이 오히려 나에게 잘 부탁한다고 말했다. 처음 세간에는 다카하시 겐죠(高橋建三, 1855~1898) 서기관장이 와병 중이어서 그 뒤를 맡아달라는 이야기가 떠돌았으나, 처음부터 그런 상담은 없었다. 나는 될 수 있는 대로 공무원이 아닌 민간인 신분으로 일하고 싶었다. 각료들은 나뿐만 아니라 다케토미(武富)와 오자키(尾崎)도 함께 임명되므로 맡아달라고 부탁했다. 이런 경우 이런저런 말로 거절하는 것도 겁쟁이처럼 생각돼 각료들에게 수락 의사를 밝히고 처분을 맡겼다. 그 결과 나는 내무성 칙임참사관에 임명됐다. 당시 내무대신은 가바야마 백작이었다. 그러나 나는 내무성 업무가 아니라 처음부터 신문에 관한 일을 맡았기 때문에 내각총리 직속이었다.

이런 과정을 거쳐 칙임참사관으로 정부 보조금까지 지원받게 된 도쿠토미는 군비확장을 위해 그야말로 동분서주했다. 그러면서도 그는 《고쿠민노토모》 사설과 《고쿠민신문》〈도쿄소식〉난 필자로 토지수익세 인상의 불가피성을 거듭 강조하며 거국일치 군비확장운동에 앞장섰다.

그러나 도쿠토미는 칙임참사관에 임명되면서부터 갑자기 인기가 떨어졌다. 이는 군비확장론자인 그에게 당연한 결과였다. 세금부담이 늘어나게 되는 국민들이 증세방침을 좋아할 리 만무했다. 평소 도쿠토미를 좋지 않게 보아온 경쟁자들은 말할 것도 없고 심지어 《장래의 일본》 등 그가 쓴 책을 애독하고 감동했던 사람들까지도 모두 배반당했다는 듯이 외면하고 말았다.

특히 그를 '어용기자'라고 몰아세운 다른 경쟁신문사의 비판은 비방에 가까웠다. 도쿠토미는 이에 대해 "나로서는 다만 일본 남아로서 해야 할 일을 한 것뿐이다. 나의 앞날이 심히 위험하다는 것을 자각하면서도 이미 무너져 가고 있던 마쓰가타 내각에 몸을 던진 것은 감추면 감출 수 있다는 사실을 알면서도 그만둘 수 없는 이른바 '야마토혼(大和魂)'이 발동했기 때문이다. 나는 런던에서 이미 객중의 혼이 될 뻔하다 다행히 생명을 되찾아 돌아온 사람으로 모략중상 정도는 감수할 생각이었다. 사실 나 자신은 희생자다. 그럼에도 나의 지기(知己), 친우들조차 나를 정부와 야합해 세간의 명예와 부귀를 얻은 사람으로 치부한 것은 참으로 견딜 수 없는 고통이었다"고 아쉬움을 털어놨다.

엎친 데 덮친 격으로 살얼음판을 걸어오던 연립내각은 마쓰가타 수상파와 오쿠마파(진보당)가 마침내 지조증세 문제로 충돌하고 말았다. 도쿠토미가 지지한 수상파는 증세에 적극적인 데 반해 오쿠마파는 소극적이었다. 도쿠토미는 연립내각의 앞날도 머지않았음을 깨닫고, 가바야마에게 사표를 맡긴 다음 마쓰가타 수상을 만나 진보당과의 절연을 선언했다. 그리고 이를 진보당에 통보했다. 진보당 역시 11월 6일 의원총회를 열고 연립내각의 와해를 결의, 오쿠마는 외상 직을 그만두었다. 그러나 도쿠토미는 사퇴하지 않고 칙임참사관 자리를 그대로 지켰다. 이에 도쿠토미를 자파 당원으로 보고 있었던 오쿠마 측은 '변절자'라며 그를 맹렬히 비난했다. 그래도 도쿠토미는 "세상의 명예가 뭔가. 나에게는 나의 신념이 있다. 오늘의 방도는 요동반환의 치욕을 설욕하는 데 있다. 지조증세, 군비확장만이 이를 위한 비결이다"며 마쓰가타에게 의회 해산을 건의하는 등 신념을 굳게 밀고 나갔다. 물론 그의 주장대로 의회는 해산됐지만 복병은 또 있었다. 선거대책이 한창일 때 다카시마 도모노스케(高島鞆之輔, 1844~1916) 육상(陸相)의 반발로 내각이 무너질 수밖에 없었다. 12월 28일 각료들이 총 사직함에 따라 도쿠토미 또한 자리에서 물러났다. 재임 5개월 만이었다. 도쿠토미는 시류를 거슬러 소신을 펴는 일이 얼마나 어려운가를 실감했다고 회고한다. 그러나 그는 "진리야말로 최후의 승리자다. 세간의 인기 등은 연연할 일이 아니다. 믿어야 하는 것은 오로지 자기다. 나는 사정에 따른 배반자지만, 결코 변절자는 아니다"며 스스로 인기에 구애되지 않고 믿는 바를 이루어 내지 않으면 안 된다고 다짐했다. 그는 "이토내각의 연약외교를 모두 공격한 진보당원들이 이제 와서 지조증세와 군비확장을 문제 삼는 것은 모순이다. 지금 침략의 마수를 동양으로 뻗고 있는 러시아를 앞에 두고 군비증강을 반대하는 것은 실로 국민을 희롱하는 언동이다"고 반박했다.

1898년은 도쿠토미에게 잊혀지지 않는 한 해였다. '변절자', 혹은 '번벌에 항복한 자'란 말로 모든 비난이 그에게 쏟아졌다. 그를 이해하고 두둔한 사람은 오직 부모뿐이었다. 도쿠토미에 대한 악평은 《고쿠민신문》과 자매지인 《고쿠민노토모》·《가정잡지》·《파 이스트(Far East)》 판매에도 큰 타격을 주었다. 《고쿠민신문》은 판매부수가 2천여 부(도쿠토미는 5~6천 부라고 주장)로 뚝 떨어졌다. 도쿠토미는 오랜 생각 끝에 사람을 줄이는 방법밖에 별 도리가 없다고 판단, 결국 《고쿠민노토모》 등 자매지를 모두 《고쿠민신문》으로 통폐합했다. 그리고 사원의 3분의 1을 해고했다. 1895년부터 외국인을 위해 발행하기 시작한 영문잡지 《파 이스트》는 그동안에도 계속 적자였다.

더욱이 오쿠마와의 오해는 도쿠토미를 더욱 난처하게 만들었다. 발단은 그가 오쿠마에게 보낸 편지였다. 내용은 '지금까지 자신의 주의 주장을 실현하기 위해 노력한 보람도 없이 연립내각이 무너져 당분간 독서나 하며 쉴 계획이다'는 요지였다. 그러나 그것이 다른 의미로 해석돼 도쿠토미를 비난한 공격 자료로 편지 일부와 함께 경쟁지에 공개된 것이다. 도쿠토미는 "인간학의 초보를 졸업한 기분이었다"고 자서전에 적고 있다. 그는 이 일로 오쿠마와 10년 남짓 동안 교제를 끊었다. 도쿠토미는 그 뒤에도 한동안 자신을 비방하는 신문잡지의 폭로기사에 시달려야 했다. 빌린 돈을 빨리 갚으라는 대출상환 독촉도 그를 괴롭혔다. 도쿠토미는 그때를 다음과 같이 회고한다.

나는 지금까지 개인적으로 다른 사람에게 돈을 빌린 적이 없었는데 해외여행 때문에 어쩔 수 없이 오쿠마의 도움으로 어느 은행으로부터 돈을 빌렸다. 그것도 런던에서 병에 걸린 탓에 꽤 많은 돈이었다. 더하여 프랑스에서 윤전기와 가스엔진, 인쇄 부품 등을 들여와 많은 경비가 들었다. 이 역시 오쿠마의 입을 빌린 것이다. 그런데 내각은 무너지고 마땅히 돈을 빌릴 사람도 없어 실로 난감했다. 나는 처음으로 빚돈의 무서움을 알게 됐다. 그러나 여행비만은 무슨 일이 있어도 빨리 갚아야겠다고 마음먹었다. 그래서 인쇄시설 대금 지불을 늦추기로 하고 이를 들여온 미쓰이(三井)물산을 찾아갔다. 나는 마스다(益田) 사장을 만나 "지금 당장 대금을 모두 갚을 수는 없으니 우선 고쿠민신문사를 둘이 반반씩 나누어 갖자"고 제의했다. 이야기를 듣고 있던 마스다는 "이것이 귀군으로서는 최선의 해명일지는 모르나 《고쿠민신문》이 없어지는 경우를 생각해 보기로 하자. 내가 반분을 갖고 있더라도 붓을 든 사람은 귀군이어서 둘의 의견이 일치하는 동안은 문제가 없지만 만일 그렇지 않을 경우에는 곤란하게 된다. 귀군은 붓을 갖고 있어서 생각한 바를 척척 이야기 하지만 나는 그러기가 어렵다. 그래서 모처럼의 제의를 들어주지 못함을 양해해주기 바란다"고 잘라 말했다. 나는 최종 이야기로 생각하고 그대로 물러났지만 내가 모든 속사정을 털어놓고 이야기한 탓인지 그 뒤는 독촉이 그리 심하지 않았고 상환 방법도 지극히 관대하게 됐다. 지금도 이 점을 감사하게 생각하고 있다. 나에게 명예훼손은 아무것도 아니었지만 빚 독촉은 참으로 견딜 수 없었다.

도쿠토미는 1898년 11월 제2차 야마가타 내각이 들어서면서 활기를 되찾기 시작했다. 야마가타라면 충분히 러시아 문제를 해결할 수 있으리라 판단됐기 때문이었다. 도쿠토미는 평소 군비증강에 뜻이 맞은 야마가타와 어느 누구보다 더 친했다. 게다가 각료들 가운데는 정치적 운명을 같이 한 마쓰가타가 대장상으로 다시 돌아온 데다 가쓰라 육상, 야마모토 곤베에(山本權兵衛, 1852~1933) 해군상(海軍相), 기요우라 게이고(淸浦奎吾, 1850~1942) 법상(法相) 등과도 각별한 관계여서 국책에 대해 조언을 하며 그들로부터 많은 도움을 받았다. 또 이들로부터 얻은 정보로 특종을 자주 보도해 《고쿠민신문》의 위상도 다시 높아졌다. 1899년 봄께는 신문독자가 청일전쟁 전 수준으로 회복돼 어려움을 벗어날 수 있었다.

야마가타 내각은 지조증세와 군비확장을 기치로 러시아와의 전쟁에 대비, 육해군을 증강하고 해군 함정을 건조하는 등 군비확장에 매진했다. 그래서 그는 1900년 10월까지 약 22개월 동안 계속된 야마가타 내각을 전폭적으로 지지했다. 도쿠토미는 군비 증강에 무게를 두는 내각이면 인물이 누구든 무조건 성원했다. 그는 자서전에 "나는 오로지 요동반환의 굴욕을 앙갚음하는 데 몰두한 '나라를 사랑하는 미치광이'였다"고 스스로를 평했다.

도쿠토미는 1901년 가쓰라가 정권을 잡으면서 구실이 더욱 커졌다. 가쓰라 내각은 시작부터 인기가 바닥이었다. 다방 마담들까지도 '엉터리 연극'이라고 평할 정도였다. 그러나 가쓰라는 이중플레이가 뛰어난 노회한 정치가였다. 도쿠토미가 청일전쟁 중 개평에서 처음 만난 그를 되도록 가까이 하려 하지 않은 것도 바로 그 때문이었다. 그런데 가쓰라가 먼저 마쓰가타를 통해 만나자고 요청해 왔다. 마쓰가타도 한번 만나보면 좋을 것이라고 말해 도쿠토미는 당시 미타(三田)에 있던 가쓰라 집을 찾아가 의견을 나누었다. 도쿠토미는 "그때 이야기 결과 모든 것이 나와 뜻이 같아 가쓰라 내각을 돕기로 결심했었다"고 적고 있다. 그러나 가쓰라와 직접 상대하지 않고 언제나 마쓰가타를 통해 모든 이야기를 주고받았다. 그것이 도쿠토미에게 안전하다고 생각됐기 때문이라는 설명이다. 이는 도쿠토미 자서전 내용이므로 어디까지가 진실인지는 알 수 없다.

그럼에도 시간이 흐르면서 둘의 관계는 점점 더 가까워졌다. 도쿠토미는 가쓰라 내각이 가장 잘한 일로 1902년 1월 30일 런던에서 체결한 영일동맹을 꼽는다. 도쿠토미는 러시아와 맞서기 위해서는 영국과 손을 잡아야 한다고 늘 주장해 왔다. 그는 유럽 여행 때 영국 《데일리 뉴스》 기자와의 회견에서 "지금 세계에서 고립상태에 있는 나라는 영국과 일본뿐이다. 지금이야말로 두 나라가 동맹해야 할 적기이다"고 말해 주목을 받기도 했다. 그런 도쿠토미에게 햇수로 5년 걸려 실현된 영일동맹은 기쁨이 아닐 수 없었다.

도쿠토미는 "나는 영국 숭배자도, 맹신자도 아니다. 그러나 러시아에 대항하기 위해서는 영국의 힘을 빌리는 것 외에 다른 방법이 없다는 것은 세계정세를 조금이라도 아는 사람이면 알수 있는 일이었다. 이토처럼 러시아와 협상해야 한다는 사람도 있었지만 이는 말도 안 되는 소리다. 협상이라지만 실은 일본이 러시아에 머리를 조아릴 수밖에 없는 실정이었다. 러시아의 반성이 없는 협상은 무의미했다. 그들을 반성토록 하는 데는 응징밖에 다른 방법은 없었다"고 영일동맹을 주장하게 된 배경을 설명했다.

19세기 말 구미열강은 침략의 손길을 동양으로 뻗고 있었다. 요동반환을 주동한 러시아는 동청철도 가설 준비와 함께 1897년 말 여순을 점령하고, 1898년 3월 27일에는 청나라와 요동반도를 99년 동안 빌리는 러청조약을 체결했다. 독일은 1897년 가을 중국인이 선교사를 살해했다는 이유로 교주만을 점령하고, 미국은 1898년 가을 스페인과 전쟁을 벌여 필리핀을 빼앗았다. 영국은 같은 해 6월 위해위와 구룡을 조차(租借)했다. 러시아는 1902년 10월 8일로 예정된 만주반환 조건에 따른 제1차 철병 약속도 지키지 않았다. 철군은커녕 오히려 병력을 증강, 여순에 요새를 만들고 시베리아 철도를 완공해 조선으로 세력을 확장하고 있었다. 일본은 그때 러시아에 각서를 보내 이를 강력히 항의했으나 러시아는 "만주문제는 제3국인 일본이 간섭할 일이 아니다. 조선도 일본이 군사적으로 사용하는 것을 허락할 수 없고, 평양 이북은 중립지대로 해야 한다"며 이를 무시했다.

이에 일제는 러시아와 전쟁을 벌일 수밖에 없다고 판단, 1903년 10월 내무상을 맡고 있던 고다마 겐타로(兒玉源太郎, 1852~

1906)를 갑자기 죽은 참모차장 다무라 이요조(田村怡与造, 1854~
1903) 후임으로 발령하고, 도고 헤이하치로(東鄕平八郞, 1847~
1934)를 연합함대 사령장관으로 기용하는 등 전열을 가다듬기 시
작했다. 내각의 요직을 맡고 있던 고다마를 좌천도 이만저만이
아닌 참모차장으로 임명한 것은 그때 사태가 그만큼 긴박했다고
도쿠토미는 설명하고 있다. 그런 소용돌이 속에 중의원 의원들이
정부의 연약외교를 탄핵해 그해 12월 20일 의회마저 해산됐다.
일제는 1903년 12월 28일과 이듬해 2월 4일 두 번에 걸쳐 어전회
의를 열었다. 메이지 텐노는 이 자리에서 "짐은 싸운다"는 한마
디로 최후의 결단을 내렸다.

　도쿠토미는 2월 7일 〈의분론(義憤論)〉이라는 제목으로 《고쿠
민신문》에 다음과 같이 국민이 모두 일어설 것을 촉구했다.

　　지금 국민의 의분은 마치 하늘을 찌를 것 같다. 대체 무엇
　때문에 그러할까. 한마디로 이를 요약하면 우리 국민의 생존
　권을 침해하는 데 대한 분기(奮起)이다. 일본과 조선은 선사
　이전부터 왕래가 빈번해 같은 나라라고 보아도 무방할 정도
　였다. 물론 관계가 소원해 적국과도 같은 때도 있었다. 그러
　나 역사적 · 지리적 · 경제적 · 사회적으로 서로 관계를 끊을
　수 없는 사이다. 우리가 조선독립에 급급하고 있는 것은 조
　선에 대한 의협심뿐만 아니라 군사상, 경제상 조선을 지키지
　않으면 제국을 지킬 수 없고 조선을 보전하지 않으면 일본을
　보전할 수 없기 때문이다. 러시아는 이미 만주를 점령하고
　조선을 노리고 있다. 러시아 세력이 장악한 곳 가운데 문호
　를 폐쇄하지 않은 곳이 없다. 우리 국민은 만주에서 러시아
　인의 위협 아래 생명과 재산을 겨우 부지하고 있다. 조선에

서도 그럴 것인가. 일본 인구는 해마다 50여 만 명씩 늘어나고 내지의 식량은 크게 부족한 상태다. 만약 조선을 폐쇄하면 제국 인민은 모두 굶어죽게 될 것이다. 프로이센·프랑스전쟁(1870~1871) 때 파리를 봉쇄당해 파리 시민이 당했던 불행을 제국 인민이 당하지 않으리라는 보장은 없다. 조선 및 그 근해는 이미 러시아 육해군의 근거지가 되어 총을 겨누고 있다. 이런 때 제국의 독립을 강조하는 것은 이미 때늦은 감이 없지 않다. 지금 그들은 칼을 빼들고 우리를 공격하려 하고 있다. 이때 우리가 해야 할 일은 지극히 간단하다. 우리는 생존을 위해 최선의 힘을 다할 뿐이다. 러시아가 만주를 갖는 것은 조선을 차지하기 위함이다. 따라서 만주문제는 곧 조선문제이고, 조선문제는 일본제국의 독립 문제이자 생사존망이 걸린 문제다. 우리 모두 이와 같은 자각과 확신에 따라 국력을 걸고 인도주의를 해치는 세계의 공적 러시아에 대항하자.

일제는 마침내 2월 10일 메이지 텐노의 조칙(詔勅)으로 러시아에 선전포고를 했다. 도쿠토미는 왕이 조칙을 내리자 감격의 눈물을 흘렸다. 그리고 〈선전의 대조(大詔)를 봉독(奉讀)하다〉는 제목으로 《고쿠민신문》에 '이는 문명과 인도주의를 위한 의로운 전쟁'이라며 다음과 같이 국민들을 격려했다.

성지굉원(聖旨宏遠 ; 임금의 뜻이 넓고 멀다는 의미-필자 주), 의리정명(義理精明 ; 사람으로 지켜야 할 도리가 깨끗하고 맑음-필자 주), 그 한 자 한 구가 곧 억조(億兆)의 폐부(肺腑)를 뚫는다. 일승일패는 군사상 늘 있는 일로, 승리는 무엇보다 기뻐해야 할 일이지만 결코 교만해서는 안 된다. 만일 일시적으로 세가 불리해지는 일을 당하더라도 결코 좌절해서는 안 된다. 오직 제국의 광영(光榮)을 길이 보전하고 국가 기상을 떨쳐 일으키기 위해 평화 구축에 매진할 따름이다. 이는 곧 우리들 신민이 조칙에 보답하는 유일한 길이다.

이 두 가지 논설은 침략주의 논리의 결정판으로 도쿠토미가 추구하는 국가주의 속내가 무엇인지를 극명하게 보여주고 있다. 같은 시대 필명을 날리던 구가 가쓰난은 "도쿠토미의 논리는 평화주의 깃발을 내걸고 침략을 일삼는 앵글로 색슨 인종의 제국주의 이론을 그대로 답습한 것에 불과하다"고 혹평했다.

《고쿠민신문》을 부셔라!

러시아와의 일전을 위해 은밀히 군비를 증강해 온 일제는 마침내 1904년 2월 8일 여순과 인천항에 정박 중이던 러시아 함대를 기습 공격, '설욕전'을 시작했다. 삼국간섭으로 요동반도를 청나라에 돌려주고 와신상담(臥薪嘗膽)한 지 9년 만이었다. 일제는 이번에도 청일전쟁에서처럼 공격 시작 이틀 뒤(2월 10일)에야 러시아에 선전포고를 했다. 전투가 시작되자 가쓰라 수상은 도쿠토미에게 세 가지 임무를 위촉했다. 우선은 설득력 있는 문장으로 온 나라가 하나로 뭉칠 수 있게 국민 여론을 이끌고, 둘째 제삼국들에게 일본의 처지를 잘 설명해 이해와 동정을 구하도록 하며, 마지막으로 외교사절과 특파기자를 잘 구슬리라는 내용이었다. 도쿠토미는 하루 밤 고심 끝에 이를 수락했다고 한다. 특별한 직명은 따로 없었으나 비공식 '정보국 총재'로 일본 정부의 언론대책을 총괄하는 공보관이었던 셈이다.

그는 특히 고무라 외상을 도와 영국과 미국의 협력을 구하는 데 전력을 다했다. 외국 특파원 가운데 영향력 있는 기자를 가쓰라 수상에게 소개하고 직접 교섭토록 하는 일도 그의 주요 임무였다. 일본에 유리한 기사를 쓰게 한 미국 잡지 《아웃 루크 (The Out Look)》 특파원 죠지 케넌이 그 좋은 예이다. 도쿠토미는 또 미국 공사 그리스 캄을 자주 만나 의견을 나누고, 신문과 잡지 일에 관계하던 선교사들과도 친분을 쌓았다. 이는 세계의 여론, 특히 영국과 미국의 여론을 일본 편으로 끌어들이기 위함이었다. 도쿠토미는 국가제일주의로 맡은 일을 처리했다. 그 때문에 신문에 보도하면 분명 특종인줄 알면서도 그의 신문에 쓰지 못한 예가 허다했다.

　그러나 그처럼 완벽한 국가제일주의자도 실수는 있었다. 그는 일본 수상 가쓰라와 미국 루스벨트 대통령 특사 태프트(W. H. Taft ; 1857~1930. 뒤에 제27대 대통령이 됨)가 1905년 7월 29일 도쿄에서 은밀히 맺은 비밀협약을 《고쿠민신문》 기자에게 알려주어 곤욕을 치렀다. 일본이 미국 포츠머스에서 러시아와 막 종전(終戰) 협상을 시작할 무렵 《고쿠민신문》에 이 밀약이 보도된 것이다. 이 협약은 이미 잘 알려져 있듯이 '일본은 미국이 통치 중인 필리핀을 침략하지 않는다. 대신 미국은 러일전쟁의 원인이 된 한국을 일본보호국으로 하는 것을 승인한다. 극동 평화를 위해 미국·영국·일본은 동맹관계를 맺는다'는 내용을 골자로 하고 있다. 이 밀약은 미국 존스홉킨스 대학교 T. 데닛 교수가 1924년 루스벨트 서한집에서 보고 공개함으로써 세상에 알려지게 됐다. 이는 일제가 대한제국을 삼키기 전 치밀한 외교를 통해 이미 열강의 승인을 받았다는 증거이기도 하다. 루스벨트는 극비리에 맺은 비밀협정이 일본 신문에 보도된 데 대해 몹시 화를 냈다. 도쿠토미는 자서전에서 밀약 보도 경위를 다음과 같이 털어놨다.

　어느 날 노부모와 함께 히비야(日比谷) 공원에 꽃구경을 갔다. 그런데 진다 스테미(珍田捨已, 1856~1929) 외무차관이 갑자기 나타났다. 당시 진다는 고무라 외상이 일·러 협상 전권으로 포츠머스에 가 있어 가쓰라 공이 외무대신을 겸하고 있었지만 외교업무는 모두 그가 처리하고 있었다. 언제나 온후한 '진다'는 그날따라 좀처럼 볼 수 없었던 사나운 얼굴로 나를 보는 둥 마는 둥 '잠깐 보자'며 사람 없는 곳으로 데리고 가 "도쿠토미군, 자네 정말 난처한 일을 했네. 가쓰라 공은 여차여차한 사정(비밀협약은 극비사항임으로 밝히지 못 함-필자 주)으로 지금 침식을 못하고 있다네. 빨리 가쓰라 공을 만나 해명하게"라고 말했다. 그 사정을 지금 여기서 자세히 밝힐 수는 없으나 태프트씨는 당시 루스벨트 내각의 육군장관으로 다른 의원들과 함께 필리핀으로 가는 도중이었다. 일본으로서는 모든 관계에서 미국을 가장 중요한 이웃으로 여겼기 때문에, 태프트씨를 시바(芝)의 연료관(延遼館)에 묵게 하고 환대하며 기회 포착에 능한 가쓰라 공이 필리핀과 조선에 관한 의견을 나누었다. 가쓰라 공은 이 자리에서 일본이 마치 필리핀을 손에 넣기 위해 야심을 품고 있는 것처럼 미국이 늘 견제해온 데 대해 해명하고, 일본은 결코 필리핀을 넘볼 생각이 없으니 미국도 일본의 조선에 대한 권익을 인정해 주기 바란다고 요청했다고 한다. 이는 극비를 요하는 기밀이어서 진다가 직접 통역을 맡았다. 태프트씨도 워낙 중요한 임무라 문서로 만들어 가쓰라 공에게 보여주며 동의를 얻고 루스벨트에게 보냈다. 이를 받아 본 루스벨트는 그때 상원의 외교위원에 보여줄 준비를 하고 있었다. 나는 그 전 말을 가쓰라 공에게 들어 잘 알고 있었다. 우리 둘은 조선에 대해 뜻을 같이 하고 있었으므로 가쓰라 공이 이를 실행할 수 있는 기회가 더욱 가까이 다가왔음을 나에게 말해준 것은 너무나 당연한 일이었다.

나는 너무 기뻐 《고쿠민신문》의 어느 외신기자에게 자랑 삼아 대강을 이야기 했다. 당시 《고쿠민신문》에는 내가 발행하다 경영난으로 폐간한 《파 이스트》를 생각해 한쪽에 영문 페이지를 두고 있었는데, 여기에 그 내용이 보도된 것이다. 솔직히 말하면, 내 신문이지만 영문 페이지는 그다지 중요하지 않게 여겨 별로 관심을 두지 않았다. 따라서 어떤 과정을 거쳐 기사화되는지도 잘 몰랐다. 하지만 《고쿠민신문》은 당시 가쓰라 내각 대변지로 알려져 특히 외국의 관심이 집중되고 있었다. 미 대사관의 밀러 같은 사람은 내가 편집국에 출근하면 늘 찾아와 여러 가지 뉴스를 듣고 갈 정도였는데 어떻게 이를 놓칠 수 있겠는가. 이것이 루스벨트에게 다짜고짜 보고돼 불쾌감을 나타냈던 모양이다. 무슨 일이 일어나도 별 반응이 없는 가쓰라도 이 일에는 당혹감을 감추지 못했다. 나는 할 말이 없어 변명도 제대로 못하고 그저 뜻밖에 폐를 끼치게 돼 면목이 없다며 용서를 빌었을 뿐이었다. 그런데 며칠 뒤 가쓰라 공의 어두웠던 얼굴이 겨우 밝아졌다. 설명인 즉 '《고쿠민신문》 기사는 기자가 제멋대로 추측해 쓴 엉터리 내용으로 당국은 전연 모르는 일이라고 변명했더니 미국도 이를 받아들였다'는 것이었다. 그리고 가쓰라 공은 "상대가 미국이어서 정말 다행이었지 혹시 다른 나라였다면 곤란한 외교문제로 번졌을지도 모른다. 앞으로는 좀더 신경 써주기 바란다"고 당부했다. 기쁜 나머지 기자에게 단지 내막만 이야기 했을 뿐 기사를 쓰도록 한 것은 아닌데 나의 부주의로 여기에 이르렀다.

러일전쟁은 《고쿠민신문》이 도약할 수 있는 또 한번의 기회였다. 도쿠토미는 10년 전 청일전쟁 때 전황기사를 다른 신문보다 충실히 다루어 발행부수가 크게 늘어났다. 이런 경험을 바탕으로 읽히는 신문을 만들기 위해 더욱 심혈을 기울였다. 특히 격전지에서 장렬히 전사한 병사들의 미담은 애국심을 키우기 위한 좋은 기사거리였다. 전황도 6월까지는 말 그대로 연전연승이었다. 이듬해 3, 4월의 봉천 결전과 동해해전도 일본의 승리였다. 그러나 1백10만 명의 병력(청일전쟁의 4.5배)을 동원해 1년 7개월 남짓 계속한 전쟁의 결과는 참으로 비참했다. 일본은 사망자만도 자그마치 8만여 명이나 됐고, 이 가운데 4천3백87명은 여순 전투 첫날 목숨을 잃었다. 대본영 참모들은 전신(電信) 담당의 수신착오로 단위가 한 단계 많아진 줄 착각할 정도였다. 부상자도 22만1136명에 이르렀으며 전비도 20억 엔 가까이 들었다. 일본은 전력이 한계에 달해 이 정도에서 강화에 나서는 편이 최선이었다.

일본은 결국 루스벨트 미국 대통령 중재로 1905년 8월부터 미국 동부 포츠머스에서 러시아와 협상을 시작했다. 일본 대표는 고무라 주타로, 러시아 측은 비테였다. 고무라는 수행원들과 함께 7월 8일 요코하마 항을 출발했다. 신문사들도 취재기자를 대거 특파했다. 《고쿠민신문》은 하마다(浜田)를 보냈다. 일본 정부 수뇌부는 전권 파견에 앞서 강화조건 열세가지를 결정했다. '일본의 한국에 대한 우선권 승인, 만주 주둔 러시아군 철병, 만주를 청나라에 반환하고 요동반도 조차권과 철도, 그 밖의 권리를 일본으로 넘겨줄 것' 등이 우선적으로 해결할 문제였다. 사정이 허락하면 '군비 배상, 가라후토(樺太 ; 사할린) 할양, 중립항으로 도주한 러시아 함대 인도, 연해주 어업권 부여, 극동 아시아 해군력 제한, 블라디보스토크의 비무장화와 상업항으로 개방' 등을 전권의 자유재량으로 협상할 계획이었다.

협상은 8월 9일부터 시작됐으나 러시아는 만만한 상대가 아니었다. 게다가 일본이 강화조건을 꺼내자 세계여론은 아연한 모습이었다. 일본이 먼저 러시아를 공격하고도 이를 스스로 부정하고 있는 것처럼 비쳤기 때문이다. 전쟁 시작 전 일본에 동정을 보였던 미국은 아예 질투로 변해 있었다. 전쟁 중 날마다 '인도주의를 중시하는 정의'의 나라라고 치켜세우던 세계 언론은 일본에 등을 돌렸다. 이런 분위기 속에 고무라와 다카히라(高平) 두 전권은 악전고투했다. 난제는 12억 엔의 배상금과 가라후토 할양 문제였다. 회담 횟수는 모두 12회, 8월 28일에는 러시아 황제로부터 협상을 결렬시키라는 비전(秘傳)이 비테에게 날아들었다. 그러나 루스벨트 대통령 중재로 29일 협상이 속개돼 결국 △일본의 한국에 대한 우선권 인정, △관동주 조차, △남만주 철도 양도, △가라후토 남반 할양, △연해주 어업권 보장 등을 내용으로 하는 합의를 이끌어내고 9월 5일 조약을 체결했다. 일본이 이처럼 피해에 견주어 얻은 것이 적어도 강화조약을 서두를 수밖에 없었던 까닭은, 러시아가 회담 결렬에 대비, 전쟁 재개를 위해 만주지역에 50만 명의 병력을 집결시켜 놓고 있었기 때문이었다. 장기전에 들어가면 일본 측에 유리할 게 별로 없다는 판단에서 나온 결정이었다.

특파원들은 앞 다투어 협상내용을 송고했다. 그 가운데에서도 루스벨트 대통령과 친분이 있는 올랜드 기자로부터 정보를 얻어 작성해 보낸 하마다의 기사는 단연 타사를 압도했다. 독자들은 당연히 《고쿠민신문》을 찾았다. 《고쿠민신문》과 《오사카마이니치신문》은 호외를 발행했다. 《고쿠민신문》은 불리한 강화조건까지 상세히 보도해 좋지 않은 국민여론을 더욱 자극했다. 신문들은 일제히 굴욕외교라며 정부탄핵과 조약파기를 주장하고 나섰다. 《아사히(朝日)신문》·《지지(時事)신보》·《도쿄니치니치신문》·《유빈호치신문》 등은 요동환부 이상의 실패로 동양평화를 해치는 조약이라며 비준을 거부해야 한다고 보도했다. 특히 《요로스쵸호(萬朝報)》는 "국민은 제국(帝國)의 광영을 말살한 전권(全權)의 귀국을 결코 환영하지 않는다. 조기(弔旗)로 이들을 맞이하라. 그리고 이들이 돌아오는 날에는 일제히 문을 닫고 얼굴을 돌리라"고 신랄하게 보도했다. 또 《미야코신문(都新聞)》은 "이 굴욕 조건에 만족한 자가 있다면 4천만 동포 가운데 겨우 16명뿐이다. 그 가운데 10명은 각료들이고, 4명은 원로이며, 나머지 두 명은 다카히라 전권과 도쿠토미 소호이다"라고 비꼬았다.

이에 대해 도쿠토미는 《고쿠민신문》에 "한국에 대한 우선권을 확보함으로써 한국을 보호령으로 만들 수 있게 됐다. 만주 주둔 러시아군 철수는 문호개방을 의미한다. 이처럼 우리는 한·만 양국에 대해 당초 목적을 모두 달성했을 뿐만 아니라 여순, 대련 조차권마저 얻어냈다. 동청철도의 무보상, 무조건 할양도 큰 성과이다. 또 가라후토 요지를 얻었으며 연해주 일대 어업권을 획득했다. 이는 실로 당초 목적 이상의 부산물이라고 말하지 않을 수 없다. 사람들은 가라후토 전부를 할양받지 못하고, 배상금을 받지 못해 전쟁결과가 전혀 없다고 말하고 또는 굴욕적 평화조약을 맺었다고 비난하고 있다. 될 수만 있다면 나라고 왜 가라후토, 연해주뿐만 아니라 바이칼호까지 차지하기를 바라지 않겠는가. 배상금이 30억 이상이라 해도 혁혁한 전공에 견주면 충분하지 않다. 그러나 이를 실현시키지 못했다고 해서 평화조약을 저주하는 일은 오히려 미치광이 짓에 지나지 않는다"고 반박했다.

도쿠토미는 이어 9월 3일자 《고쿠민신문》에 "평화조약이 일본 국민의 기대에 미치지 못한 점은 나도 인정하는 바이다. 다만 그 기대의 기준이 무엇인지에 대해서는 다시 한번 곰곰이 생각할 필요가 있다. 감정과 도리는 경우에 따라 일치할 때도, 또 배치될 때도 있다. 도리로 하면 이번 강화조약은 받아들여야만 한다. 그러나 감정으로 하자면 누구라도 불평불만을 말할 수밖에 없다"고 말하고 오히려 두려워해야 하는 것은 국민의 교만이라고 지적했다. 그는 "국민이 앞으로 일본이 더욱 팽창하기를 진심으로 바란다면 이런 불평불만은 안 된다. 나는 이를 장래의 더 큰 승리를 위한 저축이라고 감히 말해두고 싶다"고 당당히 소신을 밝혔다. 도쿠토미는 이처럼 국론을 안정시키기 위해 힘썼으나 찬반논쟁은 더욱 뜨거워져 조약반대운동은 요원의 불길처럼 전국으로 번졌다. 이 때문에 《고쿠민신문》은 민중의 원망을 사 증오와 분노의 표적이 됐다.

시국은 당시 결성된 '강화문제동지연합회'가 9월 5일 도쿄 히비야(日比谷) 공원에서 조약반대 범국민대회를 개최하기로 결정하면서 더욱 뒤숭숭해졌다. 이 동지연합회는 대회에 앞서 "전쟁에서 얻은 것은 과연 무엇인가. 씻을 수 없는 굴욕뿐이요, 열강의 조소뿐이라. 10만에 아까운 생명을 떼죽음으로 몰아넣고 20억의 부채를 생존자에게 지게 했다. 당국자들은 무슨 얼굴로 조종(祖宗)의 신령을 대할 것인가. 일어나라 우국지사들이여……"라는 격문을 뿌리며 동참을 호소했다. 도쿠토미는 시위 당일 군중들이 《고쿠민신문》 사옥에 쳐들어 올 것을 예상하고 4일 밤 음식점에서 사원 60여 명과 함께 대책회의를 열었다. 그는 이 자리에서 "나는 10년 전 요동환부 때 후카이군과 함께 요동에서 비분강개하며 마음속으로 러시아 토벌을 결심한 이후 번벌타도의 깃발을 접고 거국일치를 주창, 오로지 국력증강·군비확장 한 가지 목표를 위해 역대 내각을 지원하며 매진해 왔다.

다행히 나 개인으로서는 지금 그 목적을 달성했다. 나는 우리 국력을 고려한다면 이번 강화조건은 진정으로 부족함이 없다고 생각한다. 나폴레옹이나 도요토미 히데요시(豊臣秀吉) 등 동서 역사를 보아도 전쟁은 그만두는 때가 중요하다. 중국이 저런 상태이기 때문에 앞으로 러시아 이상의 '대 백벌(大白閥)'(백인 국가들을 일컬음 – 필자 주)과 동양이 싸우게 될 날이 오리라 예상하지 않으면 안 된다. 일본은 러시아와 이 정도에서 끝내고 다음의 백벌에 대비해야 한다. 여러분은 일치단결하여 나와 함께 이 신념을 향해 매진해주기 바란다"고 열변을 토했다.

다음날 조약체결 반대시위에 참가한 군중들은 예상대로 집회를 끝낸 뒤 《고쿠민신문》 사옥으로 몰려가 "어용신문을 부셔라", "매국노 도쿠토미를 끌어내라"고 외치며 돌과 벽돌을 사내(社內)로 마구 던졌다. 때마침 긴자(銀座) 일대에는 전철을 건설 중이어서 자갈과 벽돌이 수북이 쌓여 있었다. 유리창은 엉망진창으로 깨졌다. 여기저기서 "불로 공격하라. 빨리 불을 붙여라"는 소리가 터져 나왔다. 《고쿠민신문》 사원들은 총기와 일본도(日本刀), 몽둥이, 쇠파이프 등을 들고 시위대에 대항했다. 군중은 자정 무렵이 돼서야 물러났다. 공격은 다음날도 계속됐다. 이윽고 계엄령이 선포됐다. 완전 무장한 군인 300여명이 《고쿠민신문》 사옥으로 출동, 시위 군중을 해산시켰다. 이 시위로 도쿄에서는 시민 천여 명이 체포되고, 파출소의 70퍼센트인 364개가 불타 지붕에 갈대를 이은 '갈대파출소'가 등장하기도 했다.

《고쿠민신문》은 7일 〈폭도격퇴시말〉이라는 글에서 "무기를 들고 시위대에 맞설 수밖에 없었던 것은 사원들의 생명과 재산을 지키기 위한 정당방위였다"는 점을 강조했다. 도쿠토미는 그로부터 1개월 동안 집으로 퇴근하지 않고 신문사에서 다른 사원들과 침식을 같이 하며 신문을 만들었다. 그리고 반대 신문과 격렬한 논쟁을 벌였다. 도쿠토미는 그때 "사람들 사이의 적대감정은 대부분 서로의 오해에서 일어난다"는 말을 남겼다. 《고쿠민신문》은 당시 독자가 8만3천 명이 넘는 큰 신문으로 성장해 있었다. 따라서 다른 신문들의 질시와 시기가 대단했다. 반대 신문들은 〈백골의 비분〉이라는 제목으로 조약반대 운동에 참여한 시위자들을 '지사'

1905년 《고쿠민신문》 피격 당시의 도쿠토미 소호.

라 칭하고, 소요 원인은 경찰의 과잉진압에 있다며 국민을 살상한 경찰을 처벌하지 않은 것은 편파적 처사라고 비난했다. 아울러 시위대의 과격 행동은 공분(公憤)에서 나온 당연한 일이라고 감쌌다. 발행정지 처분을 받은 《요로스쵸호》·《니로쿠신문(二六新聞)》·《미야코신문》·《아사히신문》·《닛본(日本)》 등이 반정부 편이었다. 《아사히신문》은 9일 '발행정지의 은명(恩命)을 받게 되었다'는 광고를 내기도 했다.

이 같은 소요사태는 사실상 일본 정부가 러시아와의 협상을 유리하게 끌어내기 위해 방조한 데서 비롯됐다고 할 수 있다. 이는 도쿠토미가 사태 뒤 형을 위로하러 찾아온 동생 로카와 나눈 대화에서도 확인할 수 있다. 그때 도쿠토미는 아우(로카)가 "정부가 왜 국민에게 러시아와 더 이상 싸울 수 없다는 실상을 솔직히 말해 양해를 구하지 않고 폭동이 일어나도록 수수방관했느냐"고 묻자 도쿠토미는 "그것이 작전이다. 그 정도 시끄럽지 않고서야 어디 러시아가 요구조건을 제대로 들어주었겠느냐"고 대답했다. 도쿄 시내는 10월 16일 내려진 평화극복 조칙으로 겨우 평온을 되찾게 됐다. 도쿠토미는 그때야 비로소 집에서 출퇴근하게 됐다. 그는 당시의 소동을 다음과 같이 자서전에 썼다.

1905년 9월 5일은 일본역사는 물론 나 개인적으로도 잊을 수 없는 날이다. 특히 《고쿠민신문》 사사(社史)에는 중대한 사건이었다. 전시 중 모처럼 쌓아올린 명성을 뿌리부터 통째로 날려버렸기 때문이다. 나는 살아남는 것도, 죽는 것도 운명이라 생각하고 9월 4일 밤 사원들을 모아 격려했다. 또 시위 군중들이 난동을 부리고 간 뒤 각 신문에 《《고쿠민신문》 폭도들에 피습〉이라는 광고를 내달라고 의뢰했다. 그러나 어느 신문도 '폭도'라는 말에 꽁무니를 빼고 실어주지 않았다. 반면 우리 신문만은 〈폭도 내습〉이라는 제목으로 여론에 끝까지 도전했다. 지금 생각해보면 무모하기 짝이 없는 일이었다. 아니 일부러 적을 산 꼴이었다. 다만 한 가지 유쾌한 일은 그토록 심한 습격을 받고도 다음날 무사히 신문을 발행했다는 점이다.

나는 바이칼호를 나누어 동쪽을 영유해야 한다고 주장하는 논자들과는 처음부터 의견을 달리 했다. 하얼빈 이남, 즉 남만주를 완전히 우리 세력 범위로 하면 충분하다는 생각이었다. 그리고 도요토미 히데요시의 조선 출병에서 보았듯이 목적을 달성하면 일단락 짓는 일이 중요하다고 판단했기 때문에 1905년 봉천 대격전과 일본해 해전 이후 하루빨리 강화의 날이 오기를 기다리고 있었다. 결국 협상이 이루어져 우리 회사는 하마다 기자를 미국에 특파하게 됐다. 당시 일본의 실력으로 전쟁을 더 계속한다는 것은 병력이나 재력 면에서 커다란 모험이었고, 세계정세로 보아도 불안한 일이었다. 미국 등 부국이 일본에 한정 없이 돈을 빌려 줄 리 없고 여론의 추이도 우리에게 불리했다. 따라서 모든 장애를 무릅쓰고 전쟁을 끝내는 것이 최선이었다.

그러나 정부로서는 적보다 오히려 같은 편이 두려웠다. 우리 내부에는 많은 약점이 도사리고 있었다. 그렇지만 국민의 사기저하를 우려해 당국자만 알게 했다. 이에 대해 당국자가 성의가 없다는 말도 있었으나, 이를 일일이 알려 뜻하지 않는 결과라도 가져오면 더욱 큰일이어서, 뒤에 국민의 분노를 사는 일이 있더라도 비밀로 할 수 있는 데까지 비밀에 부쳤다. 당시 여론은 10억 배상금도 충분하지 않고 만주는 물론 연해주도 할양하라는 기세였으므로, 국민들로서는 요동환부 이상의 굴욕 외교라고 말할 수밖에 없었다. 따라서 정부와 의견을 같이해 국민여론을 거스른 《고쿠민신문》이 여론의 총알받이가 된 것은 너무나 당연한 일이었다. 형세는 시시각각 위험하게 됐다. 실제로 정부는 러일전쟁에서 처음부터 배상금 등을 기대하지는 않았다. 다만 가라후토 전부와 하얼빈 이남이 우리에게 돌아오는 것은 틀림없으리라 믿고 있었다. 그런데 가라후토는 반쪽, 만주는 장춘 이남으로 결정돼 실망감이 없었던 것도 아니다. 그러나 솔직히 말하면 이로써 전쟁이 끝난 것만도 다행이었다고 생각한다. 더 끌면 끌수록 우리에게는 불리하고 러시아에게는 유리했다.

우리 《고쿠민신문》은 전시 중 우수한 기자들을 종군기자로 특파해 유익한 기사를 많이 보도했다. 기사의 질로 보나 양으로 보나 타사를 압도했다고 자부한다. 나 스스로도 발로 뛰고 그 밖에 통신원을 고용해 신문의 성가를 높였다. 전쟁이 끝날 무렵에는 판매부수도 크게 늘어났으나 피습사건 뒤 《고쿠민신문》의 판매와 배달이 엉망이 되고 말았다. 그래서 나는 가쓰라 공에게 "이런 경우에는 우리 주장을 일반에 널리 알리는 도리밖에 없다. 그러기 위해서는 《고쿠민신문》을 여러 곳에 배포하는 것이 제일이다"고 건의하고 우선 전국 시정촌(市町村) 사무소에 무료로 신문을 배포했다. 《고쿠민신문》 독자를 회복하기에는 별 효과가 없었지만 주의 주장을 관철하는 데는 주효했다.

가쓰라 내각은 1905년 11월 대한제국과 이른바 '을사조약'을 체결한 뒤 이토를 초대 한국통감으로 추천하고 그해 말 물러났다. 가쓰라가 1901년 6월 총리대신이 된 지 4년 6개월 만이었다. 도쿠토미는 가쓰라가 물러나자 일단 정치활동을 접고 조선과 중국을 여행했다. 그는 중국을 돌아보면서 대륙정책을 깊이 생각하고 조선을 합병하는 것이 일제 존립에 필수조건임을 깨닫게 됐다고 자서전에 밝히고 있다. 그러나 도쿠토미의 정치 중단도 잠시, 그는 1908년 8월 가쓰라가 다시 정권을 잡게 됨에 따라 정치고문으로 화려하게 복귀했다. 특히 1909년 10월 이토가 하얼빈에서 암살되고 이듬해 8월 대한제국 국권을 빼앗으면서 가쓰라와 도쿠토미는 바늘과 실처럼 더욱 가까워졌다. 도쿠토미가 1910년 8월부터 8년 동안 《경성일보》 감독으로 조선 언론계를 주무르며 일제 무단통치를 말과 글로 뒷받침한 조선통치 음모도 이런 친분관계에서 비롯됐다.

도쿠토미는 가쓰라가 정권을 잡고 있는 한 못할 일이 하나도 없었다. 가쓰라는 40여 년 동안 장기 집권해 온 유신정부 번벌 정치의 마지막 주자였다. 그는 1912년 12월 21일 제3차 내각을 구성하면서 외무대신을 자신이 겸하는 등 번벌 출신 인물들을 대거 각료로 임명했다. 그러자 정우, 국민 양당은 재야 각파 및 《요로스쵸호》·《닛본》·《지지신보》·《도쿄니치니치신문》 등과 손잡고 대대적으로 호헌운동을 펼쳤다. 이에 《고쿠민신문》을 비롯, 《니로쿠신문》·《유빈호치신문》·《미야코신문》·《요미우리신문》 등은 내각을 옹호하는 글을 싣고 반대편 신문과 논쟁을 벌였다.

도쿠토미는 이에 앞서 1908년 가을 가쓰라를 대표로 새 정당을 창당키로 하고 준비작업에 나섰다. 정당 이름은 '입헌동지회'였다. 그는 《고쿠민신문》 사옥 3층에 입헌동지회 창립을 위한 '공부관'을 설치했다. 그리고 1913년 1월 19일자 〈수도거성(水到渠成)〉이란 제목의 《고쿠민신문》 논설을 통해 "모든 파벌을 초월한 시대정신에 걸맞는 신당을 만들려 한다"고 선언했다. 이어 2월 2일 〈신국민〉이라는 제목으로 "지금 가쓰라 공은 다년간 몸담아온 이른바 번벌, 요벌(僚閥)의 문을 열고 스스로 민간의 여러 정객과 의견을 나누며 이에 새 정당을 조직하기 시작했다. 이는 정당 쇄신의 계기가 될 것이다. 공은 일찍이 스스로 벌족 울타리를 없애고 일반 동지들과 정치를 같이할 뜻을 밝혀왔다. 벌이 존재하는 관계(官界)는 물론 정당도 문호를 열고 자유 경쟁할 수밖에 없는 시대가 오고 있다"고 설명했다. 그러자 반대 신문들 가운데는 도쿠토미가 민중을 창으로 쑤셔 죽이는 만화를 실은 신문도 있었다.

의회도 2백34명이 서명한 내각 탄핵안을 제출, 가쓰라를 압박했다. 도쿠토미는 가쓰라 수상에게 해산밖에 길이 없다고 건의하고 해산이유서까지 준비했다. 그러나 가쓰라는 고심 끝에 총

사퇴키로 결심하고 퇴임 준비를 위해 2월 10일 세 번째 정회를 선포했다. 의사당 주변에서 내각사퇴를 외치던 군중들은 결론 없이 또 의회가 정회되자 일시에 흥분, 경찰과 곳곳에서 투석전을 벌였다. 이들 가운데 1만여 명은 이날 오후 3시쯤 "가쓰라 어용신문을 분쇄하라"고 외치며 《고쿠민신문》으로 몰려들었다. 《고쿠민신문》이 두 번째 시위 군중들에게 피습되는 순간이었다.

도쿠토미는 이날 새벽 4시 반쯤 일어나 경시총감에게 전화로 경호를 부탁하고 가쓰라 수상 관저를 방문한 뒤 오전 8시 반쯤 회사로 출근했다. 《고쿠민신문》은 1차 피습 뒤 민유샤 자리에 4층 사옥을 새로 지어 1층은 영업부, 2층은 편집국, 3층은 공부관, 4층은 사진부가 각각 사용하고 있었다. 그리고 4층 옥상에 《고쿠민신문》이란 간판이 걸려 있었다. 군중들은 사옥을 겹겹이 둘러싸고 '헌정의 적', '관료의 주구', '가쓰라 어용신문' 등 구호를 외치며 건물 안으로 들어가려고 안간힘을 다 썼다. 이미 습격을 경험한 《고쿠민신문》은 현관문을 쉽게 부서지지 않는 철판으로 만들었고 유리창도 이중벽으로 만들어 만일의 사고에 대비했다. 사원들은 모두 일본 칼이나 단총·쇠막대기·목검·곤봉 등으로 무장하고 건물을 지켰다. 군중은 더욱 사나워져 100여 명의 경찰도 제대로 감당하지 못했다. 그때 다리가 성하지 못한 아베가 위험에 빠지자 이를 본 사원이 권총을 쏘아 사망자가 생겼다. 피를 본 군중들은 더욱 맹렬하게 공격해 왔다.

이날 군중들은 《니로쿠신문》·《유빈호치신문》·《요미우리신문》·《미야코신문》 등을 공격했으나 큰 사고 없이 물러났다. 반대쪽 신문은 다음날도 가쓰라 내각과 도쿠토미를 비난하고 《고쿠민신문》이 피습된 것은 당연하다고 보도했다. 도쿠토미는 물론 이에 반론을 제기했다. 그러나 가쓰라 내각은 11일 모두 물러났다.

도쿠토미는 사원들과 함께 회사 근처에 합숙소를 마련하고 방어를 계속했다. 《고쿠민신문》으로서는 8년 만에 세 번째 맞는 대난이었다. 22만 부에 이르던 발행부수가 30퍼센트나 감소하고 광고도 격감해 경영난이 가중됐다. 결국 그렇게 화려했던 도쿠토미의 정치생활도 가쓰라가 그해 10월 병사함으로써 쓸쓸히 막을 내렸다.

제3장
'황실주의만이 살길이다'

■ '백벌(白閥)'타파론
■ 황실중심주의
■ 《근세일본국민사》
■ 임진왜란을 부각시킨 속내

'백벌(白閥)'타파론

도쿠토미에게 러일전쟁의 승리는 환희 그 자체였다. 10년 남짓 계속 가슴에 맺힌 응어리를 쓸어내린 일대 쾌거로, 종전(終戰) 담판에 불만을 품은 국민들이 《고쿠민신문》으로 몰려와 기물을 마구 부수며 피해를 가해도 별로 싫지 않은 기분이었다. 일본이 러시아를 이기기만 하면, '황인종은 열등동물'이라는 오명을 씻고 구미열강들과 같은 반열에 올라, 열강들이 누리는 제국주의의 길이 활짝 열리겠다는 기대는 기쁨을 배가시켰다. 일본 정부 언론총책이었던 그가, 전쟁 동안 모든 지혜와 인맥을 동원해 구미 언론이 문제 삼고 나온, '황화론(黃禍論)'을 진화하려 했던 노력도 열강들에게 일본의 실력을 인정받으려는 속셈이었다. 그러나 그의 화려한 꿈은 한낱 몽상에 불과했다. 열강들이 일본을 문명국으로 대접해 주기는커녕 오히려 문명에 화를 불러오는 훼방꾼으로 깎아내렸기 때문이다.

도쿠토미는 전쟁 내내 황화론에 시달려야 했다. 황화론은 널리 알려져 있듯이 황색인종이 유럽문명을 위협하는 존재라고 인식, 이들을 세계 활동무대에서 몰아내지 않으면 안 된다고 하던 황인종 억압 정치론이다. 청일전쟁이 일본의 승리로 끝난 1895년, 독일황제 빌헬름 2세가 주창했다. 그는 과거 유럽을 휩쓸었던 오스만투르크나 몽고와 같은 황색인종이 또다시 발호(跋扈)하면 유럽문명 내지 기독교문화 전체가 흔들리게 되는 심각한 상황을 초래할 수 있으므로 유럽열강은 일치단결해 이에 대비해야 한다고 역설했다. 황화론은 일제의 청일전쟁 승리로 일본 국력과 국제 발언권이 높아져 그동안 아시아를 무대로 펼치던 열강의 제국주의정책이 크게 위협받게 된 데서 비롯됐다. 구체적으로는 러시아의 극동정책을 도와 일본을 견제하고, 아울러 러시아를, 극동에 진출한 영국과 대립시킴으로써 발칸과 근동방면의 러시아 힘을 줄이려는 정치적 의도가 깔려 있었다는 것이 학계의 연구 결론이다. 따라서 1895년 청일전쟁 결과 일본이 얻은 요동반도를 러시아·프랑스·독일 등 삼국이 입을 모아 청나라에 돌려주도록 강요한 이른바 '삼국간섭'은 이 정책의 결정판이었다.

이처럼 일본이 청일전쟁에서 승리하여 두각을 나타내면서부터 화제가 되기 시작한 황화론은 러일전쟁 때 최고조에 달했다. 앞서 이미 설명했듯이 영국과 미국은 러일전쟁이 시작될 때만 해도 일본에 대단히 호의적이었으나, 전세(戰勢)가 점차 일본 쪽으로 기울자 경계하기 시작했다. 경계의 눈초리는 구미 언론도 마찬가지였다. 미국 《타임스(The Times)》는 일본군이 파죽지세로 요동반도를 휩쓸던 1904년 6월 〈황인화(黃人禍)〉이라는 제목으로 인종대결을 심층 분석했다. 이어 7월에는 영국의 《스펙테이터(The Spectator)》가 같은 문제를 깊이 있게 다루었다. 도쿠토미는 구미 신문들이 전한 전쟁 추이 기사를 보고 구미 언론이 황화론을 들고 나오리라 어느 정도 예상은 했다. 특히 《스펙테이터》 특파원이 압록강과 남만에서의 일본 승리를 "유럽과 아시아 사이의 지역을 보거나 백인과 황인 사이의 인종 전쟁이라는 점을 고려하면 백인종의 위신이 걸린 획기적 사건"이라고 보도했을 때 앞으로 일본제국과 구미제국과의 교섭에 매우 큰 영향이 미칠 수밖에 없다는 생각을 갖게 됐다.

도쿠토미는 우선 《타임스》 기사를 6월 23일과 24일 이틀에 걸쳐 《고쿠민신문》에 번역해 싣고 비판을 가했다. 《스펙테이터》 기사 역시 7월 5일 〈황인화〉라는 제목으로 옮겨 실었다. 그러면서 "이는 일본을 다른 아시아 여러 나라와 동일하게 본데서 비롯된 오해라며 러일전쟁은 인종이나 종교와는 무관하다"고 해명했다. 그리고 "일본인은 서양인과 같은 길을 걸어왔으며, 일본을 무조건 '아시아적[亞細亞的]'이라고 뭉뚱그려 동일하게 다루는 것은 공정치 못하다"고 강조했다. 아울러 "황인종이 백인종을 증오하게 된다면, 이는 백인의 황인에 대한 근거 없는 모멸(侮蔑)이 그 원인으로 책임은 백인에 있다"고 주장했다. 그러나 이는 당시 펄펄 끓는 구미 언론을 무마하기 위한 일본 언론책임자로서의 변명일 뿐 그의 소신과는 거리가 멀었다.

그는 1903년 9월 27일 〈잡현수칙(雜現數則)〉이라는 글에서 이미 "일러 경쟁은 필경 인종적 경쟁이 될 것이다"고 예언했었다. 따라서 그의 해명은 소신을 스스로 접는 자의식의 부정에 다름 아니다. 당시 황화론을 걱정했던 사람은 물론 도쿠토미만은 아니었다. 일본 육군 군의감(軍醫監)이자 소설·평론가로도 널리 알려졌던 모리 오가이(森鷗外, 1862~1922)는 강연회를 통해 러일전쟁 전부터 구미 지식층의 관심거리였던 황화론을 소개해 왔으며 전쟁 직후에는 이를 《황화론 경개(梗槪)》라는 책으로 펴낼 정도였다.

도쿠토미는 일본의 전쟁행위를 처음부터 끝까지 문명과 관련지으려 했다. 전쟁을 문명과 야만의 싸움이라고 정당화하려는 논법은 이미 청일전쟁 때 사용했다. 러일전쟁 직전에는 〈의전(義戰)〉이라는 제목으로 같은 내용을 설명한 일도 있었다. 그렇지만 러시아와의 전쟁을 단지 '문명'만으로 설명하자면 오히려 러시아 쪽에 더 명분이 있었다. 그래서 도쿠토미는 무엇보다 일본이 '아시아적'이 아니라는 점을 강조했다. 그는 4월 17일자 〈우리(일본) 국민의 포부〉라는 글에서 "우리 제국과 국민에 대한 모든 시기·질투·공포, 나아가 혐오가 '아시아적'이라는 문자에 모두 포함돼 있다. 이 어찌 위험천만한 단정이 아니랴"고 경고했다. 일본을 '아시아적'이라는 '개괄적(概括的) 문자'에 모두 싸잡은 구미의 차별과 편견이라는 주장이다. 실제로 일본은 1880년대(메이지 10년대) 후쿠자와 유키치가 '탈아론(脫亞論)'을 주창하고, 청일전쟁에서 청나라를 이겨 실력 차이를 증명했음에도 여전히 '아시아적'이라는 구미의 인식을 극복하지 못했다.

도쿠토미는 4월 24일자 〈일본인, 알기 어렵지 않다〉는 글에서 "구미인은 인도와 베트남, 중국을 보는 시각으로 우리나라를 계속 주시하고 있다. 일본인을 다른 동양인과 동일시한다. 설령 우리가 다른 동양인과 동일하지 않다는 것을 반증하더라도, 그들은 편견을 고치지 않고 이해할 수 없다고 계속 말하고 있다"며 불만을 토로했다. 그는 특히 "'아시아적'이라는 말은 지리적 이름 외에 별 의미가 없다"고 설명하고 "세계 인류 공통의 보편타당한 인도주의 관점에서 일본을 보아주기를 바란다"고 강조했다. 이는 물론 일본 역시 세계 문명의 일원이란 뜻으로, 일본이 아시아 맹주가 되려 한다는 의구심을 지우지 못하고 있던 구미인에게 또 다른 오해를 불러일으키지 않도록 하기 위한 그의 세심한 배려였다.

도쿠토미는 〈우리 국민의 포부〉에서 "우리는 동아(東亞)를 아군으로, 황인종을 이끌고 백인종에 대항하는 자가 아니다. 구주인(歐洲人)보다 앞서 아시아 정벌을 도모하려는 것은 더더욱 아니다. 일본은 그럴 야심이 없다. 이 전쟁은 오로지 자위(自衛)를 위한 것이며 '문명열강'과 보조를 함께해 '문명사회 공유의 경복(慶福)'을 얻으려 했던 것"이라고 덧붙였다. 이런 주장에는 그의 구미에 대한 강한 불만이 베어 있다. 도쿠토미는 5월 1일자 〈일러전쟁의 부산물〉에서 다음과 같이 불평을 털어놨다.

그리스도교 신조인 사해(四海)동포주의는 백인밖에 적용되지 않는다. 백인은 이교도나 다른 인종이 사해동포주의 적용 대상이 아니라고 생각하고 있다. 지금까지 일본인은 '흑인보다 위, 중국인보다 아래'라고 생각해 왔는데 일청전쟁 승리로 '중국인의 위'에 오르게 됐다. 그러나 일본인은 백인들에게 동등하게 대우받지 못하고, 사해동포주의 대상으로도 인식되지 않는다. 일러전쟁은 일본인이 구미인과 다름없는 실력을 갖고 있음을 실증하는 절호의 기회이다. 일본의 승리는 국제사회에서 우리 위치를 한 단계 높이는 데 불과하지만, 서열 상승은 서구인이 버리지 않고 있는 인종·종교적 편견의 타파를 뜻한다. 결국 그들의 폐쇄성을 없애고 사해동포주의 적용범위를 넓히는 일로 인도주의 발전에 기여하는 것이다.
우리는 실력으로 러시아와 싸워 연전연승하고 있다. 그 결과 우리는 백색인종 이외는 '열등동물'이라는 편견을 말끔히 일소했다. 다시 말하면 우리는 실력으로 세계열강의 반열에 올라 당당한 일원이 됐다. 하지만 여러 열강 가운데 하나가 되는 것만으로는 충분치 않다. 일본은 문명적 행동으로 실력뿐만이 아니라 인도적 면에서도 열강과 다르지 않다는 점을 증명해 보여야 한다. 실력만으로 열강이 되는 것은 황화론과 같은 또 다른 편견과 차별을 새로이 낳을 수 있기 때문이다.

세계 언론을 향한 도쿠토미의 주장은 계속됐다. 그는 6월 18

일 〈세계의 동정〉이라는 글에서 "일본은 이제 구미 열강과 어깨를 나란히 할 수 있게 됐어도 아직 뜨내기에 불과하다. 누구라도 일본을 무시할 수 없는 처지가 됐지만 그렇다고 진심으로 일본을 사랑하는 구미인은 없다. 인종이든, 종교든, 풍습이든, 습관이든 유형무형의 생활에 서로 같은 점은 하나도 없다. 일본은 넓은 세상에 홀로 떠도는 불청객이다. 있는 그대로 말하면 과거 1년의 기승(奇勝), 쾌승(快勝), 대승(大勝)은 일본에 대해 놀라 감탄케 했다고 하기보다는 질시하게 만들었고, 경외하기보다 공포를 느끼게 했다"며 황화론을 더욱 악화시키지 않을까 걱정했다.

그래서 다음날 〈동아의 일본과 세계의 일본〉이라는 글에서는 "우리의 서열은 이제 중국인 위로 올라서게 됐다. 그렇더라도 백인종과 완전히 동등한 위치를 인정받을 수 있을지는 아직 의문이다. 그러나 오늘의 시점에서는 불행하게도 백인의 사해동포주의는 우리 일본제국에는 해당되지 않는다고 말할 수밖에 없다. 일본은 앞으로 다른 동아시아 여러 나라에도 서구의 개화 성과를 거두게 하는 한편 인종 할거(割據)를 떠나 동서문명의 장벽을 걷어치우고 우주 공통문명 영역을 확충하기 위해 '동서문명 융합자(融合者), 황백인종 조화자(調和者)'로 나서 증오나 시기를 극복한 진짜 문명을 실현하는 데 앞장설 것"이라고 역설했다. 그리고 다음 해 1월 7일 〈황인(黃人)의 중하(重荷)〉라는 글을 통해 다시 한번 일본은 아시아의 맹주(盟主)가 될 뜻이 없다고 강조했다. 그러면서도 "혹시 갈 곳을 잃은 동포가 길가에서 방황할 때 이들에게 길을 안내하는 것은 선도자의 책임이다. 우리들과 중국, 조선의 처지가 실로 이와 같다"며 일본이 다른 황색인종으로부터 선도자로 추앙받고 있음을 은근히 암시했다.

이런 발상은 구미인의 눈을 피하고 동아시아 세력을 등에 업기 위해서는 동아에 서구문명을 선전하는 것보다 오히려 수구 세력을 각성케 하는 것이 중요하다고 생각한 데서 비롯됐다. 동서문명 융합(조화)은 뒤에 오쿠마 시게노부를 중심으로 한 '대일본문명협회'가 더욱 열심히 부르짖었다. 《도쿠토미 소호 - 일본 내셔널리즘의 궤적》의 저자 요네하라 겐은 그의 책에서 "이 동서문명 융합론은 일본이 탈아론에서 다시 아시아로 눈을 돌리기까지의 아시아도 유럽도 아닌 어정쩡한 상태를 정당화하려는 논법이었다"고 설명하고 "탈아론은 한마디로 일본이 보편적 이념에 기초를 둔 서구문명을 따라잡기 위해 아시아류에서 벗어나야 한다는 주장이다. 일본은 그동안 청일전쟁과 러일전쟁에서 이길 만큼 충분히 서구화했다고 강변해왔으나 구미는 결코 이를 인정하지 않았다. 그렇기 때문에 일본은 오히려 자존심의 상처를 받았으며 그런 뜻이 좌절되자 아시아로 회귀할 수밖에 없는 결과를 가져왔다"고 분석했다.

　전쟁 승리는 도쿠토미의 자존심을 크게 높여 주었다. 그가 1905년 5월 동해해전 대승으로 승패가 확정된 시기 〈일본국민의 지망〉(6월 25일)이라는 제목의 사설을 통해 "18개월 전까지는 일본 국민은 단지 황색원숭이일 뿐이었다. 이제 우리들은 세계 7대 강국의 하나로 손꼽히게 됐다"고 자랑한 것만 보아도 그의 마음을 짐작할 수 있다. 그러나 상황은 담판 결과 만주와 요동반도가 일본의 세력 아래 놓이게 됨에 따라 꼬이기 시작했다. 일본은 포츠머스 조약으로 그동안 러시아가 사용해 오던 대련(大連)항을 폐쇄하고 이 항구를 통한 국제무역을 모두 막아버렸다. 이어 1907년 4월 대련에 남만주철도주식회사를 설립하고 러시아로부터 빼앗은 장춘 이남 철도를 인계받아 영업을 시작했다. 말하자면 만주지방 철도이권을 북쪽은 러시아가 남쪽은 일본이 나눠 가진 셈이었다. 이에 미국을 비롯한 구미 열강은 있을 수 없는 일이라며 즉각 항의하고 나섰다. 이처럼 국제적 비판이 점차 거세지자 일본은 하는 수 없이 대련을 폐쇄조치 1년 만에 자유무역항으로 개방해야만 했다. 하지만 만주의 문호개방과 기회균등을 주장해 오던 미국은 이에 만족하지 않고 1909년 1월 "일본과 러시아가 양분하고 있는 만주철도를 중립화시켜 각 나라가 공동으로 경영하자"고 제안했다.

도쿠토미는 이때부터 구미에 대한 태도를 바꾸기 시작했다. 그는 이 사태를 제국주의 세력 사이의 경제적, 정치적 이해 충돌로 보지 않고 일본과 구미 열강 사이에 증폭돼온 인종투쟁 징후로 받아들였다. 도쿠토미는 제3차 영일동맹 교섭을 추진하던 1911년부터 그런 견해를 공공연히 밝히기 시작했다. 그해 7월 19일 조인된 제3차 영일동맹에는 '체맹국(締盟國)의 한쪽이 제3국과 총괄적 중재재판조약을 체결할 경우 그 제3국과 교전한다는 의무를 체맹국에 지게 해서는 안 된다'는 내용이 추가됐다. 이는 세계 도처에서 독일의 도전을 받고 있던 미국과 총괄적 중재재판조약을 교섭하던 영국의 요청에 따라 이루어진 것이었다. 영국으로서는 당시 만주개방과 일본인의 미국이민 문제로 미일관계가 크게 악화되고 있던 상황에서 분쟁에 말려들지 않기 위해서는, 이른바 공수동맹 관계를 규정한 조약 개정이 필수였다. 게다가 일본은 러시아를 굴복시켜 일러조약(1907년 7월)까지 체결했으므로 러시아를 견제하기 위한 영일동맹은 더 이상 필요하지 않게 되었다. 다만 일본의 경계대상은 오로지 미국이었고, 영국의 우려는 독일이었다.

영국의 이런 속셈을 꿰뚫은 도쿠토미는 개정을 적극 반대하고 나섰다. 그는 조약 개정 자체를 일본에 대한 영미 사이의 음모라고 통렬하게 비판했다. 나라 일이라면 수상 체면이 구겨지는 일도 마음에 두지 않는 국가제일주의자의 처신이었다. 때문에 고무라 외상과 외무차관 이시이 기쿠지로(石井菊次郎, 1866~1945)의 처지가 아주 난처해졌다. 크로드 맥도널드 영국 대사는 도쿠토미를 눈엣가시로 생각했다.

당시 일본에는 미노우라 가쓴도(箕浦勝人, 1854~1929)가 회장, 도쿠토미가 부회장인 '춘추회(春秋會)'라는 언론계 친목 단체가 있었다. 춘추회가 어느 날 주일 영국 대사 크로드 맥도널드를 친목회에 초대했다. 그러나 맥도널드는 "도쿠토미가 그 자리에 참석하느냐. 만약 그가 온다면 나는 나가지 않겠다"고 대답할 정도로 도쿠토미를 싫어했다. 이렇게 되자 평소 영일동맹과 미일친교를 강조해 오던 도쿠토미도 점차 '백벌(白閥) 타파'를 부르짖기 시작했다. 그것은 자기 나름대로 백인 나라 역사와 국민성을 세밀하게 연구 분석한 결과였다. '백벌'이란 도쿠토미가 '재벌', '학벌', '군벌', '번벌' 등에 빗대어 지어낸 말로 백색 인종이 지배하는 국가를 의미한다. 그는 새로운 말을 만들어내기를 좋아했다. '국민'과 '자주적 외교'란 말도 그가 먼저 쓰기 시작했다. '국민'이라는 단어는 《고쿠민노토모(국민의 벗)》라는 잡지를 창간함으로써 종전 '신민(臣民)'이란 말 대신 널리 쓰이게 됐다.

도쿠토미는 마침내 1913년 5월 4일자 《고쿠민신문》에 〈백벌타파〉라는 글을 쓰고 구미와의 협조자세를 포기했다. 내용을 요약하면 다음과 같다.

세인들은 쓸데없이 번벌(藩閥)을 논하고, 학벌·재벌·당벌(黨閥)을 말하고, 심지어는 규벌(閨閥)을 탓한다. 그러면서도 그 논의가 아직 백벌에 이르지 못함은 무슨 까닭일까. 나는 단지 야마토 민족을 위할뿐만 아니라 세계를 위해, 인도주의를 위해 백벌을 퇴치할 필요를 느끼고 있다. 백벌이란 말할 필요도 없이 백색인종이 세계에 발호함을 뜻한다. 백벌타파 방법은 제1요건으로 우리 스스로 힘을 갖는 데 있고, 제2요건으로 그 힘을 정의(正義) 공도(公道)를 위해 선용하는 데 있다. 또한 백인들에게 다른 인종에도 그들이 필적할 만한 상대가 있다는 사실을 알게 하는 데 있다. 우리들은 이들 질곡(桎梏)을 초탈하여 세계를 위해, 인도주의를 위해 크게 공헌할 점이 있다. 어찌 백인의 미몽을 깨운다고만 말할 뿐이랴. 실로 대의를 사해(四海)에 널리 알릴 일이다.

이는 그동안 '제일등국의 문명적 열강'에 '동정'을 바라며 그들의 호의를 얻는 일에 전념해왔던 자세를 바꾸는 일대 사고(思考) 전환이었다. 다시 말하면 구미 열강으로부터 배신당한 실망감에서 오히려 그들에 대한 공격으로 반전시키고, 그때까지 삼가왔던 인종 대결론을 내세워 '백벌'이라는 개념으로 구미를 대결대상으로 삼게 된 것이다. 그는 '오늘의 굴욕'을 초래한 것은 '그들이 가했다기보다 우리가 그 지경이 되도록 내버려 둔 것'이라며 백인종 이외 다른 인종들이 '의기가 없음'을 개탄하고 이미 설명한 바와 같이 '백벌 타파'의 요건으로 스스로 힘 있는 자가 되고, 그 힘을 정의 공도를 위해 선용해야 한다고 역설했다. 서구 열강이 내걸고 있는 '정의 공도' '사해동포주의'를 역으로 이용해 백인의 미몽(迷夢)을 깨우치자'는 주장이다. 그러기 위해서는 무엇보다 '힘'이 반드시 뒷받침되어야 하므로 스스로 힘을 기르는 데 가일층 노력해야 된다는 점을 강조하고 있다. 그렇다고 백벌 타파 주장으로 서구열강의 인정에 따른 국가적 정체성 확립 기대가 완전히 사라진 것은 아니었다. "백벌 타파 는 백인을 향한 도전으로 우선 그들에게 우리 국민 스스로의 인 격을 인식시키는 거점을 확보하는 데 있다"고 말한 부분이 이 를 잘 말해주고 있다.

도쿠토미가 이 글을 쓸 무렵은 다이쇼(大正)의 새 시대를 맞 아 야마모토 곤베에(山本權兵衛, 1852~1933)가 수상으로 내각 을 이끌고 있었으나 내정은 의외로 맥을 못 추고 재정망국론·군비축소론 등이 고개를 들고 있었다. 반면 러시아는 극동정책 을 다시 적극적으로 추진하고, 미국은 배일(排日) 토지소유금지 법을 제정해 일본인들의 미국 내 토지소유를 막아버렸다. 또 유 럽은 유럽대로 국가 들 사이에 끊임없는 분쟁으로 언제 전쟁이 일어날지 모르는 상태였다. 이처럼 어수선한 나라 안팎의 분위 기에서 그동안 '실행정치가'로 믿고 자신의 이상을 실현하려 했 던 가쓰라가 사망하자 도쿠토미의 실망은 이만저만이 아니었 다. 그는 《정치가로서의 가쓰라 공》이라는 회고록을 써 추모한 뒤 정치에서 손을 떼고 언론인으로 돌아가 붓으로 세상을 이끌 겠다고 결심, 날마다 자신의 생각을 신문에 기고했다.

도쿠토미는 1913년 가을 자신의 생각을 담은 논설을 연달아 《고쿠민신문》에 싣고 이를 다시 《시무일가언(時務一家言)》이라 는 책으로 묶어냈다. 글 내용을 일부 인용하면 그는 미국의 외 교사를 설명하면서 "생각컨대 그들의 전통적 무례(無禮)를 견제 할 길은 따뜻한 외교적 수사(修辭)에 있지 않고 추상 같은 정(正) 에 의거, 의(義)를 취하고 움직일 수 없는 산과 같은 국민적 큰 결심과 이를 실현시키기 위한 실력에 의지할 수밖에 없다. 그래야만 태평양도 그 이름처럼 태평하게 할 수 있다. 항상 양보함으로써 평화를 유지하려는 생각은 옛날부터 내려온 약자의 복음이지만 사실은 그 반대로 나타난다. 혹시라도 적의 환심을 사려고 집 울타리를 없앨 생각인가. 그렇게 되면 적은 마치 빈집을 드나들 듯 거리낌 없이 우리를 침범할 것이다. 그것은 적을 환영하기에는 더없는 묘책일지 모르나 스스로를 지키려는 방법으로는 더할 나위 없는 바보짓이다"고 주장했다.

또 유럽 정세를 분석한 글에서는 "이른바 해상권 문제는 영국과 독일 충돌의 원인이다. 카네기 기부금으로 평화전당이 헤이그에 세워졌으나 모처럼 마련된 위대하고 아름다운 이 전당도 전운(戰雲)에 휘말려 웃음거리로 끝났다. 나는 충심으로 평화를 사랑한다. 다만 평화사업만으로 만족하지 않고 오히려 꺼려야 할 군비증강으로 평화를 보장받을 수밖에 없다는 사실을 솔직히 진술할 뿐이다. 나는 복음이 힘에 있지 않고, 힘이 복음이라는 점을 잘 알고 있다. 즉 모든 정리(正理) 공도(公道)를 행사할 수 있게 하는 것도 힘이다. 모든 부정 무도(無道)를 부수는 것도 힘이다. 힘 없는 복음은 빛을 잃게 된다. 그렇지만 아무리 국내 결속을 굳건히 하더라도 모든 세계를 적으로 한다면 스스로 멸망을 초래할 수밖에 없다. 나는 여기에서 우리 일본제국이 남으로부터 불의를 당하지 않음과 동시에 남에게 불의를 가하지 않기를 바란다. 우리 일본 민족은 타인에게 결코 변명할 여지가 없는 일을 하지 않는다. 우리는 다만 우리가 갖고 있는 도(道)에 따라 우리 소신을 청천백일(靑天白日) 하에 펼쳐 나갈 뿐이다"라고 주장했다. 이 글은 당시 식자들의 공감을 산 부분도 없지 않지만 그보다는 도쿠토미의 자기도취적 '무력숭배론'으로 크게 비난받았던 것으로 전해지고 있다. 그러나 수개월 뒤 세계대전이 일어나면서 마치 전쟁예언서처럼 알려져 판매부수가 70여 만 부에 이른 다이쇼 초기 명저라고 불리었다.

도쿠토미는 "야마토 민족은 세계 민족 가운데 거의 고립 고행의 민족이다"고 점차 일본의 국제적 고립을 강조하기에 이르렀다. 이는 서구 열강에게 인정받음으로써 국가정체성을 확립하려던 당초 계획을 포기하는 표현에 다름 아니다. 그래서 국민의 군건한 의지가 필요하다며 여론 환기에 진력했다. 따라서 그는 일본의 국가정체성 확립을 외부로부터의 인정이 아니라 스스로 내부에서 찾게 됐다. 자율적 내부가치를 재발견, 재정립함에 따라 상처받은 자존심을 치유하고 '팽창'에너지를 다시 한번 북돋우려 했다. 도쿠토미는 이런 목표를 달성하기 위해서는 무엇보다 국민정신이 중요하다며 국민의 정신적 독립을 유난히 강조했다. 이는 자연스럽게 '황실중심주의'로 이어졌다. 그는 야마토 민족의 특색은 황실중심주의에 있고 충군애국은 일본 일반 국민의 종교라고까지 주장했다.

도쿠토미는 자서전에서 "당시 나의 주의 주장 목표는 미국이었다. 미국은 러일전쟁이 끝나자 일본에 대한 태도를 바꿨다. 그 공포는 태평양을 넘어 우리를 압도해 왔다. 이는 동아 대륙에 대한 일본의 자유로운 정책을 방해할 것이 틀림없었다. 그래서 미국을 적으로 여기지는 않지만 스스로 방어할 묘책이 필요했다. 거기에는 무엇보다 우리 해군력을 증강하는 일이 급선무라고 생각하고, 러일전쟁 전까지 육군에 무게를 두었던 군사정책을 해군에 두도록 건의하며 작은 힘이나마 보탰던 것이다"라고 회고하고 있다.

황실중심주의

'황실중심주의'는 메이지시대 도쿠토미가 주창한 일본적 내셔널리즘이다. '황실중심주의'란 말 자체도 그가 만들어 냈다. 이를 간단히 설명하면 일본 민족의 종가(宗家)는 황실이고, 따라서 황실이 '민족근간'이므로 황실 아래 전 국민이 똘똘 뭉쳐야 한다는 국가관이다. 그는 이를 '일군만민주의(一君萬民主義)'라고도 표현했다. 도쿠토미는 이런 생각을 "국민은 조상을 같이하는 민족의 집합체이고, 일가 안에서 부모를 존중하듯이 민족의 우두머리를 존중한다. '야마토 민족의 우두머리'는 황위(皇位)이고 그 '위령(威靈)' 아래 모인 것이 바로 일본이다"는 메이지시대 헌법학자 호즈미 야쓰카(穗積八束, 1860~1912)의 '조선교(祖先敎)' 사상에서 따왔다.

도쿠토미가 이런 황실중심주의란 말을 최초로 사용한 것은 1893년에 출간한 초판 《요시다 쇼잉(吉田松陰)》에서였다. 하지만 그때까지는 특별한 의미는 없었다. 그는 1905년 10월 22일 발표한 〈추원론(追遠論)〉에서 "일본 국민은 개개인이 자신의 조상을 더듬어 올라가면 최종적으로 만세일계의 황실에 다다르게 된다. 따라서 일본은 민족 전체가 황실을 종가로 하는 일대 혈족국가이다"고 비로소 사상을 담아 설명하기 시작했다. 그가 이 같은 '황실중심주의'를 일본 국민들에게 호소한 데는 몇 가지 동기가 있었다. 하나는 러일전쟁 승리 뒤 만연한 사회기강 해이에 대한 위기감에서 비롯됐다. 또 하나의 의도는 대한제국을 보호국으로 만듦에 따라 일본의 국체(國體)를 재확인하기 위함이었다. 마지막은 앞서 이미 설명한 '백벌' 타파 필요성을 강조하고 내부 결속을 다지기 위한 수단이었다. 러일전쟁의 결과 승리감에 도취한 일본 사회는 개인주의 사상이 팽배했다. 연애나 인생문제로 번민하는 청년들의 자살이 늘어나고, 물질·이기·황금만능주의와 사회·공산주의 사상이 유행해 그동안 강조해 오던 충군애국 정신은 점점 희박해졌다. 도쿠토미는 1904년 9월 25일자《고쿠민신문》사설 〈청년의 풍기(風氣)〉에서 "메이지 청년은 유신기 청년이 관심을 두지 않았던 '개인자신'을 깨달은 반면 '국가인식'을 상실했다. 사사로운 개인에 눈을 뜨게 되면 배금(拜金)주의자나 지나친 실망과 고민, 낙담에 빠지는 염세주의 무리를 낳게 된다. 국가 운명에 무관심한 이런 부류들이야말로 정말 염려스러운 존재이다"라고 지적했다.

이어 1906년에는 2월부터 3월까지 5회에 걸쳐 '일요논단'에 〈지방 청년에 드리는 글〉이라는 제목의 글을 싣고 "연애나 인생문제로 고민하는 것은 여우에게 홀려 생기는 정신병과 같은 것으로 정말 웃기는 일이다. 실의나 고통은 억제하고 자기 직분에 전심하는 것이 대장부 면목이다. 연애로 번민하려거든 차라리 국가와 결혼하라. 국가란 가장 큰 자아팽창이다. 국가를 사랑하는 것은 곧 자기를 사랑하는 것이며 국가와 정사(情死)하는 것은 자기와 정사하는 것이다"고 강조했다. 이런 글만 보더라도 그가 일군만민주의를 결심한 까닭을 짐작할 수 있다. 제2차 가쓰라 내각은 이 같은 사회상황에 대한 대책으로 1908년 10월 13일 '무신조서(戊申詔書)'를 발표했다. 조서는 상하가 마음을 하나로 합해 '충실, 근검'으로 직무에 힘쓰자는 내용을 담고 있다. 조서는 히라다 도스케(平田東助, 1849~1925) 당시 내상이 발표했으나 도쿠토미가 주도했을 가능성이 높다는 게 일본학자들의 분석이다. 도쿠토미는 가쓰라 내각과 일심동체인데다 개정판 《요시다 쇼잉》이 조서 발표 하루 전 출간된 점이 믿을 만한 증거라는 설명이다. 일본 지식인들은 국가적 위기가 닥칠 때마다 늘 '만세일계(萬世一系)' 이념을 자국 독자성과 자존심의 근거로 찾았다. 도쿠토미 역시 막부 말의 위기에 국가통합의 핵으로 떠오른 '텐노(天皇)'의 기능을 잘 알고 있었다. 그는 일본이 고유한 문명과 역사를 가진 대한제국을 식민지로 흡수하는 일도 위기와 맞먹는 커다란 사태로 인식했다. 한국을 일본에 동화하는 데는 무엇보다 '야마토 민족'의 독자성과 우월성의 강조가 필요했다. 도쿠토미는 바로 그 우상을 황실에서 찾았다. 이처럼 황실중심주의는 다목적용이었다.

도쿠토미는 이런 황실중심주의 사상을 자신의 저작으로 일본 국민에게 주입시켰다. 그는 1913년 《시무일가언》을 낸데 이어 《세계의 변국(變局)》(1915년)·《다이쇼(大正)의 청년과 제국의 전도(前途)》(1916년)·《대전 후의 세계와 일본》(1920년)·《국민 자각론(自覺論)》(1923년)·《야마토 민족의 성각(醒覺)》(1924년)·《국민소훈(國民小訓)》(1925년) 등을 잇달아 펴냈다. 이 책들은 모두 황실중심주의로 러일전쟁 뒤 생긴 국가적 정체성 위기를 극복하고 국민 자신력을 회복, 일본 팽창을 재건하자는 내용을 다루고 있다. 그 가운데서도 《국민소훈》은 황실중심주의를 체계적으로 설명한 일종의 국민정신무장 지침서이다.

그는 1925년 새해를 맞아 1월 1일자에 "오늘의 태평양은 태평양이라기보다 오히려 '태불평양(太不平洋)'이라 불러야 옳다. 미 해군의 기동훈련으로 수많은 예쁜 고래가 놀라 파도를 뛰어오르고 있다"는 내용의 사설을 쓴 뒤 12일 동안 《국민소훈》을 집필하고 다듬어 2월 11일 기원절(紀元節)에 발표했다. 이는 미국이 태평양을 넘어 일본을 압박해오고 있는 데 대한 위기감의 표현이기도 하다. 내용은 모두 30개 항목으로 되어 있다. 작은 제목만 보아도 내용의 대강을 짐작할 수 있을 정도이다. 〈자국(自國)을 알라〉·〈입국(立國) 요건〉·〈완전한 나라〉·〈나라란 무엇인가〉·〈국체(國體)와 정체(政體)〉·〈국체 옹호와 일국의 독립〉·〈일본의 국체〉·〈국사(國史)로 돌아가라〉·〈황실과 신민의 관계〉·〈인군(人君)의 천직(天職)〉·〈신민의 충절〉·〈역대황유(皇猷)〉·〈유신개혁의 본의〉·〈유신 조서(詔書)〉·〈5개조어서문(御誓文)〉·〈어서문의 해의(解義)〉·〈일본제국 헌법〉·〈메이지 텐노〉·〈국민적 일치〉·〈국민적 협력〉·〈대의(大義)를 세계에 알리다〉·〈병역의 권리와 의무〉·〈참정권 행사〉·〈자치심과 공공심〉·〈애국심과 황실중심주의〉 등을 주제로 하고 있다. 그가 어떤 논리로 국민을 통합하려 했는지 알아보기 위해 〈일본의 국체〉부터 우리말로 옮긴다.

　　일본 국민의 제일 의무는 일본국을 아는 일이다. 다시 말하면 일본의 국체를 아는 일이다. 일본국체가 세계에 탁월한 까닭을 아는 일이다. 일본은 나라로서 면적도 넓지 않다. 인구는 적지는 않지만 세계 제일이라고 말할 정도는 아니다. 그러나 일본은 세계에 비교할 수 없는 국체를 갖고 있다. 그것은 말할 것도 없이, 만세일계의 황실을 원수(元首)로 받들고 있는 일이다. 이는 세계 어디에서 찾아도 우리와 같은 체제는 없고 버금가는 모양조차 아직 볼 수 없다. 그리고 만세일계의 황실은 우리 야마토 민족만이 갖고 있는 유일한 체제이다. 황실은 야마토 민족의 중심이자 근본이며 주축이다. 동시에 야마토 민족이라는 대가족의 본가(本家)·본원(本元)

이다. 황실은 이른바 군부(君父)라는 두 자로 대체할 수 있다. 즉 한편으로 일본 국민의 원수(元帥)이고 또한 야마토 민족의 가장이다. 임금이면서 아버지인 것이다.

이 군민(君民) 일가족이라는 생각은 일본제국의 자랑이다. 이것이 일본국체의 정화(精華)이다. 만약 이것이 없으면 일본도 다른 여러 나라와 다를 바가 없다. 대개 나라를 새로 세우면 우선 조직부터 하고 실행을 뒤에 한다. 제도를 먼저 만들고 나중에 이를 시행한다. 인민이 있고 뒤에 원수가 있다. 원수는 인민 가운데 한 사람을 뽑거나 타국으로부터 영입한다. 또는 어느 민족이 다른 나라를 침범해 인민을 정복하고 스스로 원수가 되기도 한다. 어느 쪽도 인민과 원수와의 관계는 사람과 모자와 같아서 머리에 써도 몸과는 직접 관계없고, 때와 경우에 따라서는 교체, 교환이 가능하다. 이는 세계 열강이나 군주국, 공화국 할 것 없이 대개 그렇다.

그런데 우리 일본제국 국체는 이와 전혀 다르다. 일본의 원수와 인민은 머리와 몸통 관계이다. 단지 위에 있을뿐만 아니라 머리 자체가 사람 몸의 일부이다. 아니 사람의 주뇌(主腦)이다. 모자는 바꾸거나 버려도 생명에는 전혀 지장이 없다. 그러나 머리를 자르면 몸은 완전히 죽고 만다. 일본의 특징은 황실이 있고 난 다음 인민이 있다는 사실이다. 황실과 인민은 본래 같은 뿌리에서 생긴 것이다. 그리고 황실이 야마토 민족의 근간이고 인민은 그 곁가지이다. 우리들 신민은 황실을 원수로 떠받들뿐만 아니라 민족의 종교로 바라보고 있다. 그래서 황실과 인민의 존비(尊卑) 구별은 있다. 그렇지만 이는 실로 우리들의 무한한 영광이다. 나라의 본(本)은 가정에 있다고 말하는데, 우리 제국은 나라가 곧 가정이고,

가정이 즉 국가이다. 법적으로 보면 일국의 원수와 신민이고, 민족적으로 보면 가정의 가장과 그 권속(眷屬)이다. 임금이자 아버지라는 생각은 중국 요순(堯舜)정치의 이상(理想)이었다. 하지만 우리 일본은 그것이 현실이었다. 또 지금도 현실이고 앞으로 만만세(萬萬歲)까지 대대로 이어져야 한다.

이는 유신 집권세력이 일본 국민을 하나로 통합하기 위해 제정한 이른바 '대일본제국헌법'을 구체화한 이론이다. 대일본제국헌법은 "제1조 대일본제국은 만세일계의 텐노가 통치한다. 제3조 텐노는 신성하여 아무도 범할 수 없다"고 규정하고 있다. 바꿔 말하면 헌법에서부터 황실을 하나의 숭배대상으로 명문화하고 있는 것이다.

도쿠토미는 메이지 헌법 공포 이전부터 텐노가 일본의 통치자였다고 주장하나 이는 거짓말이다. 메이지 유신 전 텐노는 허수아비에 불과했다. 메이지 선왕(先王) 고메이(孝明) 텐노만 하더라도 교토에서 그야말로 유폐나 다름없는 생활을 하고 있었다. 말이 '텐노'이지 스스로 권력을 장악하는 데 필요한 물리적 힘을 전혀 갖고 있지 못했다. 군사력은 말할 것도 없고 막부가 선정한 신임 관료들에게 임명장을 수여하는 의례적이고 형식적인 서임권(敍任權)을 제외하면 정치적 권한도 전혀 없었다. 도쿠가와막부(德川幕府)가 주는 녹봉이나 챙기며 막부의 권위를 높여주는, 말 그대로 상징에 지나지 않았다. 대부분의 민중들은 '쇼군(將軍)'이나 '다이묘(大名)'의 존재에 대해서는 잘 알고 있었지만 '텐노'에 대해서는 알지 못했다. 천황제(天皇制)가 있는지조차 몰랐다(정일성, 《황국사관의 실체》 참조).

유신세력은 만세일계의 텐노가 일본을 통치한다는 조항을 합리화하기 위해 고대(古代) 텐노로부터 왕통을 새로 만들었다. 그러느라 100세 이상 장수한 텐노가 수두룩했다. "메이지 역사는 픽션이다[니시베 스스무(西部邁) ; 역사평론가]"라는 말도 바로 이런 데서 나온다. 도쿠토미의 황실에 대한 신념은 이에 그치지 않는다. 그는 메이지 텐노를 다음과 같이 묘사하고 있다.

일본 국민은 세계 열강에 견주어 가장 자랑할 만한 한 가지를 갖고 있다. 그것은 다름 아닌 만세일계의 황실이다. 나아가 현대세계 어느 나라에도 비교할 수 없는 한 가지 자랑이 있다. 메이지 텐노 같은 성군을 국가 원수로서 떠받들었다는 점이다. 메이지 텐노는 군주로서 실로 이상적인 인물이었다. 나는 여기에 그 성덕을 말하려는 사람은 아니다. 유신 대개혁의 권위는 실로 메이지 텐노의 한 몸에서 나왔다. 텐노는 유신 대개혁 정신의 결정(結晶)에 그치지 않고 그 정신을 몸소 시현(示顯)해 보인 실행자였다.

황실중심주의란 말은 생소할지 모르지만 그 주의는 건국 이래 천년만년 일관하고 있다. 게다가 그 주의를 사실상 국민에게 가르쳐 알린 것은 우리 메이지 텐노의 성덕이라고 말하지 않으면 안 된다. 메이지 텐노만큼 동서고금을 통해 인군의 천직을 진지하게 자각하고 빈틈없이 마음을 쓴 분은 없다. 중국의 요순(堯舜)은 공자가 그려낸 이상(理想)의 명군(明君)이다. 메이지 텐노는 조종(祖宗)부터 일본제국과 일본 국민을 잇는 이른바 '오미타카라(大寶 : 국민의 텐노)'로 사랑을 받았다. 그리고 자기 자신을 위해서가 아니라 나라와 국민을 위해 통치한다는 사실을 스스로 깨닫고 있었다. 메이지 텐노는 실로 말없이 실행한 분이었다. 그는 한 번도 스스로 황실을 존중하라고 말하지 않았다. 메이지 텐노 일대를 아는 자는 황실중심주의자가 되지 않을 수 없었다. 텐노는 성덕으로 모든 신민을 자석처럼 끌어들였다. 이와 함께 신민을 가장 감동시킨 일은 덕과 책임감으로 권좌에 임했던 점이다.

도쿠토미는 이와 같이 메이지 텐노를 성군으로 치켜세웠다. 그리고 야마토 민족이 세계로 웅비하기 위해서는 민족적 책임감과 거족적 일치 및 노력이 가장 중요하다며 다음과 같이 일치단결을 호소했다.

일본제국의 천직(天職), 일본 국민의 이상을 실행하는 데는 무엇보다 국민적 일치를 필요로 한다. 국민적 일치란 결코 국민 전체가 판에 박듯이 똑같이 하자는 얘기는 아니다. 모든 국민이 깊이 생각해 황실을 중심으로 뜻을 합해 세계로 나가자는 말이다. 종전 우리 역사에서는 황실을 중심으로 뭉친 예를 좀처럼 보기 힘들었다. 때로는 미나모토(源)씨 대 타이라(平)씨, 무가(武家) 대 공가(公家) 등으로 걸핏하면 분열하기 일쑤였다. 그 분열상은 봉건시대 때 극에 달했다고 말할 수 있다. 메이지 정부는 이 폐해의 극점에서 국민이 각성해 처음 제국적 사고로 출발했다. 이것이 유신 대개혁이다. 내가 말한 일치는 이 대개혁 정신을 철저하게 실행하고 확충해 나가는 것을 의미한다. 노동자든, 자본가든, 유산·무산계급이든 일본 국민이란 신분은 일점일획도 차별이 없고 일푼일리의 틀림이 없다. 게다가 우리 황실은 모든 신민을 똑같이 대하는 일시동인(一視同仁)이다. 신민 가운데 약자(弱者)는 오히려 가장 우대되는 인혜(仁惠)의 초점이 되고 있다.

따라서 국가발전에 국민적 협력은 빼놓을 수 없는 필수 조건이다. 국민적 협력이란 서로 같은 목적을 향해 힘을 합하는 것을 말한다. 동일 목적이란 구구하게 설명할 필요도 없다. 일본제국이 세계 강대국이 되는 것이다. 세계 강대국이 되는 길은 우선 우리가 부국강병 하는 일이다. 오늘의 세계는 권리가 힘이 아니고 힘이 곧 권리이다. 정의가 힘이 아니라, 힘이 곧 정의이다. '정의' 대 '폭력', '광명' 대 '암흑', '문화' 대 '야만', '자유' 대 '억압'의 대결이라는 명분으로 일으킨 세계대전도 미래영겁 전쟁을 막는다는 핑계였으나, 사실은 그 반대였다. 세계정세는 전쟁 뒤 더욱 험악해졌다. 열강 사이의 관계도 오히려 악화됐다. 전에 견주어 국제적 부도리(不道理)와 방약무인이 더욱 횡행하고 있다. 이런 상황에서 세계를 향해 아무리 정의를 주장해도 결코 이에 귀 기울이는 자는 없다. 인종평등은 세계가 부르짖는 보편적 정의이다. 그러나 우리 전권이 베르사유 회의에서 인종평등 의견을 제언하자, 대다수가 이를 묵살하고 더러는 박살내며 냉소해 보기 좋게 부정되지 않았는가. 미국이 우리 국민의 캘리포니아 이민을 반대하는 것은 문명세계에서 있을 수 없는 괴이한 일이다. 게다가 세계 어느 누구도 일본을 위해 미국의 부당한 처사를 말하는 자는 없다. 대전 후의 세계는 오히려 더욱 노골적으로 약육강식의 본성을 드러내고 있다.

나는 세계가 이처럼 나빠지기 때문에 우리나라도 따라가자고 말하는 것은 아니다. 일본에는 본래 일본 국성(國性)이 있다. 만약 우리 주변에 어떤 미친 자가 있다고 해서 우리 또한 미친 자가 되어야 한다는 이유는 없다. 그러나 그 미친 짓에 대해서 자기 체면을 유지할 필요는 있다. 체면 유지는 물론 자력(自力)밖에 없다. 힘을 키우지 않으면 안 되는 까닭이 여기에 있다. 오늘날 일본이 자주독립을 유지하고 정의를 실천하는 데는 힘이 필요하다. 또 다른 약한 형제민족을 돕는 데도 마찬가지다. 힘없는 선은 한갓 착하기만 하고 주변성이 없는 '도선(徒善)'에 불과하다. 마찬가지로 힘없는 의(義)는 지킬 수 없는 한낱 말에 지나지 않는다. 힘의 양성과 발휘는 오로지 우리 국민적 협력에 기대하지 않으면 안 된다. 범국민적 협동밖에는 다른 방책이 없다. 국제사회에서 정의를 부르짖으려면 이를 실행할 수 있는 힘을 키우고, 제국적 대의를 살리기 위해서도 힘의 양성은 선결문제이다. 국민이 마음만 맞으면 국민적 협력은 자연히 따르기 마련이다.

그가 《국민소훈》에서 두 번째로 내세운 〈입국(立國) 요건(要件)〉은 일본의 조선식민지 동화(同化)시책을 정당화하기 위해 쓴 글이다. 조선민족은 혼합 민족이므로 역시 혼합 민족인 일본민족이 포용해 동화하는 것은 당연하다는 논리는 궤변에 가깝다. 그의 이야기를 들어보기로 하자.

나라는 개인의 집단이다. 그러나 단지 개인만 모인다고 그것으로 나라를 이루었다고 말할 수는 없다. 나라 이외에 종교집단도 있다. 문예·미술·과학 등의 단체도 있다. 경제단체도 있으며 운동단체와 사교단체도 있다. 그렇더라도 이들은 결코 나라는 아니다. 대개 나라가 되기 위해서는 적어도 세 가지 조건을 충족해야 한다. 첫째 일정한 민족을 근간으로 하고, 둘째 어느 일정한 토지가 있어야 하며, 셋째 독립을 지킬 수 있는 절대주권을 가져야 한다.

사해형제·인류동포라는 말은 지금의 세계주의자가 창안한 문구는 아니다. 수천 년 전부터 전해 내려오는 용어이다. 그러나 역사시대에 들어 세계에 여러 민족이 있다는 사실이 알려졌다. 그리고 지금도 계속 밝혀지고 있다. 백색인종·황색인종 등으로 말하는 것은 지극히 개략적인 분류이다. 백색인종 가운데도 라틴·게르만·앵글로색슨 등 여러 가지 구별이 있다. 또 같은 라틴 민족 가운데도 이탈리아·프랑스·스페인 등 여러 구별이 있다. 황색인종도 마찬가지다. 한민족·몽고민족·말레이민족·야마토 민족 등 가지가지이다. 인종적 분류는 전문 학자에 맡기기로 하고 나의 관심은 어디까지나 나라를 이루는 데는 어느 일정한 민족이 주요한 요소라는 사실을 마음에 두어야 한다는 것이다.

세계대전 전 여러 민족이 서로 뜻을 합해 한 나라를 이룬 경우도 있었다. 그러나 전쟁이 끝나자 같은 민족이나 비슷한 민족으로 흩어져 각각 여러 나라를 세웠다. 아일랜드·핀란드·폴란드·체코·슬로바키아 등도 세계대전 뒤 민족 단위로 건설된 나라라고 말할 수 있다. 민족이란 선천적 산물일까, 아니면 후천적 산물일까. 이 문제 역시 전문가 판정에 맡기고 다만 역사적으로 살펴보면, 동일민족이 오래 격리되면 다른 민족이 되거나 다른 민족으로 취급되기 쉽다. 이에 반해 다른 민족이라도 함께 오래 생활하면 같은 민족이 되거나 동일민족으로 간주되기에 이른다. 그 예는 멀리 가지 않아도 우리 야마토민족에서 쉽게 찾을 수 있다. 야마토민족의 본가가 어디인지는 우리 고고사(考古史) 학계가 풀어야 할 과제이다. 그곳이 어디이든 야마토민족이 단순한 혈액집단이 아니라는 것은 조금도 의심할 여지가 없다. 세계 어디엔가 우리처럼 민족정신이 짙은 곳도 있을 것이다. 민족단결이 튼튼한 곳도 있을 것이다. 그러므로 민족의 같고 다름은 앞으로 절대적 문제가 아니라는 사실을 알아야 한다.

　조선민족도 피가 가장 많이 섞인 혼합 민족이다. 그리고 조선민족이 야마토민족의 하나로 포용돼 동화할 수 있는 것은 오히려 당연한 일이다. 지금의 조선민족 자체가 원래 우리 야마토민족과 형제가 아니면 종형(從兄)정도의 혈족관계를 갖고 있었다.

　도쿠토미는 일본 민족이 세계로 나가기 위해서는 우선 자신을 똑바로 알아야 한다며 다음과 같이 〈자신을 알라〉고 설파하고 있다.

　자기를 아는 일은 모든 학문의 '제일의(第一義)'이다. 그렇지만 자기란 내 일신 개인만을 뜻하는 것은 아니다. 혼자만 생활하는 것이 아니라, 가정도 있고 나라도 있고 세계도 있다. 따라서 우리는 가정도 알고, 나라도 알고, 세계도 알아야 한다. 만약 가정이 무엇인지 모르는 자가 있다면 그는 완전한 부랑자다. 나라를 모르는 자는 완전한 비국민이며, 세계를 모르는 자는 세계 일원이 될 자격이 없다. 오늘날 세계는 교통과 통신기관 발달로 더욱 가깝고 밀접하고 좁고 작게 되어가고 있다. 하지만 세계를 통일해 한 나라처럼 만들기는 아직 먼 이상이고 실행 가능성도 없어 보인다. 말하자면 세계통일은 인류가 존재한 이래 이상이지만 요원함은 지금도 옛날과 같다. 마치 금성이나 화성과 지구와의 거리가 옛날이나 지금이나 동일한 것과 같다.

오늘날 인류 단결의 극치는 국가이다. 나라는 크게는 세계와 접하고 작게는 가정과 연결된다. 그러므로 나라는 인간생활에 실로 중요한 기관이다. 우리는 가정의 안녕을 지키는 일도 국력에 의존하고 있다. 한 가정이 그렇다면 개인은 말할 나위도 없다. 국가를 통해 세계 공헌도 가능하다. 물론 국력을 빌리지 않고 그렇게 할 수 있는 경우도 있다.

나라를 불필요한 기관이라 하고, 심지어는 세계평화를 방해하는 장애물이라고 여기는 사람도 있다. 그러나 그것은 큰 잘못이다. 만약 나라가 없고 가정과 세계만 있다면 가정의 안녕은 어떻게 지키고, 세계평화를 유지할 수 있을까. 나라가 세계평화를 교란한다고 말하지만 나라 없는 세계는 완전히 약육강식의 수라장이 된다. 지금까지 세계가 소강(小康)을 유지하고 있는 것은 열강이 존재하기 때문이다. 다시 말하면 나라가 있어서 세계 전란(戰亂)이 많아진 것이 아니라 오히려 감소한 것이다. 오늘날 나라를 빼고 가정으로부터 직접 세계를 연결하는 일은 실제로 불가능하다. 억지로 이를 행하려 한다면 세계에 무수한 소국을 만드는 결과를 낳는다. 이는 중국 춘추전국이나 유럽 중고사(中古史)에서 이미 경험하지 않았는가. 그래서 오늘의 인류 진보 정도로 보아 나라는 인류 집단의 극치라고 말할 수밖에 없다.

이상에서 볼 수 있듯이 그의 글은 하나하나가 모두 국민정신을 가다듬기 위한 계몽서나 다름없다. 모든 글의 결론은 결국 황실로 모아진다. 그는 오직 황실만이 야마토민족의 번영을 약속하는 발전 모델로 받아들였다. 도쿠토미는 〈애국심과 황실중심주의〉란 제목으로 다음과 같이 《국민소훈》의 결론을 내리고 있다.

애국심이란 자국을 사랑하는 마음을 뜻함이다. 자기를 사랑하는 마음을 자애심이라 하고 가정을 사랑하는 마음을 애가심이라 하는 것과 같다. 오늘날 이른바 신세대를 자처하는 젊은이들 가운데 애국심을 싫어하는 자가 적지 않다. 그리고 애국심이 세계 인류에 적이 된다고 말하는 자도 있다. 이렇게 생각하는 자는, 실은 애국심이 무엇인지 모르는 망상자이고, 그렇게 말하는 자는 망언자이다. 애국심은 결코 세계 인류의 적은 아니다. 자신을 사랑하므로 가정을 사랑하고, 가정을 사랑하므로 나라를 사랑하고, 나라를 사랑하기 때문에 세계를 사랑한다. 이게 바로 자연의 순서이고, 당연한 절차이다. 즉 계단을 밟고 상층으로 오르는 것과 같다.

일본에는 유신 전후 수많은 전쟁이 있었다. 관군(官軍) 또는 적군(敵軍)으로 서로 나뉘었다. 그런데도 어느 누구도 황실에 반대한 자는 없었다. 근왕(勤王 ; 임금을 위해 충성을 다함)의 방법과 수단에 견해를 달리했을 뿐 근왕 자체에 대해서는 아무 이의가 없었다. 이는 우리 국사의 커다란 자랑이다. 황실은 한번도 강제로 신민에게 충절을 요구하지 않았다. 그래도 신민은 스스로 황실에 충성해야만 하는 것이라고 각오했다. 마치 태양이 행성을 거느리고 있듯이 황실은 모든 신민을 끌어들였다. 황실중심주의는 이론이 아니고 사실이다. 공상이 아니라 현실이다.

일본제국은 결코 국민에게 이익을 나누어 주는 주식회사도 아니고, 국민은 그 회사의 사원도 아니다. 우리 일본제국은 실로 세계 유일의 국체를 갖고 있는 유일무이한 나라이다. 그리고 국체의 중심은 만세일계의 황실이다. 그러므로 우리 국민의 애국심은 바로 이 황실에 모아져야 한다. 우리

애국심은 하룻밤에 만든 것이 아니다. 조상 이래 수천 년의 빛나는 역사를 갖고 있다. 이 애국심은 시대 변천에 따라 형식을 바꾸고 작용을 바꿀 수는 있지만, 근본원리는 예나 지금이나 결코 움직일 수 없는 만고불변이다.

이처럼 황실을 강조한 《국민소훈》은 출간 8년 만에 70만 부 남짓 팔렸다고 한다(《德富蘇峰》, 早川喜代次 著). 도쿠토미는 1933년 여름 〈황실과 신민과의 관계〉 부분을 수정 가필해 증보판을 냈다. 당시 사이토 마코토(齋藤實, 1858~1936) 수상을 비롯한 각료들은 이를 구입해 주변 친지들에게 나누어주며 읽어 보도록 적극 권유했다. 2천 부 이상을 구입한 사람만도 2명이나 됐고, 1천 부 이상 5명, 5백 부 이상도 12명에 이르렀다고 하야가와는 그의 저서에서 밝히고 있다. 우가키 가즈시게(宇垣一成, 1868~1956) 당시 조선총독도 이를 대량 구입해 조선 지식인들에게 나누어 주었다고 한다.

도쿠토미의 이런 사고방식은 1930년대 이후 미국과 영국을 배격하고 일본을 중심으로 아시아 여러 민족이 함께 번영해야 한다는 이른바 '대동아공영권(大東亞共榮圈)' 논리로 이어져 결국 제2차 세계대전에서 일본인들에게 원자폭탄 참화를 겪게 한 '망국(亡國)의 화근'이 되기도 했다. 그런데도 21세기 들어 일본 보수 세력은 패전과 함께 용도 폐기됐던 이런 사상을 다시 들고 나와 일제시대 피해 당사자인 한국과 중국을 비롯한 아시아 각국 국민들의 감정을 거스르며, 군국·패권주의 부활을 책동해 분노를 사고 있으니 참으로 한심스러운 일이다.

《근세일본국민사》

도쿠토미가 34년 동안에 걸쳐 완성한 《근세일본국민사》는 그가 남긴 저작들 가운데 가장 중요한 것으로 꼽힌다. 이는 당시 천황제에 대한 그의 신념과 제국주의 사상을 가장 요령 있게 정리한 '국민통합 실물 교육서'로 평가되기도 했다. 총 1백 권으로 편집된 이 책은 우선 분량 면에서 보는 이의 눈을 질리게 한다. 페이지 수도 각 권마다 6백~8백 페이지로, 모두 7만 남짓 페이지에 이른다. 2백자 원고지로 환산하면 20여만 장이나 돼 아무리 글을 잘 읽는 일본인 독서가라도 이를 통독(通讀)하는 데는 1년 이상이 걸린다고 한다. 이 책은 1923년 6월 제국학사원(帝國學士院) 은사상(恩賜賞)을 받기도 했다.

평소 역사 쓰기를 만년(晩年)의 일거리로 생각해온 도쿠토미는 역사를 그의 첫 연인이라 여길 정도로 젊어서부터 동서고금의 많은 역사책을 가까이 두고 두루 읽었다고 한다. 그는 실제로 "어머니 태중에 있을 때부터 역사를 좋아했다고 말할 수 있을 만큼 흥미가 대단했다"고 자서전에 쓰고 있다. 메이지유신을 일본 제국주의 완성으로 인식한 그는 나이를 먹어가며 메이지 시대의 중심인 메이지 텐노와 그를 보좌한 인물들의 전기(傳記)를 써 볼 생각을 갖게 됐다. '메이지'라는 시대와 국가를 만들어낸 인물들을 그려 널리 알리면 국민들을 제국주의 대의(大義) 아래 통합할 수 있고, 후손들에게도 교훈을 줄 수 있다는 묘안이 떠올랐기 때문이다. 그래서 늘 여러 가지 자료를 모으고 역사적 사건 당사자를 회견하며 기록해 두는 등 이를 위한 준비를 게을리 하지 않았다.《경성일보》감독 시절 눈에 띄는 대로 고서를 사서 모으고, 중국을 여행하며 역사서를 수집한 일도 바로 그런 까닭이었다.

그런 도쿠토미에게 1912년 7월 29일 '메이지 텐노가 위독하다'는 비보(悲報)가 날아들었다. 메이지 텐노를 '일본의 요순'이자 신앙으로 떠받들던 그로서는 크나큰 충격이었다. 그는 아내와 함께 그날 밤 자정 쯤 황실 정문 앞에 있는 니주바시(二重橋)로 가 모자와 지팡이를 땅에 놓고 신발을 벗은 뒤 자갈 길 위에 앉아 머리 숙여 정중하게 황거(皇居)를 향해 절하며 텐노가 어서 쾌차하기를 빌었다. 그리고 마음속으로 "이런 성천자(聖天子)가 계셨기 때문에 메이지 일본의 흥륭(興隆)은 있을 수 있었다. 다시없는 이 성군을 눈으로 보고 몸으로 체험한 나야말로 천년만년 후손에게 홍업(鴻業)을 분명하게 써서 전할 책임이 있다. 그래 역사다"며 메이지시대사(明治時代史) 쓰기를 굳게 다짐했다. 그리고 두 뺨에 흐르는 눈물을 닦으며 한참 동안 자리를 뜨지 못했다. 그러나 그가 몸을 일으켜 막 집으로 가려는 순간 호수 저쪽 돌담 위의 큰 나무 아래에서 황실 문장(紋章)이 그려진 제등(提燈) 세 개가 흔들리는 것이 보였다. 절대 권력자 메이지 텐노의 죽음을 알리는 순간이었다. 그때 시간은 7월 30일 0시 43분.

도쿠토미는 그 길로 회사로 달려가 〈봉도(奉悼)의 사(辭)〉라는 글을 쓰고 특집 제작을 독려했다. 신문제작에 사진의 중요함을 강조해온 그는 사진부를 총 동원, 신문 한 면의 절반에 메이지 텐노의 활동사진을 펼치도록 했다. 사진은 청일전쟁과 러일전쟁 때 대본영을 지휘하던 모습에서 군사기동훈련에 이르기까지 실로 가지가지였다.《고쿠민신문》의 사진 특집은 한 달 이상 계속됐다. 신문에 실린 사진들은 곧 이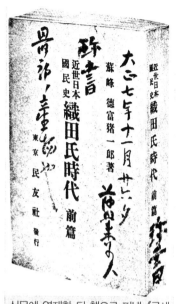
어 《메이지 텐노 앙경화록(仰景畵錄)》
이라는 책으로 발간돼 세간의 눈길을
끌었다. 또 8월 15일에는 《선제어성덕
일반(先帝御聖德一班)》이라는 화보집을
만들어 전국 초등학교에 나누어 주기
도 했다.

그사이 9월 13일 장례식이 열렸다.
메이지가 죽은 지 두 달 반 만이었다.
발인은 밤 8시였다. 도쿠토미는 다른
귀족원 의원들과 함께 상복을 입고 1분
마다 발사되는 예포소리를 들으며 장
례행렬을 따랐다. 그는 14일 새벽 2시
영구차가 장지로 떠나는 것을 보고 3시

신문에 연재한 뒤 책으로 펴낸 《근세
일본국민사》 오다씨시대 전편.

쯤 집으로 돌아왔다. 그러나 막 옷을 벗을 무렵 비서가 노기 마
레스케(乃木希典, 1849~1912) 대장 부부의 자살소식을 알렸다.
생전 메이지 텐노를 주인 중의 주인으로 생각해 왔던 노기는 장
례식 날 식에도 참석하지 않고 집에서 아내와 함께 할복자살했
다. 러일전쟁 때 큰 공을 세운 그는 "텐노가 죽음으로써 노기의
임무도 끝났다"는 내용의 유서를 남겼다. 당시 도쿠토미는 놀라
는 기색도 없이 "나도 노기 대장의 마음을 잘 이해할 수 있다.
인생은 누구나 죽음을 맞는다. 노기야말로 죽을 때를 잘 택한
것 같다"며 그의 죽음을 예찬했다.

메이지의 장례를 지켜본 도쿠토미는 메이지시대사를 당장이
라도 쓰고 싶었으나 뜻대로 실행하지 못했다. 일본 정계가 또다
시 정변의 소용돌이에 휩싸인 데다 서울을 오가며 《경성일보》

를 감독하는 일도 그에게는 부담이었다. 그런 사이 또 한해가 지나가고 앞서 설명대로 그가 믿었던 가쓰라마저 세상을 떠났다. 도쿠토미는 이대로 시간을 보낼 수는 없다며 가쓰라 사후, 정계에서 손을 씻고 곧 《근세일본국민사》 쓰기를 위한 구체적인 계획을 마련했다. 그는 늦어도 1914년 하반기에는 제1권을 선보일 작정이었다. 하지만 계획은 그해 5월 그의 아버지가 갑자기 세상을 떠남에 따라 다시 뒤로 미뤄졌다. 이어 제1차 세계대전이 일어났다. 그는 부친의 죽음과 전쟁으로 도저히 역사 저술을 시작할 마음이 나지 않았다. 그래서 그는 전쟁과 관련된 중대 사건을 논평하는 쪽으로 붓을 돌렸다. 앞서 이미 소개한 《세계의 변국》·《양경거류지》·《소호문선》·《다이쇼 청년과 제국의 전도》 등이 그때 낸 책들이다.

도쿠토미의 《근세일본국민사》 쓰기는 메이지 사후 6년 뒤인 1918년 6월에야 겨우 시작됐다. 그때 나이 쉰다섯으로 당시 정권을 잡고 있던 데라우치와 의견이 맞지 않아 8년 동안 근속해 온 《경성일보(매일신보)》 고문을 그만둘 무렵이었다. 그는 신문 연재에 앞서 〈수사술회(修史述懷)〉라는 제목의 글을 통해 "메이지 텐노의 성덕(聖德) 대업(大業)과 텐노를 보필한 유신 원훈(元勳), 메이지 양신(良臣), 기타 국민의 지도자·솔선자 등 많은 인물들과 그들의 활동, 국가발달상 등을 백세의 귀감으로 전하고 싶다. 즉 이 시대 일본민족의 전기(傳記)를 기록하는 것이 목적이다. 나는 다행히도 가쓰가이슈(勝海舟), 모토다 나가자네(元田長孚, 1818~1891) 기타 이토, 야마가타, 마쓰가타, 오쿠마 등 여러 원훈들과도 친분을 갖고 여러 해에 걸쳐 생생한 사료를 구해 두었다. 그리고 메이지 텐노 개인사를 알려면 '고메이 텐노사(孝明天皇史)'를 무시할 수 없다. 고메이 텐노는 분명히 도쿠가와시대의 한 부분을 차지하고 있다. 도쿠가와시대도 창업자는 도쿠가와 이에야스(德川家康)16)였지만 오다 노부나가(織田信永)17)와 도요토미 히데요시(豊臣秀吉)18)의 터 위에 쌓아 올린 것이므로 결국 메이지 중흥의 황모(皇謨 ; 텐노가 국가를 통치하기 위한 계획)는 오다시대로 거슬러 올라가게 된다. 때문에 '메이지 텐노사'를 쓰기에 앞서 먼저 오다시대부터 시작하겠다"며 이를 쓰게 된 동기와 이유를 밝히고 있다. 그리고 날마다 처음을 어떻게 시작할 것인지에 대해 고심했으나 결국 "지금부터 근세일본의 국민사를 쓰기 시작한다"고 평범하게 말머리를 꺼냈다.《고쿠민신문》에는 7월 1일부터 '오다 노부나가'에 대한 이야기가 본격적으로 연재되기 시작했다. 도쿠토미는《근세일본국민사》를 쓰게 된 사정을 다음과 같이 자서전에 기록하고 있다.

1913년 10월 가쓰라 공이 세상을 떠난 이래 정치상 교분을 나눈 사람은 거의 없게 됐다. 나 스스로 정계에서 해방되기를 요구한 것이 아니라 저절로 그런 분위기가 찾아왔다. 드

---

16) **도쿠가와 이에야스** : 1542~1616. 에도(江戶)막부의 초대 장군. 오다 노부나가가 죽은 뒤 한때 도요토미 히데요시와 대립했으나 곧 화해하고 히데요시의 전국 통일에 적극 협력. 히데요시 사후 대항세력을 모두 물리치고 스스로 정이대장군(征夷大將軍)이 돼 에도막부를 열었다.

17) **오다 노부나가** : 1534~1582. 전국(戰國)・아즈치모모야마(安土桃山)시대 무장. 도쿠가와 이에야스 등과 동맹, 전국통일운동에 나섰으나 통일을 눈앞에 두고 부하 아케치 미쓰히데(明智光秀)의 급습으로 자살. 그리스도교를 보호하고 유교사상을 지배이념으로 삼았다.

18) **도요토미 히데요시** : 1536(1537설도 있음)~1598. 오다 노부나가 집안 가신(家臣)으로 원래 노부나가의 짚신을 들고 따라다니는 하인이었으나 자라서 중용됨. 오다를 자살에 이르게 한 아케치 미쓰히데를 토벌하고 동북과 규슈 지방을 모두 정벌, 통일을 이룸. 임진왜란을 일으켰다.

디어 이제부터는 글로 나라에 공헌하는 문장보국(文章報國)의 새로운 생활이 시작된다는 생각이 들었다. 사실을 말하면 지난 10년 동안은 나의 몸 혹은 두뇌가 바쁜 것 치고는 저작은 오히려 보잘 것 없었다. 즉 '흑막'이라고도 말하는 정치 실전에 관여하느라 저작을 돌아볼 여유가 없었다. 그런데 하늘은 마침내 나에게 자유스런 시간을 주었다. 나는 그때부터 이에 보답하지 않으면 안 된다고 생각하고 열심히 글을 쓰기 시작했다. 이후 나는 감히 세상을 놀라게 할 정도는 아니지만 꽤 많은 저작물을 만들어냈다.

당시 내각이나 정당은 나에게 협력을 구하기는 했지만 나는 어디까지나 중립을 지켜 독립정신을 발휘했다. 그러나 오래 전부터 친구로 지내온 오쿠마(大隈)·고토(後藤)·히라다(平田)·오우라(大浦)·노다(野田) 등과는 변함없는 우의를 지속하고 있었다. 나는 만년을 역사 쓰기에 전력을 다할 생각이었다. 역사는 어머니 태중에 있을 때부터 좋아한 것이라고 말할 수 있을 정도였다. 그래서 어떠한 경우에도 주요 사건 당사자로부터 이야기 듣기를 게을리 하지 않고 자료도 빠짐없이 모았다. 다만 역사쓰기는 만년의 일거리로 생각하고 미루었을 뿐이다. 그러나 시대가 다이쇼로 바뀌고, 가쓰라 공도 이 세상에 없어 정치에서 완전히 손을 떼고 나니 머리에 떠오르는 것은 역사쓰기 문제뿐이었다. 아니 평생 젊다고만 생각하고 있던 나도 풍진세상을 바쁘게 뛰어 벌써 쉰이 되었다고 생각하니 스스로도 놀랄 수밖에 없었다. 생각이 여기에 이르러 마침내 1913년 말부터 다음해 초에 계획을 짜게 됐다.

그러므로 계획대로라면 《근세일본국민사》 제1권은 늦어도 1914년 하반기에는 나와야만 했다. 그러나 뜻밖에도 아버지가 갑자기 세상을 떠났다. 아버지는 꼭 오래 살아 그것을 읽고 싶다고 말했는데 1914년 5월 승천했다. 나는 아버지를 잃은 뒤 처음으로 아버지가 나의 생활 가운데 얼마나 많은 부분을 차지하고 있었는지를 알게 됐다. 한마디로 말하면 나는 아버지 사후 한동안 '산송장'이나 다름없었다. 아무것도 하고 싶은 의욕이 없고, 용기도 없고, 단지 기계적으로 그날 그날을 보내고 있었다. 아버지는 93세를 맞았지만 단지 귀가 멀었을 뿐 눈도 또렷하고 기억력도 확실하고 다리 힘도 좋아 적어도 백세까지는 틀림없다고 생각하고 있었다. 나는 그해 5월 20일 또 경성에 가게 돼 아버지로부터 송별시(送別詩)도 받고 차표도 사두었다. 그런데 갑자기 아버지가 방광 결석에 걸려 도쿄로 옮겼으나 상태가 좋지 않고 노인이어서 수술하기도 어려워 25일 병원에 입원하게 됐다. 나는 장기전이라고 생각하고 역사 자료 등을 챙겨 병원에서 당분간 간병할 계획으로 아버지와 함께 잠시 외출했다가 돌아왔는데 다음날 불귀의 객이 됐다. 쉰 살 아들이 아흔세 살 아버지를 잃은 것을 낙담한 것은 상식적으로 좀 이상하지만 나의 심경은 도저히 이해가 되지 않았다. 그래서 아버지가 죽은 뒤는 가족들과 날마다 아버지 묘소에 성묘하는 일 외에 다른 일 없이 그날 그날 지냈다. 역사쓰기는 도저히 엄두가 나지 않았다. 그런 가운데 그해 여름부터 제1차 세계대전이 시작됐다. 그래서 나도 모든 힘을 거기에 모았다. 그 결과 나온 것이 《세계의 변국》 등 여러 책이다. 그리고 그 사이 가쓰라 공의 전기를 쓰게 돼 어두운 마음을 떨칠 수 있었다. 1915년부터 시작한 가쓰라 공의 전기는 2년 만에 완성, 출판했다. 아버지 영면으로부터 《근세일본국민사》 붓을 들기까지 만 4년을 어떻게 보냈는지 책 제목만 생각날 뿐 거의 기억이 없다. 다만 1916 년 3월에 출간한 《다이쇼 청년과 제국의 전도》는 기억이 생생하다. 이는 나의 모든 저작들 가운데 가장 많이 팔린 책의 하나였기 때문이다. 지금 그 판매 부수를 정확히 말할 수는 없지만 한 판마다 천 부 이상으로 1백26판을 찍었으므로 아무리 적게 잡아도 15만 부 이상은 팔렸다고 생각한다. 이것은 《근세일본국민사》 쓰기 연습용으로 나중 그 책의 결론으로 쓸 내용이었다.

이런 진통 끝에 마침내 1918년 7월 1일부터 《고쿠민신문》에 《근세일본국민사》를 연재하기 시작해 1929년 1월 6일에 이르렀다. 그리고 지금 다시 이를 《도쿄니치니치신문》과 《오사카 마이니치》에 계속하고 있다. 돌이켜 생각해 보면, 예정대로 1914년부터 붓을 들었더라면 진도도 훨씬 더 나아갔을 것이다. 4년을 허송한 데는 변명의 여지가 없지만 나의 아버지 영면이 나에게 얼마나 큰 영향을 끼쳤는지 짐작할 수 있을 것이다.

도쿠토미의 처음 생각은 메이지시대 44년을 《근세일본국민사》에 담을 계획이었다. 그러나 〈수사술회〉에서 밝힌 대로 메이지시대를 묘사하려면 막부 말기의 고메이 텐노 시대가 전제돼야 하고, 막부 붕괴를 규명하는 데는 에도시대사(江戶時代史) 서술이 필요하게 됐다. 그는 오다 노부나가·도요토미 히데요시·도쿠가와 이에야스를 근세 일본의 위대한 창시자로 생각했다. 즉, 도쿠가와(德川) 정권은 이에야스(家康)·히데타다(秀忠)·이에미쓰(家光)의 합동이라기보다 오히려 노부나가·히데요시·이에야스의 합작으로 보는 쪽이 적합하다는 판단이었다.

이렇게 하여 도쿠토미의 구상은 당초 44년 동안에서 3백70년 동안으로 크게 확대됐다. 그러나 이는 겉으로 하는 말일 뿐 그 이면에는 일본 국민의 팽창성을 확대해 국민의 사기를 진작시키고, 황실 아래 국민을 통합하기 위한 음모가 깔려 있었다. 황실중심주의는 도쿠토미가 오다시대부터 메이지시대에 이르기까지 시종일관 반복한 주제였다. 도쿠토미는 이를 통해 일본의 제국주의 발생사(發生史)와 통일된 근대국가의 팽창성을 국민들에게 교육시키고 있다. 또 일본은 대해(大海)를 넘어 강국이 되지 않으면 안 된다고 강조하고 있다.

일본 역사학자들은 오다 노부나가만큼 평가가 극명하게 엇갈린 역사적 인물도 드물다고 지적하고 있다. 그를 욕심이 많고 오만하며 자만이 많은 인물로 보는 역사가가 있었는가 하면, 용감하고 관대하며 두려움을 모르는 고결한 인물로 평가하는 사람도 있었다. 그러나 도쿠토미의 잣대는 달랐다. 그는 "노부나가의 근왕은 일종의 방편이었다는 설도 있을 수 있다. 또 전국통일도 그의 만족할 줄 모르는 정복욕의 발작에 지나지 않는다는 평가도 있다. 하지만 뭐라고 해도 그에게는 유신중흥의 최선봉이라 할 수 있는 자격이 있다"고 주장했다.

또 "노부나가는 일본 근세시대의 대표자이자 솔선자였고, 중앙집권정치의 실행자였다. 그리고 그 업(業)은 3백 년 남짓 뒤 이와쿠라(岩倉)·오쿠보(大久保) 등에 의해 완성됐다. 가마쿠라(鎌倉)시대(1185~1333)처럼 비교적 정치력이 구석구석까지 미칠 때조차 토호와 지주들의 전횡을 바로잡는 일은 불가능했으나, 정권은 하나가 되어야 한다는 사실을 간파한 노부나가는 이런 폐단을 단호히 물리쳤다. 우리들이 노부나가를 높이 평가해야 하는 것은 그가 일본 전국을 시정 단위로 통합했다는 점이다. 그는 무로마치(室町)시대(1392~1573)처럼 일본 전국을 공가(公家)와 무가(武家)로 이분하기를 바라지 않았다. 그는 일본은 공가국도, 무사국도, 토호(土豪)국도 아닌 단지 일본국으로 해야 한다고 했다. 그리고 오직 텐노만이 그 위에 군림할 수 있다는 사실을 깨달았다. 누구도 황실을 중히 여기지 않은 사람은 없다. 노부나가 한 사람에게 근왕의 이름을 마음대로 쓰게 할 이유는 조금도 없다. 그렇지만 정치적으로 황실중심주의를 실행한 사람은 실로 그였다"고 설명하고 있다.

도쿠토미가 《근세일본국민사》를 처음 시작할 때 원고 작성 속도는 약간 더디었다. 그러나 오다 노부나가에 대한 생각이 여기에 이르면서 곧 순조롭게 진행됐다. 오다시대 3권은 그해 12월 27일까지 모두 마쳤다. 그가 6월 3일부터 원고를 쓰기 시작했으므로 각 권마다 2개월 정도 걸린 셈이었다. 그리고 이듬해 정월 들어 도요토미시대에 들어갔다. 그러나 그에게 또다시 불행이 닥쳤다. 그해 2월 16일 갑자기 맹장염에 걸려 대수술을 받은 데다 이틀 뒤 그의 어머니가 세상을 떴다. 이 때문에 예정에 다소 차질은 있었으나, 쓰기를 계속해 결국 도요토미시대 일곱 권은 총 7백10회로 2년 11개월 걸려 마무리 했다. 그 가운데 임진왜란과 정유재란에 관한 이야기 세 권은 가장 어려운 부분이었다고 한다. 하지만 미리 자료를 모으고 사적(史蹟)을 탐사해 둔 데다 여러 곳으로부터 사료 제공도 많아 쓰기는 쉬웠다고 술회하고 있다.

이 오다시대 세 권과 도요토미시대 일곱 권은 1923년 6월, 그해의 최우수 저술로 선정돼 제국학사원으로부터 은사상을 받았다. 시상식은 1천 남짓 축하객이 모인 가운데 6월 12일 제국호텔에서 열렸다. 그는 시상식에서 "내가 쓰고 있는 《근세일본국민사》는 결국 일본민족이라는 대 민족의 역사이다. 노부나가든 히데요시든 이에야스든 우리 민족의 일편(一片)으로 기술했다. 그리고 메이지 텐노도 우리 야마토민족의 최고위 군주로, 즉 민족의 일부로 그릴 계획이다. 국민사가 국민사다워야 하기 때문이다. …… 내가 쓰는 국민사는 곧 일본민족의 전기이다"고 설명했다.

도쿠토미는 당초 오다·도요토미를 비롯한 도쿠가와시대와 고메이시대를 각각 서른 권에, 그리고 메이지시대는 나머지에 실을 생각이었다. 실제로는 제1기를 서른세 권에, 제2기를 스물여덟 권에, 제3기를 서른아홉 권에 담았다. 서론 부분이 많아지는 바람에 메이지시대는 1878년의 오쿠보 도시미치 암살로 막을 내렸다. 도쿠토미는 메이지시대는 이 시대를 같이 산 '메이지인'들에게는 영원히 잊을 수 없는 시대였다고 자부한다. 그럼에도 처음 계획과는 달리 메이지시대 부분을 많이 줄인 까닭은 고령으로 필력이 떨어진 데도 있었지만, 무엇보다 사건 당사자들이 아직 많이 생존해 있어 자칫 잘못 썼다가는 후유증이 생길 수도 있다는 점이 고려됐던 것으로 보인다.

결과적으로 《근세일본국민사》는 메이지 텐노의 '등신상(等身像)'이 아니라 긴 서문이 붙은 메이지유신론이 되고 말았다. 그는 사이고 다카모리·오쿠보 도시미치·기도 다카요시 등에 의한 메이지 국가형성과 '대외 웅비' 구상이 그 뒤 30년 동안 실현됐기 때문에 메이지 초기의 서술로도 집필 목적은 70~80퍼센트 달성했다고 만년에 쓰고 있다. 그는 그에게 남은 시간을 감안해 메이지 11년까지 쓴 것으로 자족했다. 그럼에도 《근세일본국민사》가 1백 권의 대저(大著)가 된 것은 방대한 자료인용 탓이다. 도쿠토미는 자신의 말보다 자료 그 자체를 말하는 수법으로 이야기를 전개하려 했다. 그는 《대일본 팽창론》이나 《다이쇼 청년과 제국의 전도》에서 '강간'이라고 표현한 미국 페리함의 일본 내항(來航)에 의한 개국(開國)도 《근세일본국민사》에서는 막부와 페리 측의 자료를 인용, 두 쪽의 의도를 그려내려했다.

　이런 노력을 들여 그가 최종 1백 권을 마친 것은 1952년 4월로, 나이 90세였다. 97~100권까지 마지막 세 권은 비서의 손을 빌려 구술로 완성했다. 실로 34년의 세월이 소요됐다. 그가 제2차 세계대전의 A급 전범으로 지목돼 글을 쓸 수 없었던 1945년에서 1951년까지를 빼더라도 통산 28년이 된다. 그동안 병으로 어쩔 수 없이 중단한 것 이외는 그야말로 쉴 새 없이 썼다. 여행 중은 물론이고, 1923년 9월 1일 관동 대지진이 일어나 사무실이 모두 부서졌을 때도 정원에 책상을 내다놓고 쓰고, 1924년 둘째 아들 만구마(萬熊)와 1931년 맏아들 타다오(太多雄)가 죽었을 때도 일을 쉬지 않았다. 도쿠토미의 후반생은 대부분 역사쓰기에 집중했다. 그렇다고 역사쓰기에 몰두해 언론인으로서의 활동을 부수적으로 생각지는 않았다. 《도쿠토미 소호 – 일본 내셔널리즘의 궤적》을 쓴 요네하라는 "도쿠토미는 '역사는 어제의 신문이고, 신문은 내일의 역사이다'라고 《근세일본국민사》 제1백 권에 밝혔듯이 언제나 언론인답게 현재를 역사의 미래로 전망하고 과거를 현재의 문제로 고쳐 읽는 일관된 태도로 언론 활동을 계속했다"고 평했다.

　이처럼 황실중심주의로 일관한 《근세일본국민사》는 시대에 따라 평가가 판이하게 다르다. 패전 뒤 A급 전범으로 연합군의 출두명령을 받고 자살한 고노에 후미마로(近衛文麿, 1891~1945)는 수상으로 정권을 이끌던 1936년 11월 5일 제국호텔에서 도쿠토미의 '문장보국 50주년 축하회'를 열고 그를 격려하며 나라를 위해 더욱 좋은 글을 써달라고 당부했다. 이 자리에는 문부대신을 비롯, 각계 인사 1천여 명이 참석하여 조선무용가 최승희(崔承喜)의 특별공연도 구경했다. 쇼와(昭和)시대 대표적인 역사학자 쓰지 젠노스케(辻善之助, 1877~1955)는 그때 축사를 통해 다음과 같이 《근세일본국민사》를 극찬했다.

  예로부터 사가(史家)의 삼장(三長)이라는 말이 있다. 학(學), 식(識), 재(才)가 곧 그것이다. 학이란 물론 학문으로 그것이 부족하면 역사가가 될 수 없다는 것은 말할 필요도 없다. 식은 식견을 의미한다. 다만 역사사실을 아는 것만으로는 사가라고 말할 수 없다. 역사에 대한 식견이 없으면 안 된다. 재란 재주로 특히 문장력을 말함이다. 역사는 단지 쓰는 것만으로는 불충분하다. 사실에 식견을 얹어 사람 마음을 움직일 수 있는 필력(筆力)이 필요하다. 그런 점에서 도쿠토미 선생은 사가의 삼장을 갖춘 분이라고 말해도 좋다.
  도쿠토미 선생의 《근세일본국민사》는 이미 완성된 분만도 62권으로 3만 페이지가 넘는다. 이에 견주어 옛날 막부 명령으로 씌어진 하야시 라산(林羅山) 부자의 《본조통감(本朝通鑑)》과 《속(續)본조통감》은 지금의 활자본으로 하면 약 5천7백 페이지에 지나지 않는다. 이 책은 사실을 직접 쓰고 또 사가가 확인한 것과 그렇지 않은 전설류의 서식을 고쳐 썼는데 사실(史實) 고찰에 장점이 있다. 또 미도(水戶光圀)가 여러 학자들을 모아 만든 《대일본사》가 있는데 이를 지금의 활자로 고치면 약 2천5백 페이지 정도로 추산된다. 이는 잘 알려져 있는 것처럼 사실이 정확한 점과 문장이 세련된 점으로 유명하다. 다음으로 이이다(飯田忠彦)의 《야사(野史)》는 지금의 활자로 고치면 약 3천4백 페이지 분량이다. 여러 가지 사실을 세밀하게 수록, 조금 잡다한 점이 약점이지만 식견이 잘 드러나 있고 문장도 뛰어나다. 방금 예를 든 일본역사에 관한 책은 어느 하나도 도쿠토미 선생의 《근세일본국민사》와는 우선 양적으로 비교가 되지 않는다. 활자 크기나 조판이 지금과 달라 그대로 비교할 수는 없지만 그래도 양이 많은 점은 《근세일본국민사》가 역사상 처음이다. 학문적 면에서도 사실 고찰이 뛰어나 《근세일본국민사》는 《본조통감》이나 《대일본사》에 조금도 뒤지지 않는다고 말할 수 있다. 게다가 《본조통감》과 《대일본사》는 막부(幕府)나 미도번(水戶藩)의 사업으로 수많은 전문가들이 참여해 완성한 것이 아닌가. 개인이 도쿠토미 선생처럼 대업을 이룬 것은 전혀 없다. 식견과 재능도 다른 사가들에 견주어 뛰어나다. 지금 완성된 62권은 〈고메이 텐노 붕어(崩御) 후의 형세〉로 도쿠토미 선생의 안목인 메이지시대는 이 이후의 일이다. 실로 자애(自愛)를 기도해 마지않는다.

당시 관학(官學)을 대표한 쓰지의 평가치고는 실로 놀랄 만했다. 질, 량 모두 일본 개국 이래 제1등의 역사라고 말했으니 절찬도 이만저만이 아니었다. 그러나 패전 뒤 그는 그런 평가를 완전히 뒤집고 도쿠토미의 《근세일본국민사》는 50퍼센트 정도만 진실이라고 혹평했다. 그때는 연합군이 일본에 진주해 전범 용의자들을 한창 색출하고 있을 무렵으로 전전(戰前)이나 전시 중 전쟁을 찬양한 글을 쓴 사람들이 편치 않을 때였다. 물론 도쿠토미도 A급 전범으로 지목돼 가택연금 상태였다.

도쿠토미는 일본 패전으로 세상이 바뀌어 자유주의 물결이 밀려오고 있는데도 "역사는 곧 과거의 정치이고, 정치는 곧 현재의 역사이다. 우리 황국의 앞날을 축복하여 여기에 백 권의 《근세일본국민사》 원고를 마무리한다"는 말로 붓을 놓았다. 그러나 이 책은 전전의 높은 평판과는 대조적으로 전후에는 찾는 사람이 거의 없었다.

임진왜란을 부각시킨 속내

　도요토미 히데요시가 일으킨 임진왜란·정유재란은 참으로 처참했다. 죽은 사람은 말할 나위 없고 살아남은 사람의 고통 또한 말로 이루 다 표현할 수 없었다. 오죽했으면 11만 명[1428년(세종 10) 통계] 이상이 모여 살던 한성의 인구가 난리 뒤 3만8천 명으로 줄어들었을까. 전쟁 7년 동안 조선인 18만5천7백38명, 명나라 원군(援軍) 2만9천14명 등 모두 21만4천7백52명의 목을 베었다는 일본 측 기록은 비감(悲感)을 더해준다(《한겨레21》 제529호). 어디 그 뿐인가. 5만~10만 명가량으로 추산되는 도공(陶工)과 부녀자 등이 노예로 끌려가고, 도자기·고서적·골동품 등 헤아릴 수 없는 국보 급 문화재를 약탈당하기도 했다. 생사람 코를 베어가 그 숫자로 전공(戰功)을 따졌으니 천인공노할 왜군의 잔인함을 더 이상 어떻게 설명할 수 있겠는가. 사가들이 일명 '도자기 전쟁'으로도 일컫는 이 전쟁을 일본에서는 '분로쿠(文祿)·교쵸(慶長)의 역(役)'이라 말하고, 중국은 '만력(萬曆)의 역(役)'이라 부른다.

　히데요시는 조선침략에 모두 30만5천3백 명의 병력을 동원했다[《근세일본국민사－도요토미시대》 상권 제10장 '동원령과 히데요시 출진(出陣)']. 이 가운데 선발대는 13만6천9백 명이었다. 이들은 6개 군(軍)으로 나뉘어 1592년 3월 26일 일제히 우리나라로 쳐들어왔다. 1군은 고니시(小西) 등 장군 6명이 1만8천7백 명을 이끌고, 2군은 가토(加藤) 등 3명의 장군이 2만2천8백 명을 인솔했다. 병력 1만1천 명의 3군은 구로다(黑田) 등 2명의 장군이, 1만4천 명의 4군은 시마즈(島津) 등 6명의 장군이, 2만4천7백 명의 5군은 후쿠시마(福島) 등 5명의 장군이, 4만5천7백 명으로 편성된 6군은 모리(毛利) 등 6명의 장군이 지휘했다. 또 이들을 지원하기 위해 5만8천2백 명으로 3개 '후계군(後繼軍)'을 편성, 이키(壹岐)와 쓰시마(對馬)에 대기시켰다. 대본영이 설치된 나고야에도 7만3천3백20명이 대기했다. 전쟁에 동원된 다이묘급 장군만도 1백64명이나 됐다. 수군(水軍)은 9천2백 명이었으며, 기마대 병력도 1만4천9백 명에 이르렀다. 당시 전쟁을 일삼던 히데요시 부대는 세계에서 가장 많은 조총(鳥銃)을 소지하고 있었던 것으로 알려져 있다. 이에 견주어 부산지역을 지키는 우리 병사는 고작 6백 명에 불과했다. 그나마 모두 흰옷을 입고 있어서 왜군이 조총을 겨누어 맞추기 쉬운 표적이나 다름없었다. 이순신(李舜臣) 장군의 해전 승리가 세계해전사(世界海戰史)에 길이 빛나고 있는 것도, 이런 열악한 조건에서 도저히 이길 수 없는 전쟁을 이겼기 때문이었다.

도요토미가 3월에 조선을 침범하게 한 사실도 특기할 만하다. 그는 출정(出征)만 하면 이기는 3월 1일을 가장 좋아했다고 한다. 말하자면 이날은 그에게 출진 길일(吉日)이었던 셈이다. 그는 언제나 이날을 잡아 전투에 나섰다. 그가 일본 동북지방과 규슈지방을 평정한 날도 모두 3월 1일이었다. 조선침략 출정일도 당초는 3월 1일로 정했었다. 그러나 바다 건너에 많은 병력을 동원하기란 그리 쉬운 일이 아니었다. 그래서 1차 3월 10일 무렵으로 늦췄다가 결국 3월 26일 결행하게 됐다고 도쿠토미는 쓰고 있다.

도쿠토미는 이처럼 일본 역사에서 처음으로 일본이 다른 민족을 침략한 이 전쟁을 일본제국주의 출발점으로 해석, 이야기를 펼치고 있다. 당초 《근세일본국민사》에 메이지시대를 그리려던 그가 오다 노부나가 시대까지 서술대상을 확대한 이유도, 실은 도요토미의 조선침략을 크게 부각시켜 국민정신 자극제로 활용하기 위해서였다. 도쿠토미가 《도요토미(豊臣)시대 - 조센에키(朝鮮役)》라는 제목 아래 많은 지면을 내어 이를 설명하며 사실을 왜곡, 미화하고 있는 점만 보아도 그의 의도를 쉽게 알 수 있다. 책 수는 상·중·하 등 세 권으로 돼 있다. 분량은 상권 8백83쪽, 중권 8백4쪽, 하권 8백 쪽 등 모두 2천4백87쪽이나 된다. 이는 물론 《고쿠민신문》에 먼저 연재됐다. 그는 이를 10개월 남짓 만에 모두 썼다. 그동안 신문에 실린 횟수는 3백8회에 달한다. 상권은 1920년 9월 1일부터 12월 6일까지 1백3회 연재분을 모았다. 중권은 12월 7일부터 다음 해 2월 24일까지의 1백5회 분이다. 마지막 하권은 1921년 2월 25일부터 쓰기 시작해 그해 7월 15일 1백회로 끝을 냈다. 하권의 연재 횟수가 중권보다 적지만 집필기간이 더 많이 소요된 것은 그해 4~5월 조선과 만주 등을 여행한 관계로 그만큼 늦어졌다.

《근세일본국민사 - 도요토미시대》는 세 권 모두 똑같이 21개 장으로 나누어 이야기를 싣고 있다. 상권은 〈화구(和寇)와 통상〉·〈원구(元寇)와 화구〉·〈일명(日明)의 교통〉·〈조선의 교통〉·〈조선과 쓰시마〉·〈삼포(三浦)의 난〉·〈아시카가(足利) 말기의 일선(日鮮)〉·〈노부나가(信長)와 조선 및 명나라〉·〈전쟁 이전의 조선〉·〈선조(宣祖)시대〉·〈히데요시 외정(外征)동기의 제설(諸說)〉·〈외정 동기의 진상〉·〈히데요시의 정복욕〉·〈왜 중국을 정복대상으로 했을까〉·〈조선통신사의 내조(來朝)〉·〈조선왕국의 서간(書簡)〉·〈히데요시 정명(征明)준비〉·〈출사(出師)준비〉·〈조선군의 대항전략〉·〈출정군의 군기〉·〈상주

(尙州)전쟁〉·〈기요마사(淸正)와 유키나가(行長)〉·〈선조 도피〉·
〈히데요시의 대륙경영 강요(綱要)〉·〈경성 점령 뒤 일본군 행
동〉·〈옥포해전〉·〈당포해전〉·〈한산도해전〉·〈이순신 부산
포 습격〉·〈일본 수군 실패 이유〉·〈일본군 제해권(制海權) 실
추 결과〉 등을 주요내용으로 하고 있다.

중권은 〈외교에 졸렬한 일본국〉·〈조선 명나라에 구원을 청
함〉·〈명정(明廷) 조선의 구원을 결정〉·〈심유경(沈惟敬)은 누
구인가〉·〈유키나가의 강화조건〉·〈이여송(李如松) 동정군(東
征軍)을 이끌다〉·〈일본군의 동영(冬營)〉·〈유키나가 심유경에
속다〉·〈조선국왕과 이여송의 회견〉·〈명군 평양을 공격하
다〉·〈평양격전〉·〈일본군의 패주〉·〈평양 실패 논평〉·〈벽
제관(碧蹄館) 전쟁 관찰〉·〈행주산성전쟁〉·〈히데요시의 퇴각
명령〉·〈진주성 공격〉·〈조선분할의 의(議)〉 등을 담았다.

또 하권에는 〈일본 국민의 약점〉·〈강화반대론의 실례(實
例)〉·〈유키나가 귀국의 이유〉·〈유키나가 히데요시를 속이
다〉·〈정사(正使) 이종성(李宗城)의 도망〉·〈히데요시 분노의
이유〉·〈히데요시와 대명(大明) 황제〉·〈강화 파열〉·〈인기 없
는 조선 재침〉·〈최후의 미봉책〉·〈조선 재역군(再役軍)의 부
서(部署)〉·〈조선 태도〉·〈명군(明軍)의 부서〉·〈남원 함락〉·
〈직산전(稷山戰)〉·〈석성(石星) 심유경의 최후〉·〈울산성(蔚山
城)의 수비〉·〈명군의 부서와 순천성(順天城)〉·〈일본군 철수
준비〉·〈이순신과 진린(陳璘)〉·〈일본 측이 본 노량진해전〉·
〈고니시 등 순천을 떠나다〉·〈전쟁이 조선에 미친 영향〉·〈중
국과 일본에 미친 영향〉 등이 실려 있다.

이 책은 도쿠토미가 책 머리글에서도 밝혔듯이 군사 면보다
외교 면에 중점을 두고 기술한 점이 특징이다. 그는 임진왜란을

실전(實戰)보다 외교적 면에서 더욱 중요한 사건이라고 해석하고 있다. 그렇다고 전략 면을 전혀 무시한 것은 물론 아니다. 책을 펼치면 전쟁 동기, 준비, 작전 계획, 인물, 병력 규모 등을 곧바로 알 수 있다. 대규모 전투는 말할 것도 없고 모든 작은 전투에 이르기까지 조선군과 왜군의 전투인원, 배치, 지휘자에서부터 장교 급에 이르는 무사(武士)의 이름, 전황 등을 상세히 기록하고 있다. 이에 더하여 히데요시가 일선으로 내려 보낸 명령서와 그에 대한 보고서 등이 원문 그대로 실려 있다.

도쿠토미는 참고자료도 일본 측 기록만이 아니라 조선 측 자료도 빠짐없이 인용했다고 머리글에서 밝히고 있다. 일본자료는 호리(堀正意)의 《조선정벌기(朝鮮征伐記)》, 하야시 라잔(林羅山)의 《히데요시후(秀吉譜)》, 하야시 순사이(林春齋)의 《속본조통감(續本朝通鑑)》, 시마즈(島津久通)의 《정한록(征韓錄)》, 가와쿠치(川口長孺)의 《정한위략(征韓偉略)》과 기노시타(木下眞弘)의 《풍태합정외신사(豊太閤征外新史)》 등이다. 이 가운데 《조선정벌기》는 일본 서적으로는 임진왜란에 관한 가장 오래된 책이다. 그는 이 책이 명나라와 조선 측의 자료를 많이 인용하고 있어서 믿을 만하다고 평가했다.

그러나 일본 서적 가운데는 명나라 제갈원성(諸葛元聲)의 《양조평양록(兩朝平壤錄)》에 필적할 만한 책이 없다는 점을 못내 아쉬워했다. 도쿠토미는 또 《선조실록(宣祖實錄)》과 유성룡(柳成龍)의 《징비록(懲毖錄)》·《경략복국요편(經略復國要編)》 등도 활용했다고 밝혔다. 특히 《선조실록》은 이른바 오대산에 보관돼 있던 교정쇄(校正刷) 본으로 원간(原刊) 가운데 원간이었다. 그래서 책 가운데 붉은 글씨로 고친 흔적이 남아 있다. 이는 일제 강점 때 조선총독 데라우치가 자기 멋대로 도쿄제국대학에

기증했으나, '조선왕조실록 환수위원회'의 반환 요구로 2006년 7월 7일 돌아왔다. 도쿠토미는 앞서 설명대로 《경성일보》 고문으로 근무할 때 사 모은 고서와 데라우치 총독으로부터 받은 자료들을 최대한 활용했다. 따라서 도쿠토미가 이용한 자료의 양과 질은 당시 유명한 전문 사학자들도 미치지 못할 정도였다고 한다. 그는 1922년 3월 18일부터 20일까지 도쿄에서 '조선정략사료전시회'를 열고 저술에 참고한 역사 자료를 일반에 공개하기도 했다.

도쿠토미는 도요토미시대를 쓰면서 될 수 있는 대로 객관성을 유지하려고 애썼다고 강조한다. 그는 머리글에서도 "사가는 스스로 판단해야 할 책임이 있지만 판단하기 어려운 사항을 억지로 해석해서는 안 된다"고 밝히고 있다. 그래서 믿음으로 믿음을 전하는 것이 사가의 도리라는 생각에서, 단정해야 할 일은 단정하되 하나의 자료는 반드시 다른 자료와 서로 비교 참조해 결정하고, 주장이 다른 내용은 나란히 함께 싣는 한편, 의심나는 부분은 한 줄도 없애지 않고 그대로 남겨두었다는 설명이다. 그는 "세상은 혹 내가 너무나 많은 문서 등을 인용하고 있는 것을 배 아파하는 사람도 있는 모양이다. 그러나 이것은 어려움을 피하고 쉬운 것을 택하기 위한 것은 아니다. 귀찮은 문서의 인용은 독자에게 당혹스럽겠지만 저자에게도 마찬가지다. 그러나 단순히 판결문만으로는 교훈이 되기에 부족하다. 이 책 안에 인용한 자료는 반드시 후세들에게 도움을 주게 될 것이다"고 자료 인용의 중요성을 설명했다.

하지만 그의 언설은 그저 말뿐으로 자료를 지나치게 자기 멋대로 해석해 그것이 마치 진실인 것처럼 단정하고 있다. 특히 도요토미가 조선을 침략하게 된 동기에 대한 설명에서 그런 왜곡은 더욱 두드러지게 나타난다. 도요토미의 조선침략 동기설은 일본 학자들 사이에도 실로 분분하다. 전국을 통일한 그가 더욱 공명심에 들떠 명나라를 정복하려는 야망을 품었다는 것이 첫 번째로 꼽히는 명분이다. 두 번째는 그의 첫아들 쓰루마쓰(鶴松)가 세 살로 요절해 슬픔을 달래기 위해 화살을 해외로 돌렸다는 것이고, 세 번째는 국내는 평정했지만 여전히 반란을 일으킬 소지가 남아 있어서 군웅할거 병력을 줄이기 위해 해외로 눈을 돌렸다는 설이다. 네 번째는 명나라에 아시카가(足利) 이후 중단된 통상무역을 회복하자고 요구했으나 받아들여지지 않자 군대를 동원했다는 이야기다. 도쿠토미는 이런 여러 가지 설에 대해 주장하는 사람과 논리를 일일이 열거하며 비판을 가하고 있다. 그리고 다음과 같이 자기의 의견을 마치 진실인 양 단정하고 있다.

히데요시는 처음부터 조선을 일본과 대등한 독립국으로 인정하지 않았다. 그는 조선을 다이묘(大名)들이 통치하는 일본 국내 번(藩)의 하나쯤으로 보고 조선국왕도 번주(藩主)를 다루듯이 대했다. 그는 조선에 교통편의뿐만 아니라 복종을 요구했다. 다시 말하면 신하로서 임금을 섬기는 군신관계를 강요했다. 히데요시는 결코 전쟁을 위한 전쟁을 하지 않았다. 병사도 사람들이 장난감을 갖고 놀 듯 마구 동원하는 일은 그에게 금물이었다. 히데요시는 조선을 절대로 손댈 수 없는 다른 나라로 생각하지 않았다. 따라서 조선국왕은 일본 내 번주들처럼 히데요시의 명령에 복종해야 한다는 생각이었다. 히데요시는 이 문제를 될 수 있는 대로 평화적으로 해결하되 만약 뜻대로 되지 않을 경우 조선을 짓밟고 명나라를 공격할 작정이었다. 결코 조선이 상대는 아니었다. 명나라는 조선과 같은 수단으로는 뜻을 이룰 수 없다고 판단하고 처음부터 병력을 동원키로 한 것이었다. 그러나 조선이 히데요시의 요구를 들어주지 않아 결국 조선을 치게 됐다. 히데요시가 조선정벌을 목적으로 하지 않은 것은 독일 황제가 프랑스를 침입할 때 벨기에를 정벌 목적으로 하지 않은 것과 같다. 다만 벨기에가 그 통로를 차단했기 때문에 독일병이 유린했듯이 조선도 같은 경우이다. 히데요시의 외정(外征) 동기는 알렉산더 대왕이나 징기스칸에서 찾을 수 있는 일종의 정복욕 탓이었다. 즉 그는 대 제국을 건설하는 것이 자기의 본분으로 알았다. 그는 어떤 특정 목적 때문에 군사를 동원한 것이 아니라 정복 그 자체가 목적이었다고 생각된다. 이는 비단 히데요시에만 국한된 일이 아니라 동서고금 역사상 이런 예는 결코 드물지 않다. 천하의 영웅들이 대략 이런 유라고 말해도 틀린 말은 아닐 것이다. 해외원정은 노부나가도 기획했던 일이었다. 기선을 잡는 데 민첩한 히데요시가 어쩌면 이를 미리 알고 노부나가에게 자신의 의견을 말했을 것으로 생각한다. 그리고 그는 노부나가의 꿈을 그의 손으로 실현하겠다며 대군을 동원했던 것이다.

이 얼마나 황당한 역사 왜곡이고 자기미화인가. 아무리 사학(史學)이 해석학이라고 하지만 비약도 너무 지나치다. 명나라를 친다는 것은 어디까지나 핑계였을 뿐 속마음은 다른 데 있었다.
히데요시는 원래 그의 아버지 때부터 상급 무사 오다가(織田家)의 가신으로 오다 노부나가의 짚신을 들고 따라 다녔던 하인이었다. 자라면서 무예를 인정받아 중용(重用)된 그는 주인이 부하 아케치 미쓰히데(明智光秀, 1526~1582)의 급습으로 자결하자, 아케치를 토벌하고 전국을 통일했다. 이에 따라 그가 거느리게 된 다이묘 급 무사만도 1백60명 남짓이나 됐다. 이처럼 갑작스럽게 획득한 최고 권력을 어떻게 유지하느냐가 그에게 새로 생긴 긴급한 문제였다. 그는 어떤 방법을 강구하더라도 제마다 출중한 실력을 갖춘 여러 다이묘들을 다스리기가 그리 쉽지 않다는 것을 잘 알고 있었다. 그들에게 내려줄 영지(領地)도 부족해 그들이 언제 반란을 일으킬지 모르는 상황이었다. 게다가 그는 아케치가 오다로 하여금 자결케 한 모반 사건을 이미 경험하고 있었다. 따라서 조선이든 명나라건 관계없이 병력을 풀어 다이묘들의 힘을 빼도록 하는 것만이 이 문제를 풀 수 있는 가장 손쉬운 방법으로 조선을 침략하게 됐다는 분석이 오히려 설득력 있게 들린다. 히데요시가 1590년 전국통일 뒤 '해외원정'을 내세워 2년 남짓 동안 다이묘들을 전투훈련에 묶어둔 데다, 전쟁 중에도 조선에 직접 출정하지 않고 대본영에서 작전을 지시한 사실도 신빙성을 더해준다.

도쿠토미의 터무니없는 논리는 이에 그치지 않는다. 그는 임진왜란은 전쟁이 발생하고 난 뒤 외교교섭이 시작된 것이 아니라 외교가 먼저 이루어진 다음 전쟁이 일어났다고 주장한다. 다시 말하면 히데요시는 외교로 조선을 손에 넣은 다음 조선을 앞세워 명나라를 치려 했으나 그 일이 뜻대로 되지 않아 싸움을 벌이게 됐다는 설명이다. 따라서 조선에 대해서는 병력 유린이 목적이 아니라 평화 회유였다는 주장이다. 그리고 명나라에 대해서도 역시 외교 절충으로 목적을 이루기 위해 강화담판에 나섰으나 교섭에 나선 고니시 유키나가와 심유경 때문에 뒤틀려 조선의 재침이 이루어졌다고 덧붙였다.

그는 임진왜란은 외교가 주(主)고 전쟁은 종(從)이라는 생각에서 주목적인 외교부분에 역점을 두고 논리를 폈다고 밝혔다. 그러나 이는 당시 문화적 배경을 전혀 무시한 발언이다. 그때 조선은 분명 일본보다 문명·문화가 앞서 있었다. 1천4백 년 무렵부터 일본을 왕래하던 조선통신사가 이를 잘 말해주고 있다. 히데요시가 아무리 무식했다지만 이런 국제관계를 모를 리 없었다. 그런 상황에서 조선이 들어줄 리 만무한 무리한 요구를 히데요시가 내놓았다는 자체가 군사를 동원하기 위한 핑계였음이 분명하다. 따라서 도쿠토미의 주장은 일본인 특유의 '다테마에(建前: 표면상의 원칙)'와 '혼네(本音: 본심에서 우러나오는 말)'라는 이중사고 구조를 동원한 역사미화에 지나지 않는다.

이는 오늘날 일본의 이른바 보수 우익들이 즐겨 쓰는 논법이기도 하다. 일례로 고이즈미 일본 수상이 '두 번 다시 전쟁을 하면 안 된다는 것을 맹세하기 위해 태평양전쟁을 일으킨 전범을 합사(合祀)한 야스쿠니신사(靖國神社)를 참배한다'는 논리와 무엇이 다른가. 여기서 도쿠토미의 주장을 더 들어보기로 하자.

종전의 사가들은 히데요시를 천상천하의 대 호걸이라고 했다. 그러나 히데요시는 무학(無學)이었다. 만약 그가 학자였다면 중국의 문물과 사상을 무조건 흠모해 따르는 모화(慕華)사상에 갇혀 도저히 이런 장쾌한 일에 나설 수 없었을 것이다. 그는 중국에 대해 완전히 문외한이었을 뿐만 아니라 대외적으로 화구(和寇 ; 13~16세기 중국과 우리나라 근해를 항해하며 약탈을 일삼던 일본의 해적, 왜구)나 다름없었다. 즉 화구의 안중에는 중화(中華)도, 성인(聖人)의 나라도, 명나라도 있을 수 없었다. 단지 나라와 국민을 배부르게 하면 그만이었다. 히데요시가 무법, 무례 이른바 방약무인의 태도로 중국과 조선을 대했던 것도 이 때문이었다. 그의 조그만 지식도 모두 화구를 통해 얻은 것이었다. 그러므로 히데요시의 '웅도영략(雄圖英略 ; 크고 뛰어난 계획과 포부)'은 오히려 무학의 선물 혹은 화구의 선물이다. 반면 일본의 유식계급은 대개 전통적 모화인습(慕華因襲)에 사로잡혀 있었다. 그것이 그 자신과 외교에 임한 자들의 차이였다. 조선외교에 크게 실패해 추태와 파탄을 부른 것도 바로 이 때문이었다. 못 배운 데 따른 더 큰 슬픈 현상은 히데요시가 조선과 중국을 완전히 시코쿠(四國)나 규슈(九州)처럼 생각했던 점이다. 이는 그의 고집이었음에 틀림없다. 만약 그가 중국의 내면을 자세히 알았다면 단지 조선경유를 고집하지 않고 다른 우회로를 찾았을 것이다. 그때 남중국 방면은 공동(空洞)상태나 다름없었다. 그렇게 했더라면 중국의 조선원병은 저지할 수 있었다. 이런 쉬운 일을 모두 버리고 오로지 조선경유만 집착한 것은 임기응변과 환경대책에 무식했던 그로서는 어쩔 수 없는 일이었는지 모른다.

그는 자신이 조선으로 출정할 경우 시중들 여자 30명을 준비토록 하는 일까지 명령서에 꼼꼼하게 적을 만큼 세심하면서도 담대한 사나이였다. 동북과 규슈지방 평정도 단단히 준비한 뒤 결행했다. 조선정벌도 준비를 어느 정도 한다고는 했지만 자기를 아는 것만으로 지극히 한심했다. 조선과 중국을 일본 내지(內地)와 같이 생각한 일이 히데요시의 장점임과 동시에 약점이었다. 일본과 조선의 교류도 오래됐지만 조선과 중국의 관계는 더욱 오래됐다. 조선은 일본이 강해지면 일본을 따르고, 중국이 성하면 중국에게, 그리고 여진·몽고족이 팽창하면 이들 민족에게 복종했다. 그래서 조선은 항상 야마토민족과 한족, 혹은 북방민족의 생활 터가 됐다. 분로쿠·교쵸의 역, 일청전쟁, 혹은 일러전쟁도 모두 같은 모양이었다. 그리고 고대 나라조(奈良朝, 710~784)를 거쳐 가마쿠라(鎌倉, 1185~1333)에 이르는 역사도 이와 같다. 히데요시의 조선정벌을 '교병(驕兵 ; 싸움에 이기고 뽐내는 군사)'이라 말하지만 민족적으로는 민족본능의 충동이라고 보아야 한다.

도쿠토미는 이처럼 히데요시의 인격을 비하하면서까지 그의 지식과 상상력을 총동원해 결국 히데요시의 조선침략을 정당화하며 미화하고 있다. 물론 도쿠토미가 히데요시의 모든 행위를 옳다고 얘기한 것은 아니다. 그는 만약 마음을 바로하고 조선침략의 처음과 끝을 되돌아보면 일본민족이 아마도 이처럼 통절한 교훈을 겪었던 적도 없었을 것이라고 반성도 한다. 일본 국민은 이 전쟁을 통해 국민성의 커다란 결함을 드러냈다는 지적이다. 그래서 집필 도중 붓을 여러 차례 던지며 크게 한탄했다고 한다.

그는 머리글에서 될 수 있는 대로 자기 조상을 이상적으로 묘사하려 욕심냈다고 노골적으로 표현하고 있다. 그러면서도 히데요시는 '성공 중독자'였다고 비판을 서슴지 않는다. 그는 "일본 국민으로 히데요시를 좋아하지 않는 사람은 아마 없을 것이다. 그렇지만 그의 추한 늙음까지 찬미하는 것이 사가의 임무는 아니다. 그렇다고 그를 형편없이 그리지는 않는다. 다만 피사체가 엉망이면 사진이 잘못 나오듯이 형편없는 부분이 있다면 히데요시 스스로가 그렇기 때문이다. 만약 사진이 훌륭하지 않으면 사진사를 비난하기에 앞서 본인을 탓해야만 한다. 사진사는 정직하게 그 진상을 찍을 뿐이다"고 비판의 잣대를 댔다. 그리고 쓸데없이 조선을 침략하려 했다는 말도 잊지 않는다. 그의 주장에 따르면 당시 다이묘들 가운데 조선을 정복하고 명나라를 치자는 계획에 찬성한 사람은 하나도 없었다. 다만 그들은 히데요시의 이런 계획에 공공연히 반대할 만한 용기가 없었다. 그들은 이 전쟁을 통해 히데요시가 뼈아픈 경험을 하고 제풀에 꺾이기를 은근히 바라고 있었다. 그러므로 부하들의 이런 심리 상태에서 시작된 조선정벌은 처음부터 실패할 수밖에 없었다. 말하자면 철저한 승전 각오 없이 히데요시의 강압에 못 이겨 그저 명령대로 전쟁에 임했던 것이라는 설명이다.

도쿠토미는 히데요시의 외교교섭에 대해서도 대단히 비판적이다. 그의 분석으로는 조선정벌은 처음부터 모든 군사가 어쩔 수 없이 동원 됐다는 심리적 상태에서 시작했으므로 강화(講和)를 서두를 수밖에 없었다. 그렇지만 히데요시는 외교 담판에 고니시 유키나가를 대리시켰을 뿐 교섭과는 먼 거리에 있었다. 그래서 중국의 심유경이 고니시를 속이고 이에 속은 고니시가 히데요시를 속였다고 한다. 도쿠토미는 사태가 이 지경에 이른 것은 히데요시가 늙어 부하들의 행동조차 제대로 볼 수 없을 정도로 둔해졌기 때문이라고 분석했다.

그는 이 강화교섭에 대해 "이는 외교교섭이라고 할 수 없을 만큼 졸렬하기 짝이 없었다. 일본도 그렇지만 명나라도 마찬가지였다. 만약 국욕(國辱)을 미워하는 일이 사가의 사명이라면 나는 차라리 종전의 사가들처럼 두 눈을 감고 이 일을 지나칠 수밖에 없다. 이 외교상의 결점은 단지 남을 모르고 자기를 모른다는 것뿐만 아니다. 나아가 한 꺼풀 더 벗겨보면 당시 외교에 나선 일본인의 가슴속에는 일종의 사대사상이 둥지를 틀고 있었다. 즉 중국은 대국이고 문화국이며, 일본은 소국이고 비문화국이라는 생각이다. 때문에 일본이 중국에 굴복하는 것은 당연한 도리라고 생각했다"고 비판했다. 그는 고니시 조안(小西如安), 중 겐소(玄蘇) 등이 그러한 사대주의의 표본이며, 고니시 유키나가도 중간쯤은 됐다고 예를 들었다. 그러면서 그는 "지금 일본은 미국의 위압으로 우리 전권이 워싱턴 회의에 불려가 고통을 받고 있다. 미국 외교관들과 담판을 벌이고 있는 우리 전권이 명나라 고관들 앞에 불려가 16개조 문답을 하던 당시의 고니시 조안에 견주어 과연 얼마나 다를까. 결과적으로 지금의 우리 전권에게 사대사상 같은 것은 전무할까"라며 국민들에게 미국에 대한 경각심을 호소했다.

도쿠토미는 히데요시의 조선침략을 야마토 민족의 '변태 해외유학'으로 인식했다. 전투를 바라지 않는 병졸을 이끌고 충분한 예비지식도 없이 일본의 무위(武威)를 해외에 떨친 조선침략은 외교에 많은 문제를 남겼지만 손해보다 이득이 많았다는 분석이다. 그는 7년에 걸친 원정의 가장 큰 효과로 일본 국민에게 자신감을 심어준 점을 꼽았다. '조선정벌'은 일본 국민에 일종의 자극제로, 국민적 분투력(奮鬪力)을 촉진시킨 영약(靈藥)이자 원기회복제였다는 설명이다. 그는 "이것이야말로 최초의 메이지유신 위업은 물론, 일청전쟁과 일러전쟁에도 적지 않은 영향을 미쳤음에 틀림없다"고 확신했다. 그리고 일본의 실력을 중국과 조선에 과시함으로써 대외적으로 그 이후 3백년 동안 국가적 안전을 도모할 수 있었고, 조선으로부터 많은 유형·무형의 문화가 유입돼 서적과 활판, 도예 기술 등이 발전했으며, 축성술과 조선술 등을 익혀 국가발전에 기여하게 됐다는 점 등도 큰 소득으로 들었다. 따라서 지금 만약 상을 준다면 히데요시는 영예의 1급 훈장을 주어도 모자랄 정도라고 극찬했다.

　도쿠토미는 끝으로 "조선은 일본의 대륙진출 관문이다. 위험하고 폐가 되더라도 일본이 있는 한, 야마토 민족이 존재하는 한 어떤 방법으로라도 조선과 관계를 유지하지 않으면 안 된다. 그것이 일본 개벽 이래 역사가 안고 있는 숙명이다. 일청전쟁은 조선이 중국 편이 될 우려 때문이었고, 일러전쟁 역시 조선이 러시아의 안내자가 될 염려에서 일어났다. 물론 우리(일본)가 일을 저지른 점도 없지 않다. 따라서 히데요시의 조선정벌은 현재와 장래에 일본 국민의 교훈으로 새길 수 있는 가치가 있고, 이 저술도 보충할 수 없는 절대적인 것은 아니다"며 "역사는 교훈서가 아니라 사실의 서술이다. 그러나 교훈 없는 역사는 폐지일 뿐이다. 이 《근세일본국민사─도요토미시대》 세 권이 의의 있는 국민적 교훈서가 될 수 있는지 아닌지는 독자 여러분의 형안과 심사에 맡긴다"고 결론지었다. 우리(한국인) 역시 반성할 점이 없는지 곰곰이 생각해 볼 일이다.

제4장

패전의 종말

《고쿠민신문》을 그만두고

도쿠토미는 일본 언론계에서도 내놓은 극단적인 국가주의자
였다. 러일전쟁 승리로 더욱 격렬해진 그의 '국수(國粹) · 국가주
의'는 광적이라고 해도 지나친 말이 아니었다. 그의 모든 글은
앞서 설명대로 일본국민을 '텐노교(天皇敎)[19]'로 몰아넣는 '황실
중심주의'와 일본의 제국주의 실현에 방해가 되는 구미 열강을
아시아에서 몰아내야 한다는 '백벌타파'에 모아졌다. 특히 그는
제1차 세계대전 뒤 '대국'으로 급부상한 미국이 일본의 아시아
침략을 견제하기 시작하자, 매끄럽지 못한 미일관계를 사사건
건 물고 늘어졌다.

1906년 미국 샌프란시스코에서 일본 출신 학생을 미국인 학
교에 다니지 못하게 한 '일본인 학생 격리사건'을 비롯, 미국이
민 일본인의 토지소유를 제한한 '배일(排日)토지법(1913년)', 일
본인 이민을 금지한 '배일(排日)이민법(1924년)' 등은 그의 좋은
시빗거리였다. 《고쿠민신문》은 미국이 배일이민법을 실시한
1924년 7월 1일을 '치욕의 날'로 정하고 대대적인 규탄운동에
나섰다. 도쿠토미는 배일이민법이 미 연방의회를 통과한 5월 15
일 "미국 상하 양원은 우리 일본 국민에게 서 말(斗)의 뜨거운
쇳물을 먹였다. 이는 인종적 도전이다"며 맹렬히 비난하고, "우
리들은 부끄러움을 참음과 동시에 어떻게 설욕할까를 강구해야
한다"고 국민들에게 호소했다. 그리고 7월 10일 《야마토민족의

---

19) **텐노교** : 메이지시대 일본 국민을 통합하기 위해 종교 대용물로 텐노를 인
간의 능력을 초월한 살아있는 신[神]으로 헌법에 신격화한 정치구상이다.

성각(醒覺)》이라는 책을 펴냈다. 이 책에는 그가 그해 4월부터 6월 중순까지 미국이민법의 부당성을 지적한 《고쿠민신문》 논설과 1920년에 펴낸 《대전 후의 세계와 일본》, 1923년의 《국민자각론》 등을 다시 실었다.

도쿠토미는 다이쇼시대를 보는 시각도 유별났다. 일본 국내 거의 모든 신문이 다이쇼 중반 이후 말기(1918~1925)를 이른바 '평화시기'로 인식하고 '평화'와 '국제협조'를 강조한 데 반해 《고쿠민신문》은 대외 위기론을 불러일으켰다. 그의 위기의식은 1921~1922년 미국 워싱턴에서 열강의 해군함정 건조(建造)경쟁 중지와 중국 영토점유 문제를 논의하기 위해 열린 '군축회의'에서 극치를 더했다. 이 회의에는 미국 초청으로 영국·프랑스·이탈리아·일본·중국·벨기에·네덜란드·포르투갈 등 9개국이 참석했다. 당시 일본신문들은 군축이나 중국문제에 일본의 입장이 별로 난처하지 않을 것으로 예상했다. 도쿠토미의 생각도 크게 다르지 않았다. 그러나 프랑스 수상이 중국문제를 거론하며 "영국이 위해위(威海衛)를 반환하고, 일본이 관동주와 청도(靑島)를 포기한다면 프랑스도 광주만(廣州灣)을 포기할 수 있다"고 언명한 것이 논란이 됐다.

도쿠토미는 11월 23일자 〈불수상(佛首相)의 제안〉이라는 제목의 《고쿠민신문》 사설을 통해 "영국의 위해위와 프랑스의 광주만 취득을 일본이 국운을 걸고 얻은 관동주와 동일하게 다루는 것은 언어도단이다"고 지적하고 "군비축소 외에 다른 사항까지 의제로 삼는다면 꿩도 매도 다 놓칠 우려가 있으므로, 군비제한을 성공적으로 타결하기 위해 극동문제 즉, 중국에 관해 너무 깊이 개입하지 않는 쪽이 옳다"며 중국문제를 의제에서 제외토록 요구했다.

그는 또 미국의 각국 해군주력함 축소제안—회담 결과 세계 군함의 총 톤수를 미국 5, 영국 5, 일본 3의 비율로 줄이기로 합의—이 일본에 지극히 불리하다며 일본에 수정안을 제출토록 하고 받아들여지지 않자 더욱 흥분했다. 그것도 "일본은 마치 1919년 6월 베르사유조약 때 제1차 세계대전의 책임이 추궁된 독일처럼 피고로 다루어지고 있다. 이는 국민정신의 소침(消沈)이 걸린 문제이다(12월 1일자 사설 〈국민들 분기하라〉)"는 식으로 논리적 근거가 아닌 국민감정을 자극하는 방법을 택했다. 그러나 국민의 반응은 오히려 시큰둥했다.

당시 시대를 상징하는 말은 '평화'였다.《쥬오고론(中央公論)》은 1922년 1월 〈평화사상의 보급과 철저〉를 주제로 신년특집호를 냈고,《도쿄아사히신문》역시 〈평화래(平和來)〉란 제목으로 신년호를 발간했다. 워싱턴회의도 '국제협조'와 '평화'의 흐름으로 해석했다. 다시 말하면 구미열강과 서로 협조해 국가발전과 국제평화를 이룩해야 한다는 주장이었다. 언론기관 가운데 《고쿠민신문》처럼 미국제안을 '명령'이나 '재판'으로 받아들이는 견해는 하나도 없었다. 게다가 각 신문들은 3월 10일부터 우에노(上野)공원에서 '평화박람회'가 열린다는 뉴스를 연일 내보냈다.

그런 분위기 속에 나온《고쿠민신문》의 '워싱턴회의는 전쟁준비회의이다'라는 극단적인 비평은 다른 언론의 비판을 받기에 충분했다. 워싱턴회의를 "세계평화의 길을 찾기 위한 유익한 모임이었다"고 평가한《오사카마이니치신문》은 "도쿄 시내 5대 언론에 든다는 신문이 열광적 애국주의와 군국주의 옹호에도 모자라 세계평화 무드에 찬물을 끼얹고 황실중심주의와 전혀 궤를 같이 할 수 없는 보통선거를 실시해야 한다는 주장을 거리낌 없이 내놓고 있다"며 도쿠토미의 엉뚱한 시각을 꼬집었다.

그러나 《고쿠민신문》은 이런 비판을 무시할 수 있을 만큼 큰 신문으로 성장해 있었다. 아리야마 데루오(有山輝雄)가 쓴 《도쿠토미 소호와 고쿠민신문》에 따르면 1923년 당시 도쿄 시내 5대 신문은 《호치신문(報知新聞)》·《도쿄니치니치신문》·《도쿄아사히》·《고쿠민신문》·《지지신보》등으로 《고쿠민신문》은 4위에 올라 있었다. 1위는 36만 부의 《호치신문》, 2위는 30만5천 부의 《도쿄니치니치신문》, 3위는 29만 부의 《도쿄아사히》였다. 《고쿠민신문》은 23만 부, 《지지신보》는 20만 부를 기록했다. 이밖에 《요로스쵸호》와 《도쿄마이세키(東京每夕)》도 각각 20만 부를 육박, 경쟁지의 뒤를 쫓았다. 《고쿠민신문》은 이에 앞서 1912년 한때 발행부수 20만부로 2위를 차지하기도 했다. 창간 당시 7천 부 남짓으로 출발한 《고쿠민신문》을 기어코 5대 신문으로 키우겠다던 도쿠토미의 꿈은 결국 20여 년 만에 이루어졌다. 물론 그렇게 되기까지에는 정부의 지원이 컸음을 숨길 수 없다.

이처럼 잘 나가던 《고쿠민신문》도 1923년에 들어 성장에 한계를 드러내기 시작했다. 이는 무엇보다 자금부족이었다. 다른 신문들은 무한경쟁시대를 맞아 독자들을 끌어들이기 위해 많은 돈을 들여 확장운동을 벌였다. 신문 대금을 내리고 돈을 받지 않는 무가지를 대량으로 뿌리며 각종 경품을 나누어 주는 등 그야말로 피나는 경쟁을 벌였다. 돈이 모자란 도쿠토미는 4위 자리를 지키는 데 급급했다. 이와 함께 그의 지나친 '황실중심주의'도 더 이상 독자들의 매력을 끌지 못했다. 엎친 데 덮친 격으로 1923년 9월 1일 도쿄 근교에서 일어난 '관동대지진(關東大地震)'은 그에게 결정타였다. 사망자 9만9천3백31명, 행방불명자 4

만3천4백76명, 가옥 파손 또는 소실 70만1천여 채 등 통계가 말해주듯이 피해는 실로 엄청났다. 조선인 희생도 대단했다. 조선인들은 지진으로 말미암은 피해보다 일제 군경과 자경단(自警團)에 맞아 죽은 사람들이 오히려 더 많았다.

당시 지진발생지역 일본인들은 조선인들이 폭동을 준비하고 있다는 유언비어를 퍼뜨려 자경단을 조직하고 군경과 함께 무고한 조선인들을 닥치는 대로 마구 죽였다. 요시노 사쿠조(吉野作造)가 쓴《압박과 학살》은 그때 조선인 2천5백34명이 일본 군경과 자경단에 학살됐다고 적고 있다. 또 김승학이 쓴《한국독립운동사》는 이보다 많은 6천66명으로 기록하고 있다. 조선인 학살을 자행했던 일본인 자경단은 3천6백89개나 됐다. 도쿠토미가 당시 머물며《근세일본국민사》를 쓰던 가나가와(神奈川)현 즈시(逗子)의 집에서 도쿄 회사로 가다 겪은 경험담은 일제 군경과 자경단의 조선인 학살실상을 그대로 말해주고 있다(다음 페이지 참조).

이처럼 일본 수도권을 강타한 지진은 신문사도 예외일 수 없었다. 이런 강진에 피해를 면하는 것은 신의 영역에 속하는 일이었다. 그런 점에서《도쿄니치니치신문》·《호치신문》·《미야코신문》등 3개 신문사는 복을 받은 셈이었다. 이들 세 신문을 제외한 모든 신문사는 사옥이 무너지고 불탔다. 신문사뿐만 아니라 신문판매지국과 독자들의 피해도 커 신문사가 오랫동안 공들여 키워온 신문판매망은 말 그대로 엉망이 됐다. 광고대리점·통신업·광고주도 마찬가지였다. 그러나 혼란 중에도 뉴스를 기다리는 사람이 많아 신문사는 한시라도 빨리 신문발행을 정상화하지 않으면 안 되었다.

도쿄 시내에서 가장 먼저 호외를 발행한 곳은《도쿄니치니치

신문》이었다. 활자 상자가 박살나고 인쇄시설이 파손된 가운데
도 지진발생 당일 호외를 냈다. 그런 만큼 독자들의 인기도 높
았다. 9월 6일 발행한 두면짜리 《도쿄니치니치신문》은 61만5천
부를 기록했고, 《호치신문》은 한때 1백만 부를 돌파하기도 했
다. 《고쿠민신문》은 타사 시설을 빌려 9월 3일 호외를 내긴 했
지만 지진발생 13일 뒤에야 겨우 예전대로 신문을 낼 수 있었
다. 이는 물론 사옥이 완전히 불타 복구가 용이하지 않은 데 있
었다. 게다가 조그만 일도 도쿠토미의 지시가 있어야 회사가 돌
아가는 회사 체제도 문제였다. 그럼에도 도쿠토미는 신문 제작
을 바바(馬場恒吾) 편집국장에게 맡겨 놓고 역사 쓰기에 몰두하
고 있었다.

　도쿠토미는 지진을 즈시의 오잔소(櫻山莊) 집에서 겪었다. 그
는 여느 때와 마찬가지로 9월 1일 아침 원고쓰기를 마치고 교라
쿠엔(魚樂園)으로 나갔다. 1914년에 그가 만든 교라쿠엔은 7백
평 규모로 연못과 정자가 있어 고기를 낚고 산보도 하고 책도
읽을 수 있는 쾌적한 쉼터였다. 산보를 마치고 서재로 돌아와
소파에 기대어 도쿄에서 도착한 신문과 잡지를 읽고 있던 순간
집이 흔들리고 요란한 소리가 났다. 점심시간이 가까울 무렵이
었다. 처음에는 늘 심부름하는 아이의 오가는 발소리로 착각했
으나 진동이 심해 지진으로 알아차리고 얼른 집 밖으로 나왔다.
정원도 흔들려 서 있을 수가 없었다. 그래서 큰 돌이 놓여 있는
곳까지 겨우 기어가 두 손으로 돌을 보듬고 버텼다. 도쿠토미의
집은 바닷가에 있었지만 상당히 높아 해일의 피해 걱정은 없었
다. 그런데 얼마 뒤 산더미 같은 파도가 밀려와 커다란 배를 집
앞에 서 있던 큰 소나무 옆까지 갖다놓았다. 그리고 기세 좋은
군대처럼 또다시 덮쳐왔다. 다행히 집은 붕괴되지 않았으나 기

와는 거의 비가 내리듯이 떨어졌다.

　도쿠토미는 도쿄 회사가 걱정이 돼 역으로 나갔다. 그러나 도로는 곳곳에 집이 무너져 막혔고 열차도 모두 멈춰버렸다. 자동차를 빌리려 했으나 응하는 사람이 없어 그것도 허사였다. 요코스카(橫須賀) 방면의 하늘은 이미 붉게 타오르고 있었다. 하는 수 없이 집에서 회사가 무사하기를 빌 수밖에 방법이 없었다. 그러던 2일 새벽녘 도쿄로부터 회사원이 와 다른 신문사들은 거의 불탔으나 《고쿠민신문》 사옥만은 무사하다고 전했다. 게다가 《고쿠민신문》으로 피난 오겠다고 신청하는 통신사도 있었다지 않은가. 도쿠토미는 하늘이 도왔다며 거의 뛰듯이 좋아했다.

　그러나 기쁨도 잠시 그날 밤 두 번째 심부름꾼이 도착하면서 분위기는 완전히 바뀌었다. 처음은 화를 면했으나 어디선가 불씨가 날아들어 윤전기 등 신문제조 시설이 완전히 불탔다는 전언이었다. 이를 들은 그는 3일 아침 역사쓰기에 필요한 자료를 챙겨 소식을 전하러 온 사원들과 함께 걸어서 도쿄로 출발했다. 도중 아는 사람들의 집에 들러 안부를 확인하고 오후나(大船), 도쓰카(戶塚)를 거쳐 요코하마(橫浜)에 도착했다. 요코하마 역은 그때까지도 불타고 있었으며 역 부근의 연료탱크에서도 화염을 뿜어내고 있었다. 이들이 쓰루미소시지(鶴見總持寺) 앞까지 왔을 때는 이미 날이 저물어 있었다.

　도쿠토미는 길가에서 조선인을 죽인다는 말을 듣고 절에서 등을 빌리고 '고쿠민신문 기자'라는 완장을 만들어 발길을 재촉했다. 이들은 되도록 빨리 가기 위해 기차선로 위를 걸었다. 그러나 선로는 걷기가 여간 어렵지 않았다. 그래서 도중에 차를 빌려 탔으나 길목을 지키던 젊은이들이 "이럴 때 차를 타고 나

다니느냐"며 시비를 걸어와 차 탄 것을 후회할 정도였다. 그들 가운데는 술에 몹시 취해 칼을 빼들고 있는 청년도 있었다. 도쿠토미 일행은 대개 흰옷 차림이었다. 그 바람에 조선인이 아니라는 증거를 보여 주어도 좀처럼 믿으려 하지 않았다. 도쿠토미는 그날 밤 오모리 집에 닿아 식구들이 무사함을 축하했다. 그러나 집이 불안해 빈터 나무 아래에서 그날 밤을 샜다. 그리고 이튿날 아침 인력거를 타고 회사 근처 금지원(金地院)으로 나가 회사원들을 만났다. 그는 제국호텔 방을 빌려 임시사무실로 쓰며 여러 가지 대책을 논의했다.

도쿠토미는 5일부터 피해복구를 직접 지휘했다. 가장 시급한 것은 활자, 종이, 그리고 인쇄기로 모두 돈 문제였다. 비상금이 전혀 없는 상태에서 모든 것이 없어진 신문사를 원상회복하기는 사실상 어려웠다. 은행대출을 받으려 해도 신용 외에는 저당잡힐 물건이 별로 없었다. 불행 가운데 다행으로 도쿠토미는 그 때 아오야마회관(靑山會館)을 건축 중이어서 그곳 공사감독의 도움으로 불탄 흔적을 의외로 빨리 지울 수 있었다. 벽돌 건물이었지만 신문을 내는 데는 별로 지장이 없었다. 그리고 지방의 친구, 심지어 알지 못하는 사람까지 돈을 보내와 상당한 도움이 됐다. 회사원들도 모두 힘을 합했다. 이렇게 하여 《고쿠민신문》은 지진발생 13일 만에 박문관(博文館) 인쇄시설을 빌려 두 페이지 신문을 낼 수 있었다.

도쿠토미는 이날 신문에 '소호학인(蘇峰學人)'이란 필명으로 〈《고쿠민신문》의 천직〉이란 제목의 논설을 싣고 "《고쿠민신문》은 타버린 재 가운데서도 용감하게 머리를 들어올렸다. 우리는 죽지 않는다. 실망하지 않는다"며 재기를 다짐했다. 9월 27일부터는 지면도 4페이지로 늘렸다. 체제정비가 일단 마무리된

10월 1일에는 〈《고쿠민신문》은 죽을 수 없다〉는 논설을 통해 〈《고쿠민신문》의 논단〉 재개를 선언하고 "일군만민의 황실을 중심으로 평민주의를 실천해 나갈 것"을 다시 한번 강조했다. 10월 8일부터는 석간을 부활시키고 10월 15일에는 《근세일본국민사》 연재를 다시 시작했다. 또 10월 25일부터 전국 지방판을 모두 정상화해 겉으로는 지진 전의 모습을 거의 되찾았다.

이렇게 하다 보니 《고쿠민신문》은 단번에 경영난에 처했다. 회사가 곧 문 닫게 될 것이라는 악성 루머가 파다하게 퍼진 10월 뜻밖에도 회사를 돕겠다는 후원자가 나타났다. 주부 전문잡지 《슈후노토모(主婦之友)》 사장 이시가와 다케요시(石川武美)였다. 이시가와는 《고쿠민신문》을 돕는 데 특별한 요구조건도 달지 않았다. 이 때문에 도쿠토미는 자기를 알아주는 사람이 적지 않다는 생각이 들어 더욱 용기를 얻었다고 한다. 그는 그동안 즈시에서 원고를 쓰며 은둔생활이나 다름없는 시간을 보내느라 신문광고를 보고 《슈후노토모》라는 잡지가 있는 것을 알았을 뿐 그 잡지가 어떤 성격이고 사장이 누구인지 전혀 몰랐다. 그를 도쿠토미에게 소개한 친구는 이시가와가 자본도 많고 거의 빈손으로 지금의 사업을 이루었으므로 수완도 보통이 아니라고 했다.

도쿠토미는 잡지와 신문은 같은 사업은 아니지만 서로 공통된 점이 적지 않기 때문에 협동으로 사업을 하면 잘 굴러갈 것으로 생각하고 그를 만났다. 이시가와는 우선 회사 비품 등을 무상 기증하겠다고 했다. 도쿠토미는 아무 명분 없이 그럴 이유가 없으므로 정당한 방법으로 호의를 받아들일 것을 제의했다. 도쿠토미는 결국 그를 부사장으로 영입했다. 이 때문에 일부 간부들이 회사를 그만두어야 했다. 신문 정상화를 위해 어쩔 수 없는 일이었다. 도쿠토미는 이시가와에게 모든 경영을 맡겼다.

도쿠토미는 이를 계기로 11월 13일 조간부터 〈근세일본국민사〉를 1면으로 옮기고 정치·외교·사회 기사를 2·3면에, 지방 뉴스와 경제기사를 4면에 두는 지면 개혁을 단행했다. 그해 12월 21일에는 사원 40명을 해고했다. 경영난 타개를 위한 필사의 노력이었다. 도쿠토미는 공동사업 추진 뒤 생긴 편집 간부들의 의견 충돌을 막기 위해 《고쿠민신문》 강령을 명문화했다.

이 강령은 △황실중심주의를 진작시키고, △만세일계의 황실을 훼손하지 않는 범위에서 평민주의를 실천하며, △특권계급 정치를 바꾸어 헌정(憲政)을 확립하고, △보통선거를 지지하며, △자주외교를 강조하고, △좌경 과격사상과 우경 반동사상을 배격하며 일본고유의 황도(皇道 ; 텐노가 행하는 시정방침)에 따른 온건사상을 장려하고, △인종 간 편견을 타파하고 황색인종을 위한 평등운동의 길잡이가 되며, △진취적인 개국정신에 따라 평화적으로 경제발전을 위한 해외팽창을 도모하고, △누구나 병역의무를 지는 개병(皆兵)원칙을 지켜 무문무사(武門武士)의 특별 계급이 없도록 하며, △궁지에 빠진 중산계급의 의욕을 고취시키고, △여성의 지위를 향상시켜 경제적 독립과 정치적 자유를 보장토록 하며, △남녀관계를 바르게 해 가정 청결과 부부 정조를 지킬 것 등을 규정하고 있다. 이 가운데 여성문제는 주부 잡지를 경영하던 이시가와에 대한 배려였지만 도쿠토미도 관심이 적지 않았다. 이 강령 발표 뒤 이에 동조하지 않은 바바 편집국장 등 2명의 편집 간부가 이듬해 2월 8일 회사를 물러났다.

이처럼 황실중심주의를 더욱 강화한 《고쿠민신문》은 4월 21일부터 석간을 발행하기 시작했다. 다음 문제는 새 사옥 건설, 인쇄기 도입, 신문판매망 재건 등이 기다리고 있었다. 이를 실현하기 위해서는 그야말로 막대한 돈이 필요했다. 물론 이는 《고쿠민신문》만이 아니라 피해를 입은 신문사들의 당면과제로 실현 여부에 회사의 존망이 걸려 있었다. 그래서 신문사들은 무리를 해가며 이를 갖춰 나가고 있었다. 말하자면 지진을 계기로 신문사들의 자본경쟁이 더욱 뜨거워진 꼴이었다. 자금을 동원하지 못한 상당수 신문사는 도태될 운명에 놓였다. 이시가와의 지원도 한계에 달해 5대 신문의 마지막 자리를 겨우 지키고 있던 《고쿠민신문》도 서서히 그런 징후가 나타나고 있었다. 그럴 무렵 더 이상 《고쿠민신문》에 말려들기를 두려워한 이시가와가 "복구사업도 일단락됐으므로 《슈후노토모》 경영에 전념하기 위해 그만두겠다"며 사퇴의사를 표명했다. 이시가와로서는 출자와 경영참여가 예상 이상으로 무거운 부담이 됐다. 그는 결국 1924년 5월 19일 부사장직을 물러났다.

　그로부터 《고쿠민신문》은 또다시 위기에 몰렸다. 게다가 그해 9월 26일 신문사 일을 도와주던 차남 만구마마저 병으로 죽었다. 도쿠토미는 신문에 대한 흥미도, 집착도 아들 유해와 함께 땅에 묻은 심정이었다. 그러나 《고쿠민신문》에 열정을 바친 아들의 망혼을 위로하기 위해서라도 이대로 주저앉아서는 안 된다고 각오했다. 그는 아들 장례를 치르고 원기를 되찾아 일어났다. 그러나 눈앞에 닥친 것은 돈뿐이었다. 회사를 조합 또는 주식회사로 바꾸기로 마음먹고 일을 추진해 보았으나 이 또한 여간 어려운 일이 아니었다. 수입은 이전에 견주어 거의 비교할 수 없을 정도로 떨어졌고 반면 경비는 새 신문을 만들 때보다 더 들어갔다. 사정은 그동안 사둔 땅을 팔아 그날그날 경비를 대야 할 정도로 점점 급박하게 돌아갔다. 그는 하는 수 없이 1926년 5월 평소 잘 알고 지내던 다나카 미쓰아키(田中光顯)에

1923년 관동대지진 뒤 다시 지은
《고쿠민신문》 새 사옥

게 투자자를 물색해 주도록 사정했다. 다나카는 동부철도 경영자 네즈 가이치로(根津嘉一郎)를 소개했다. 네즈는 호리우치(堀內良平)라는 인물을 보내 이야기를 시작했다.

양측은 협상 결과 그해 5월 15일 《고쿠민신문》을 자본금 3백만 엔의 주식회사로 전환키로 합의했다. 도쿠토미에게 돌아간 몫은 80만 엔뿐이었다. 70만 엔은 《고쿠민신문》의 이름값이었으며 나머지 10만 엔은 민유샤로부터 《고쿠민신문》이 빌린 돈의 상환 명분이었다. 도쿠토미는 이 가운데 30만 엔을 옛 사원들에게 나누어 주고 나머지 50만 엔은 주식으로 두었다.

도쿠토미는 결국 회사주식 6분의 1을 소유하는 사장이 됐다. 그리고 이듬해 4월 23일에는 사옥도 새로 지어 3천여 명이 지켜보는 가운데 낙성식을 가졌다. 그러나 이는 형식적일 뿐 "사장은 임원회의 회장으로 경영을 관리하고 부사장이 회사를 대표해 경영을 총괄한다"는 《고쿠민신문》 새 사규 제2조 규정에 따라 실질적 경영권은 부사장이 쥐게 됐다. 도쿠토미의 표현대로 사장은 '머리에 쓰는 모자'에 지나지 않았다. 경영권은 그렇다 하더라도 기사 작성에도 간섭을 받아야만 했다.

도쿠토미는 당시 《근세일본국민사》 연재와 석간 1면 칼럼을 담당하고 있었다. 네즈는 편집국장을 통해 칼럼에 시사문제를 더욱 많이 써주기 바란다고 주문했다. '기자'인 것을 생애의 자랑으로 생각했던 도쿠토미는 이를 크나큰 수치로 받아들였다. 그가 "네즈와 함께 한 2년 동안은 일생 가운데 정신적으로 가장 불쾌한 시기였다"고 자서전에 남긴 말에서도 그의 고뇌를 읽을 수 있다. 앞에도 뒤에도 그 이상 불쾌한 일은 없었다는 설명이다. 그는 모든 것을 희생하더라도 《고쿠민신문》만 발전한다면, 그리고 신문 편집권만 뜻대로 행사할 수 있다면 그것으로 견딜 수 있다고 생각했다.

그러나 시간이 흐르면서 돼가는 꼴로 보아 소생의 길이 요원함을 깨달았다. 부사장의 입맛에 맞는 기사 주문도 더욱 심해졌다. 도쿠토미는 더 이상 사장도, 그렇다고 주필도 아닌 한 사람의 '고용인'으로 자본가의 지시대로 글을 쓰지 않으면 안 되는 위치로 떨어지고 말았다. 그래서 1928년 12월 최후의 결심을 굳혔다. 그리고 이듬해 1월 17일자 조간에 다음과 같은 은퇴성명과 함께 40년 동안 피땀 흘려 키워온 《고쿠민신문》을 그만두었다. 그가 네즈에게 경영권을 양도한 지 2년 만의 일이었다.

《고쿠민신문》 애독자 여러분. 본인은 뜻하지 않게 《고쿠민신문》 사장급 기자를 그만두게 됐다. 이를 여러분에게 고백할 수밖에 없게 됨을 슬프게 생각한다. 《고쿠민신문》은 메이지 23년(1890년) 2월 본인이 창립한 이후 40여 년 동안 여러분의 성원과 애정으로 오늘에 이르렀다. 나의 일생, 나의 생명, 모든 것이 그 안에 있다. 그럼에도 나 스스로 떠나지 않으면 안 되는 까닭을 지금 치사하게 구체적으로 말하지 않는다. 단지 이런 결심을 하게 된 중요한 이유는 글을 소신대로 쓸 수 없는 일과 불안한 마음 때문이다. 달리 말하면 신문이 걸어야 할 길을 바로 세우고 언론자유를 지키기 위해서이다. 나는 그동안 《고쿠민신문》이 있으므로 공인 행세를 했다. 이미 《고쿠민신문》을 잃은 이상 나는 공인으로서의 존재의의를 잃었다. 그리고 이를 밝힐 수밖에 없는 사정에 대해 여러분의 깊은 이해와 관용을 바랄 뿐이다. 모두 나의 미력과 불민(不敏)의 소치이다. 이 점 실로 부끄럽기 그지없다.

도쿠토미는 《고쿠민신문》과 인연을 끊자마자 2월 초 아내와 함께 대만여행을 떠났다. 그때 나이 66세. 그는 출발 전 절친한 친구가 보내온 〈소호(蘇峰)는 아직 늙지 않았다〉는 글을 읽고 더욱 용기를 얻었다고 자서전에 쓰고 있다.

전쟁을 선동하다

대만 여행에서 돌아온 도쿠토미는 1929년 4월부터 《오사카마이니치신문》에서 '사빈(社賓)'으로 다시 붓을 들게 됐다. 같은 고향 출신인 모토야마 히코이치(本山彦一, 1853~1932) 사장이 그를 초빙한 것이다. 모토야마는 《오사카마이니치신문》 말고도 도쿄에서 《도쿄니치니치신문》을 경영하고 있었다. 도쿠토미보다 열 살 위인 그는 《고쿠민신문》이 자금난에 빠져 곧 문을 닫게 된다는 소문을 퍼뜨리기도 했으나 개인적으로는 도쿠토미와 늘 터놓고 지내는 사이였다. 특히 '황실중심주의'에 동감한 모토야마는 도쿠토미가 펴낸 《국민소훈》을 대량 구입해 사원들에게 꼭 읽어보라며 나누어 주기도 했다. 도쿠토미에게 제시한 초빙 조건도 파격적이었다. 모든 글은 도쿠토미의 생각대로 자유롭게 쓸 수 있게 언론자유를 보장하고 신문사에서 역사쓰기를 적극 지원하겠다고 약속했다. 급료는 연봉 2만5천 엔으로 비서 1명과 차량 한 대가 따랐다. 계약 기간은 5년이었으나 일본이 패망할 때까지 계속 근무했다. 이로써 도쿠토미는 그동안 《고쿠민신문》에 실던 《근세일본국민사》를 《오사카마이니치신문》과 《도쿄니치니치신문》 두 신문으로 옮겨 연재를 계속하고 칼럼도 쓰며 《고쿠민신문》 시절 이상으로 시대의 대세를 이끄는 극우선동자로서 화려하게 부활했다.

당시 도쿠토미의 관심은 온통 국제정세 특히 중국문제에 쏠려 있었다. 그는 제1차 세계대전(1914년)을 시작으로 '만주사변(1931년)'에 이르기까지 미국이 새로운 강국으로 두각을 나타내기 시작한 시기를, 초목이 된서리를 맞아 말라 죽는 '서릿발 시대'라고 불렀다. 그만큼 그의 마음속에는 백인과의 대결의식이 짙게 깔려 있었다. 게다가 일제는 1921~1922년 9개국이 합의한 워싱턴조약에 따라 러일전쟁으로부터 제1차 세계대전까지 중국 대륙에서 빼앗았던 이권을 크게 양보할 수밖에 없었다. 도쿠토미는 '어쩔 수 없는 대결'이 다가오고 있음을 직감하고 있었다. 따라서 그의 모든 저작·출판활동은 당연히 국민의 사기진작과 전의(戰意) 고양에 무게가 실렸다. 쏟아낸 글의 분량도 상상을 초월했다.

그는 쇼와(昭和)시대 개막(1926년) 이후 일제가 미국에 선전을 포고한 1941년까지 15년 동안 1백20여 종의 책을 펴냈다. 이 가운데 대부분은 그의 단골 주제 '황실중심주의'를 담고 있다. 책 표지를 순 흰색으로 만들어 독자들 사이에는 '시로본(白本)'이라 통하기도 했다. 책 제목도 《쇼와(昭和)국민독본》, 《만주건국독본》 등으로 '독본(讀本)'이 많은 것이 특징이었다. 내용도 새로운 창안이라기보다 그가 이미 발표한 초기 주장에 설화(說話)나 사건 사례 등을 교묘하게 꿰맞추어 그럴듯하게 포장한데 불과하다. 따라서 억지 논리와 중복이 적지 않지만 일본 국민들에게 미치는 반복학습 효과는 실로 대단했다.

일반 국민들 또한 독본을 즐겨 찾았다. 도쿠토미가 낸 책은 초등학교 도덕수업에 어김없이 활용됐다. 교장선생이나 동회, 자경단 책임자들도 인사말로 즐겨 인용했다. 요네하라 겐은 그가 쓴 《도쿠토미 소호-일본 내셔널리즘의 궤적》에서 "이처럼 도쿠토미가 활자로 유포시킨 방대한 휴지는 그러한 형태를 사회가 요구하고 있었기 때문"이라고 분석했다.

도크토미의 이와 같은 황실중심주의는 일제 군부 지도층에게 큰 감동을 일으켰다. 도쿠토미의 논리가 곧 군부 방침이고 군부 전략이 곧 도쿠토미의 이념이었다. 그래서 일제의 도쿠토미에 대한 지원은 전폭적일 수밖에 없었다. 모든 물자가 배급되는 비상체제 가운데서도 일제는 도쿠토미의 서적 간행에 필요한 종이만은 전량 우선 배정했다. 뿐만 아니라 1930년 기원절(紀元節. 2월 11일)에는 도쿠토미의 황실중심주의 사상을 더욱 효과적으로 진흥 발전시키기 위한 '소호회(蘇峰會)'가 창립됐다. 초대 회장은 당시 도쿄대학의 저명한 우에다 가즈토시(上田萬年, 1867~1937) 교수였다. 회원은 1만2천여 명으로 전국 40여 곳

《오사카마이니치신문》 사빈으로 초빙된 도쿠토미 소호(왼쪽)가 모토야마 히코이치 《오사카마이니치신문》 사장(오른쪽), 친구 다나카 미쓰아키(가운데) 등과 함께 《오사카마이니치신문》 신문사 시설을 살피고 있다.

에 지회를 두었다. 태평양전쟁 말기에는 남태평양 군도에도 지회를 둘 정도였다. 지사나 시장이 소호회 지회장을 겸하는 곳도 적지 않았다. '소호회'는 도쿠토미의 강연이나 동정을 담은 기관지 《소호회지(蘇峰會誌)》를 만들기도 했다. 도쿠토미는 그해 모두 70회에 걸쳐 강연을 했다. 지회 발족식에는 한 곳도 빠짐없이 참석해 기념강연을 했다. 또 시간이 있을 때마다 아오야마 회관에서도 강연회를 열었다. 국민결속과 전의(戰意) 고취가 내용의 전부였다. 소호회는 일제가 망할 때까지 15년 동안 이런 활동을 계속했다.

이런 국민결속운동과 함께 대륙침략 기회를 엿보아 오던 일제는 마침내 1931년 9월 18일 중국에 선전포고도 없이 만주를

군사적으로 제패하는 이른바 '만주사변'을 일으켰다. 일제 관동군은 이듬해 3월 '만주국'이라는 괴뢰정권을 세우고 청나라 최후의 황제 애신각라 부의(愛新覺羅溥儀)를 만주국 황제로 옹립했다. 사가들은 이는 일제가 만주를 식민지로 만든 것이므로 당연히 전쟁이라고 표현해야 옳다는 주장이다. 그러나 일본은 아직도 이를 사변이라 고집하고 있다. 일제는 이어 1933년 3월 국제연맹을 탈퇴하고 워싱턴조약을 폐기하는 등 국제적 고립의 길을 자초하고 나섰다. 도쿠토미는 이를 "일본은 언제까지라도, 구미가 차려놓은 밥상을 먹는 자는 아니다"고 표현하고 있다 [《증보(增補)국민소훈》]. 요네하라는 "제국일본의 이런 일련의 조치는 국제적 고립을 자초하는 길이었음에도 풀뿌리 내셔널리즘 측면에서 보면 배일이민법 이래 쌓였던 국민들의 불만을 어느 정도 씻어주는 효과가 없지 않았다"고 주장했다. 당시 일본 국민 특히 군부는 미국에 협조적인 시데하라 기주로(幣原喜重郎, 1872~1951)의 대미외교에 불만이 컸던 데다 정부나 국민 모두 만몽(滿蒙)의 이권은 전쟁을 통해 피로 얻었다는 의식이 강했다는 설명이다.

일제는 만주침략 이후 언론 검열제를 실시, 보도를 엄격히 통제하기 시작했다. 이는 도쿠토미의 적극적인 건의로 이루어진 조치였다. 당시 일본 국내는 음모와 요인암살이 판치는 그야말로 공포시대였다. 특히 1936년 2월 26일 육군의 '황도파(皇道派)20)' 청년장교들이 일으킨 이른바 '니니로쿠(2·26)' 쿠데타는

20) 황도파 : 1932년 무렵 아라키 사다오(荒木貞夫, 1877~1966), 마자키 진자부로(眞崎甚三郎, 1876~1956) 두 대장(大將)이 위관급 청년장교들을 규합해 형성한 육군내의 한 파벌. 텐노의 권위를 이용해 국민을 통제하기 위해 텐노 중심의 국체(國體) 지상(至上)주의를 신봉했다.

커다란 충격이었다. 이들은 '국가개조를 막는 통제파(統制派)[21] 를 타도한다'는 명분으로 부대를 이끌고 수상관저 등 국가 주요 기관을 습격, 당시 내무대신 사이토 마코토, 오쿠라대신 다카하시 고래키요(高橋是淸, 1854~1936) 등 정부 요인을 살해했다. 사건은 이들을 3일 만에 진압함으로써 마무리됐으나 군부는 숙군(肅軍)을 핑계로 정계 요로에 군부세력을 크게 강화했다. 이 같은 진통을 겪은 군부는 대중 매체나 교과서, 나아가 할 수 있는 모든 가능한 수단을 다 동원해 국민에게 '대일본 정의'를 믿도록 선전했다.

단 몇 발자국이라도 시대를 앞서 걷는 것을 신조로 여긴 도쿠토미로서는 이런 시대에 스스로 무엇을 사명으로 할까는 너무도 분명했다. 언론통제로 전쟁수행을 지원하는 것이 그의 '언론보국(言論報國)' 신조였다. 물론 도쿠토미라고 해서 언론이 완전히 자유로웠던 것은 아니다. 그가 1940년 제2차 고노에 후미마로 내각 때 그의 글이 검열에 걸려 삭제된 사실을 폭로하고 "문필생활 60년의 최대 모욕이었다"(《일본을 알라》)고 고백하고 있는 예를 보면 당시 검열 실상을 짐작할 수 있다. 그는 어떤 내용이 기피사항에 저촉되었는지는 자세히 밝히지 않았다. 다만 일본·독일·이탈리아 동맹 중시관점에서 미일교섭을 비판했던 부분이 걸린 모양이라고 흘렸다. 삭제사실을 독자가 알 수 없도록 삭제부분을 논리에 맞게 고치도록 요구받았다고 한다. 요네하라는 "이런 사실은 도쿠토미와 정부 사이에 호흡이 맞지 않았다는 뜻이 아니라, 거꾸로 당국이 그에게 거는 국론통일의 구

---

21) **통제파** : 일본 육군성 중앙막료 등 영관급 장교를 주체로 형성된 군부의 한 파벌. 재벌·관료들과 결탁, 군부세력의 신장 및 전시체제 수립을 위해 군부 내 통제를 주장했다.

후쿠시마(福島)의 아이즈(會津)에서 '대미 경계'를 주제로 강연하고 있는 도쿠토미 소호

실이 그만큼 컸다는 점을 시사하는 대목"이라고 해석했다.

만주 침략에 재미를 본 일제는 1937년 7월 7일 또다시 '노구교(蘆溝橋)사건'을 일으켜 중일전쟁에 들어갔다. 노구교는 북경에서 서남쪽 8km 떨어진 곳에 있는 가장 오래된 석조 아치 다리이다. 1187년에 처음 세워졌으나 청대(淸代)에 들어와 고친 것으로 전해지고 있다. 길이 266.5m에 11개의 아치형 구멍이 뚫려 있고 다리 양쪽 1백40개의 돌기둥에 4백85마리의 사자 조각이 새겨져 아름다움을 더한다. 베네치아 여행가 마르코 폴로가 1260년대 중국을 왕래하며 이 다리를 보고 '세계에 둘도 없는 아름다운 다리'라고 극찬했다고 한다. 이처럼 유서 깊은 이 다리에서 일본군이 중국군에 사격을 가해 8년 전쟁이 시작됐다. 이 전투로 노구교는 중국 현대사에 다시 한번 이름을 새겼다. 이 사건 역시 일제는 만주사변처럼 중국에 선전포고도 하지 않고 일으켰으며 국가 사이 전쟁이었음에도 아직도 '노구교사건' 또는 '지나(支那)사변'이라 부른다. 이는 중국을 국가로 인정하지 않음으로써 일본 국민들에게 중국에 대한 멸시감을 심고 일본의 군사행동이 마치 '아시아 혁신'을 위한 조치인 것처럼 국내외에 선전하기 위해 꾸민 고도의 정치수작이었다.

더욱 한심한 것은 도쿠토미의 중일전쟁에 대한 인식이었다. 그는 중국과의 전쟁을 메이지유신 혁명과업의 일환으로 설명했다. 즉 '존왕양이(尊王攘夷)'를 목표로 한 메이지유신은 혁명 성공으로 이미 존왕과업은 이뤄졌지만 오랑캐(외세)를 아시아에서 몰아내는 양이과업은 아직도 진행 중이라는 논리였다. 이 얼마나 기발하고 엉뚱한 발상인가. 일본 국민들은 이 말을 진리인 양 받아들였고 군부는 이를 실행에 옮겼다. 전쟁을 도발한 일본군은 천진, 북경 등을 차례로 짓밟고 11월 상해를 점령했다. 그리고 그해 12월 13일 인간이 스스로 인간이기를 거부한 남경학살을 자행했다. 중국 국민당의 장개석(蔣介石, 1887~1975)은 중경(重慶)으로 수도를 옮겨 일본군에 대항했다. 그러나 일본군은 1938년 10월 21일 광동(廣東)을 빼앗고 27일 무한(武漢) 삼진(三鎭)을 함락했다. 도쿠토미는 그날 밤 중앙방송국의 '무한 삼진 공략' 기념방송에 출연, 무한 삼진 함락의 전략적 의미를 설명하며 승리를 자축했다. 11월 1일부터는 연 3일 동안 매일 아침 20분씩 같은 방송을 통해 〈메이지 텐노를 우러러 받들다〉는 제목으로 메이지왕 업적을 생방송했다. 일본군은 문자 그대로 파죽지세(破竹之勢)로 이듬해 2월 20일 중국 해남도(海南島)에 상륙했다.

도쿠토미는 이를 축하라도 하듯 2월 11일 청년들을 전쟁터로 내몬 《쇼와국민독본》을 출판했다. 일본 역사상 황실의 본래모습, 일본정신의 진수(眞髓), 중국을 둘러싼 아시아 형세 등을 해부하고 일본·독일·이탈리아 삼국동맹의 필요성과 미국과 싸워야 하는 이유 등을 밝히고 있다. 모두 50개 항목으로 돼 있는 이 책은 그의 노년 대작으로 꼽힌다. 구체적인 내용은 그가 〈본서간행의 유래〉에서 밝혔듯이 쇼와텐노에게 5회에 걸쳐 행한 '어전(御前) 강의'와 1913년의 《시무일가언》, 1916년의 《다이쇼의 청년과 제국의 전도》, 1925년의 《국민소훈》, 1927년의 《쇼와일신론(昭和一新論)》, 1929년의 《일본제국의 한 전기(轉機)》,

1933년의 《증보 국민소훈》 등의 내용을 다시 짜 맞춘 것이었다.

도쿠토미는 간행의 말에서 "우리 황국(皇國)은 이웃나라 중국과 싸움을 일으켜 토벌에 나선 지 일년 반에 이르고 있다. 나아가는 곳에 이기지 않는 곳이 없고, 공략하는 곳마다 철옹성도 무너뜨리며, 점령 지역은 중국 영토의 반에 이르고 있다. 이는 실로 일찍이 없었던 매우 큰 공적이다"고 장병들을 치하한 뒤 "한 사람의 노병이 전쟁터에 달려가는 심정으로 우리 중국원정 장병의 노고와 후방 동포의 열성에 조금이나마 보답하고, 군국(君國)의 발전에 이바지하기 위해 이 책을 펴낸다"고 썼다. 그러면서 "전쟁 근절을 명분으로 일으켰던 제1차 세계대전이 끝난 지 이미 20년이 지났으나 지금 세상은 오히려 전쟁을 향해 거꾸로 계속 가고 있는 추세"라며 "앞날이 결코 심상치 않으므로 국민 모두 다함께 힘을 모으자"고 당부했다.

《오사카마이니치신문》과 《도쿄니치니치신문》이 공동 출판한 이 책은 나온 지 석 달 만에 50만 부가 팔려 《오사카마이니치신문》은 이를 축하하는 출판기념회를 5월 12일 도쿄회관에서 열었다. 나중에 1백 수십만 부까지나 팔린 이 책은 1944년 《필승 국민독본》이라는 새 이름으로 둔갑, '가미카제(神風)'특공대들이 자살공격으로 목숨을 초개같이 버리는 '순국이념서'가 되기도 했다. 도쿠토미는 〈정신적 무장〉이라는 제목에서 "전쟁승리는 병력과 장비도 중요하지만 그보다는 정신무장에 있다"고 다음과 같이 설명했다.

지금 우리에게 가장 중요한 것은 정신무장이다. 지금 세계는 모두 무장하고 있고 또 무장해 가고 있다. 그것이 바람직하든 않든 우리는 세계의 대세를 직시하고 이 중대한 일에 대처하지 않으면 안 된다. 우선은 우리 스스로 강해져야 한다. 다시 말하면 타국의 힘을 빌리지 않고 자력으로 우리 뜻을 마음대로 펼 수 있는 힘을 길러야 한다. 개인에게 자치가 필요하듯 나라에도 자치를 요한다. 어떠한 경우에도 일본의 의지는 일본 국민이다. 물적 무장을 등한하지 말아야 함은 논할 필요가 없다. 하지만 그것만으로 국가 안전은 보장할 수 없다. 우리가 무장하면 상대방도 무장한다. 그것이 때로는 영국과 독일과의 건함(建艦)경쟁이 됐고, 독일과 프랑스와의 군비경쟁이 됐다. 어느 나라든 가상적국을 대상으로 군비 확충을 꾀할 수밖에 없다. 하지만 그것만으로는 역시 부족하다. 피아(彼我) 사이에 병력 수와 무기가 모두 같을 경우 승패는 무엇으로 결정되는가. 멀리 예를 찾을 것도 없다. 현재 눈앞에 벌어지고 있는 '지나사변'이 바로 교훈이다. 물적인 힘이 호각(互角)일 때는 정신무장이 돼 있는 쪽이 반드시 이긴다. 설령 물적인 면에서 조금 뒤지더라도 정신이 강한 자는 대개 이긴다. 일러전쟁과 작년부터의 지나사변이 이를 증명하고 있다. 봉천(奉天)에서는 22만의 일본군이 35만의 러시아군을 포위했다. 상해에서도 우리 해군 육전대는 10배 이상의 중국군을 물리쳤다. 중국 군사고문 팔켄 하우젠은 "강남의 방비는 철벽이어서 일본군은 절대 공략할 수 없다. 몇 천의 일본 육전대와 2만의 일본거류민을 황포강(黃埔江) 고기로 만드는 일은 하루아침 식사거리도 못 된다"고 장담하고 장개석도 그렇게 믿고 있었는데 현실은 완전히 반대였다. 이는 왜일까. 국방의 핵심은 정신무장에 두지 않으면 안 된다.

그러면 정신무장은 어떻게 할 것인가. 이는 국민에게 일본학을 교육하는 데 있다. 덧붙여 설명하면 일본학을 국민교육의 기본으로 해 건전하고 충량(忠良)한 일본 국민을 훈련 도야하는 것이다. 옛날 선인(先人)은 일 년의 계(計)는 곡식을 심고, 10년 계는 나무를 심으며, 100년의 계는 사람을 가르치는 데 있다고 했다. 이탈리아와 독일이 이를 실증하고 있다. 최근 항일교육을 받은 장개석의 중국군이 우리 황군에 큰 방해가 되고 있는 점을 보면 교육 그 자체의 효과를 결코 경시할 수 없음을 알기에 족하다. 수년 되지 않은 중국인의 항일교육조차도 이럴진대 우리의 일본학 교육이 얼마나 큰 효과를 거둘지는 아마 상상할 수 없을 것이다. 그러므로 우리가 당장 해야 할 일은 부국강병에 실수 없기를 바람과 동시에 일본학을 널리 알려 정신자세를 가다듬는 것이다. 우선 국민교육부터 이를 적용, 시행해야 한다.

도쿠토미는 '일본학'을 일본 국민이 체득해야 할 일본에 관한 모든 학문, 즉 일본국민이어야 할 지식과 교양을 닦는 학문이라고 정의했다. 변호사나 재판관이 되려면 법학을 배워야 하고 의사가 되려면 의학을 공부해야 하듯이, 충량한 국민이 되려면 일본학을 익혀야 한다는 설명이다. 그는 일본학은 그동안 학문이 아니라 역사로 존재했다고 말한다. 바꿔 말하면 옛날은 나라 자체가 일본학교였고, 당시의 사건이 교과서였으며, 국민은 일본학교 학생으로 황실이 일본학의 기조였다는 설명이다. 도쿠토미는 《신황정통기(神皇正統記)》를 일본학의 제일 교과서로 들었다. 이 책은 황국의 국체 모습, 황실주의 요령, 황도의 본의 등을 명확히 설명해 일본정신의 결정판이라는 이야기다.

그는 일본 국체에 대해서도 "일본은 신국(神國)이다. 3천 년의 역사를 거슬러 올라가면 임금과 국가를 동일시해 애국이 곧 충군(忠君)이고 충군이 곧 애국이었다. 이는 일본에만 있었던 제도로 다른 나라와 비교할 수 없는 점이다. 그리고 이것이 즉 신국인 까닭이다. 일본은 과거 신국이었을 뿐만 아니라 현재도 신국이고 앞으로도 신국이어야만 한다"고 잘라 말했다. 도쿠토미는 이를 근거로 다음과 같이 충효일치를 강조하고 있다.

일본 국민의 성질 가운데는 손꼽을 만한 예가 많다. 물론 그 가운데는 다른 나라 국민과 공통된 점도 적지 않다. 하지만 특징을 딱 한 가지만 들라면 텐노에 대한 절대 충성이다. 우리 국민과 황실은 충(忠)으로 연결돼 있다. 일군만민(一君萬民)의 열매는 오로지 국민의 충성으로 맺는다. 충은 실로 일본국민성의 중추이다. 그 밖의 성질은 곁가지에 불과하다. 중국에 심취한 한학자들은 충효의 가르침이 중국으로부터 수입된 전래물이라고 우겨왔다. 그러나 충은 야마토민족 고유의 특질로 충이 없으면 야마토 민족은 아니다고 말해도 좋을 정도이다. 다만 중국학이 들어오고 나서 충효의 개념이 더 세분돼 일본 본래개념의 충에 얼마간의 각주(脚註)를 달아 온 점은 인정해야 한다. 하지만 일본과 중국의 충효는 관념상 근본적으로 다르다는 점을 유념해야 한다. 중국은 가족본위의 나라이다. 그러므로 충을 가벼이 하고 효를 중시한다. 일본은 국가본위의 나라이다. 따라서 충을 으뜸으로 하고 효는 그 다음이다. 중국에서는 충효를 같이 지킬 수 없을 때는 충을 버리고 효를 택한다. 물론 일본은 충을 우선으로 한다. 가령 우리들은 겉으로는 충을 위해 효를 버리는 일이 있어도 내면으로는 충을 지키는 일이 곧 효도라는 점을 인정하고 있다. 만약 효 때문에 충을 버리는 효자가 있다면 일본에서는 이는 효의 진의에 반하는 행위로 불충불효라 말함을 주저하지 않는다. 즉 임금에 충성을 다하고 몸을 바치는 일이야 말로 부모의 뜻을 이루는 효의 극치로 여기는 일은 일본 국민의 공통된 관념이다. 일본에서는 충을 유일로 여기고 있다. 충이라고 하면 효도 그 안에 포함돼 있기 때문이다. 따라서 텐노에 충을 다하는 일은 충효를 다하는 셈이다.

도쿠토미는 이와 함께 일본이 지금까지 한 번도 타국에 정복당한 적이 없었다는 점을 유난히 강조한다. 그 점은 말할 나위도 없고 독립을 침해당한 적도 전혀 없었다는 사실을 심지어 '일본의 특색'이라고 자랑하고 있다. 그는 이처럼 일본이 유사 이래 완전한 독립을 유지할 수 있었던 것은 지리적으로 절해의 섬나라인 이유도 있지만 그보다는 일본 국민이 황실을 제일로 떠받들었기 때문이라고 단언한다. 달리 말하면 일본국이 독립국으로 존재하는 까닭은 황실이 존재하기 때문이라는 설명이다. 그는 만약 일본에 태양 같은 황실이 없었더라면 일본은 난마처럼 얽혀 도저히 통일할 수 없었을 것으로 진단했다. 그리고 집권을 꿈꾸는 정치 야심가는 스페인과 같은 해외의 막강한 세력을 끌어들이고 또 다른 야욕가는 이보다 더 큰 세력과 손을 잡았으리라는 것이 그의 생각이다.

도쿠토미는 "일본민족이 나라를 외국에 파는 행위는 역사 이래 단 한번도 없었으며 이 또한 자랑이 아닐 수 없다"고 말하고 "이는 모두 황실이 있었기 때문에 가능했다"고 이 책에서 설명하고 있다. 이는 물론 다음과 같이 국민들을 전쟁에 적극 참여시키기 위한 전주곡이었다.

세계의 앞날은 일본과 직결되고 일본의 앞날은 일본의 청년과 처녀들에게 달려 있다. 이들이 책임을 다하는 첫걸음은 오로지 우리 황도(皇道)를 세계에 선양(宣揚)하고 우리의 지향하는 바를 널리 알리는 데 있다. 즉 일본 국민으로서 세계에 모범을 보이고 실제 교훈을 주어야 한다. 그리고 이는 말만이 아니라 실행이 앞서야 한다. 우리들은 결코 현재의 일본 상태에 만족할 수 없다. 우리 동맹국인 독일·이탈리아와 힘을 합하고 모두가 자발적으로 황실을 중심으로 일치협력, 헌신 봉사하는 모범을 보여야 한다. 만일 미래일본을 짊어질 청년, 처녀들이 진실로 일본정신을 살리는 화신(化身)이 되고 표본이 될 수 있다면 동아, 구미만이 아니라 세계인 모두를 동화(同化)해야 한다. 이는 결코 우리의 공상도, 잠꼬대도, 구름 가운데 누각도 아니다. 현실의 문제이고 딱 맞는 문제이다.

건전한 사람이 건전한 가정을 이루고, 건전한 가정이 튼실한 마을을 이루며, 튼실한 마을이 튼튼한 부현(府縣)을 이루고 튼튼한 일본을 이룬다. 그리고 튼튼한 일본이 이윽고 세계 지도자로 우리 황도를 세계화하기에 이른다. 그 순서는 태양을 보기보다 분명하다. 희망은 천상에 있고 실행은 발아래 있다. 천 리 길도 한 걸음부터 시작한다. 고원(高原)이 높고 멀다고 해서 결코 회피하면 안 된다. 언젠가는 도달할 날이 온다. 만일 지금의 젊은이가 이르지 못하면 다음 세대가 하고 그렇지 못하면 그 다음 세대가 한다. 끊임없이 계속하는 것이 우리 일본역사의 본성이자 특성이다. 우리는 우리 젊은이들의 훈련과 교양교육을 일본적(日本的)으로 시작하도록 주문한다. 그들이 완전무결한 일본인이 되게 하라. 그것이 곧 모범적 세계인이다. 그리고 일본적인 훈련과 교양은 일본인다움을 자각하게 하고, 일본인 자격을 준다. 일본인다운 자각의 기조(基調)는 텐노헤이카(天皇陛下)의 적자(嫡子)라는 사실을 스스로 인정하는 데 있고, 일본인다운 자격의 기조는 군국봉사 정신의 존양(存養)이다.

일본 국민은 몸을 다해 군국(君國)에 봉사하는 사람이 되어야 한다. 생활하기 위해 군국에 봉사하는 것이 아니다. 이 한 가지가 구미 공리(功利)주의 국민과는 완전히 대조적임을 아는 일이 일본국민다운 제일 조건이다. 어떠한 경우도 군국을 위해 흔연히 몸을 바치는 일본인이 돼라.

이는 일본 젊은이들을 전쟁터에 내몰기 위해 나름대로 체계화한 '전쟁동원 논리'에 다름 아니다. 이 논리는 당시 군부와 문교당국이 공동으로 추진한 국체(國體)교육과 연계돼 실로 무서운 힘을 발휘했다. 도쿠토미의 '황실군국주의사상'은 이에 그치지 않는다. 머지않은 앞날에 미일전쟁이 일어나리라 예상한 도쿠토미는 유사시 모두가 혼연일체가 돼 단합하도록 다음과 같이 국민들의 마음가짐을 다잡는다.

난장이가 거인이 되기 어렵지만 거인이 난장이가 되는 것도 어렵다. 일본은 지금 거인의 하나이다. 세계 유일한 거인은 아니지만 거인 무리 가운데 하나이다. 일본이 어디까지 성장할지는 오늘 이후의 문제이다. 국운은 결코 정체하는 법이 없다. 앞으로 나아가지 않으면 후퇴하고, 물러나지 않으면 나아간다. 오늘의 일본은 앞으로 나가는 것 외에 살아날 길이 없다. 따라서 우리들은 황도의 세계화가 하늘로부터 일본에 내려진 천명이라 깨닫는다. 결단코 이 일을 맡지 않으면 안 된다. 그것이 곧 메이지 유신 개국진취(進取)의 황모(皇謨)이다.

일본에는 적이 있고 동시에 우리 편도 있다. 당면의 적은 공산당이고 당면의 아군은 방공(防共)협정을 맺은 여러 나라들이다. 그러나 적은 반드시 공산당만이 아니다. 일본이 강대해짐을 불리하게 하고 일본을 벼랑으로 떨어뜨리려고 하는 측은 모두 우리의 적이다. 스스로 일부러 적을 만들지 않더라도 큰 나무에 바람이 많은 것은 자연의 이치이다. 그러나 적을 결코 두려워해야 할 일만은 아니다. 그들에게 무기가 있다면, 우리에게도 무기가 있다. 그들에게 전투력이 있으면 우리에게도 있다. 그들에게 모략이 있으면 우리에겐 대책이 있다. 그들이 갖고 있는 것은 우리도 모두 갖고 있다. 우리 동맹국인 독일과 이탈리아는 위대한 역사를 갖고 있고 문화도 독특하다. 우리들은 양국과 군사적 동맹만이 아니라 삼국 특수의 문화를 서로 교류해 향상 발전시켜야 한다. 즉, 특수 목적으로 특정 시간에 한해 친구가 되는 것이 아니라 광범한 의의로 맺어진 유익한 친구로 서로 기다리고 기다려야만 한다는 것을 기억해야 한다. 삼국동맹이 세계역사에 크게 기여해야 하는 것은 당연한 일이다. 하지만 어떠한 경우도 일본은 자력으로 임해야 함을 각오해야 한다. 타국에 의존하는 추태를 보여서는 안 된다. 어디까지나 독일은 독일이고 이탈리아는 이탈리아이며 일본은 일본이기 때문이다.

도쿠토미는 이어 1940년 2월 동아시아의 신질서 구축 계획과 전망 등을 밝힌 《만주건국독본》을 내놓은 다음 〈동아 신질서

구축은 일만(日滿) 통합으로부터 시작된다〉는 제목으로 라디오 강연을 했다. 그해 9월 13일에는 '니니로쿠사건' 대심원 공판에 참고인증인으로 출석, 1시간 넘게 당시 일본의 '고립상황'을 설명하며 청년장교들의 쿠데타를 난국 타개를 위한 '애국충정' 행동이라고 피고인들에게 유리하게 증언함으로써 40명 전원이 풀려나게 했다. 그는 또 도야마 미쓰루(頭山滿), 나카노 세이고(中野正剛) 등 초국가주의들과 손잡고 〈삼국동맹 즉시체결 건의서〉를 정부에 제출, 9월 27일 독일·이탈리아·일본 등 삼국동맹이 이루어지도록 앞장서기도 했다. 이와 같이 도쿠토미는 중국을 통째로 손아귀에 넣기 위해 미국 및 영국과의 한판 대결을 벼르며 정부를 채찍질하고 일본 국민 여론을 통합하는 데 전력을 다했다.

'대 제국'의 꿈은 사라지고

전쟁을 시작한 지 4년이 넘도록 중국을 제압하지 못한 제국 일본은, 마침내 1941년 12월 8일 새벽 3시 19분(하와이 시간 7일 오전 7시 49분) 선전포고도 없이 진주만을 기습공격, 태평양전쟁의 막을 열었다. 미국이 중국을 지원, 일본의 재미(在美)재산을 동결(1941년 7월 25일)하고 일본에 석유수출을 금지(8월 2일)한 데 따른 보복이었다. 기습공격은 일제의 주특기였다. 청일전쟁과 러일전쟁 때 기습공격으로 큰 성과를 거둔 일제는 이번에도 국제개전(開戰)조약[22]을 무시하고, 그것도 모두가 쉬는 일요일을 틈타 진주만을 불바다로 만들었다. 작전은 미국과의 전쟁을 치르지 않고는 남방(南方)공략이 불가능하다고 주장해 온 야마모토 이소로쿠(山本五十六)[23] 해군 원수(元帥)가 입안했다.

도쿠토미에게 태평양전쟁은 꿈을 실현할 수 있는 커다란 희망이었다. 중국과 만주를 포함한 아시아대륙에 '대일본제국 건설'이 소원이었던 그는 이제야 비로소 동아시아에 신질서를 수립할 수 있는 서광이 비쳤다며 개전을 기뻐했다. 도쿠토미는 앞서 언급했듯 군부에 독·이·일 삼국동맹을 권유하고 지도하며

---

22) **국제개전조약** : 일제가 러일전쟁 때 선전포고 없이 공격을 개시한 것을 계기로 비열한 전투행위를 막기 위해 1907년 헤이그평화회의에서 채택, 1910년 1월 발효됐다. 일본은 1911년 12월 이를 비준하고 이듬해 1월 공포했다.

23) **야마모토 이소로쿠** : 1884~1943. 1919년부터 2년 동안 미국 하버드대학에서 수학. 해대교관, 항공본부기술부장 등을 거쳐 연합함대사령장관 겸 제1함대 사령장관. 1943년 남방의 해군기지를 시찰하다가 솔로몬 군도 상공에서 전사하였다.

전쟁 준비에 이미 깊숙이 관여하고 있었다. 그는 1941년 정초 국영 라디오방송 강연에서 "나의 정치예보가 잘 맞을지 여부는 때가 돼 보아야 알겠지만 올해는 '폭풍우'가 몰아칠 전망이다"고 국가 비상사태를 정확히 암시하고 있다. 그가 말한 폭풍우는 일본과 앵글로색슨 인종과의 '어쩔 수 없는' 대결이었다. 그는 이어 소호회 강연에서 "일본의 동아신질서 건설 도상에 가로놓인 장애는 앵글로색슨이다. 이들에게 이기면 동양 민족의 미국·영국 의존은 없어지게 되고 결국 그들의 질곡으로부터도 해방될 수 있다. 일본이 적극적으로 나가면 물론 미영(美英)과 충돌하게 된다. 그렇다고 멍청하게 앉아 있어도 충돌은 불가피하다"고 더욱 구체적으로 지적했다.

8일 발표된 대 국민 〈선전(宣戰) 조서(詔書)〉도 도쿠토미가 도조 히데키(東條英機, 1884~1948) 수상을 도와 기초했다는 것이 일본 학계의 정설이다. "하늘의 도움으로 만세일계 황조(皇祚)를 실천하는 대일본제국 텐노는 충성용무(忠誠勇武)한 국민들에게 미국 및 영국에 대한 전쟁을 선포한다"로 시작한 조서는 "미영 양국은 중국을 지원해 동아의 화란(禍亂)을 조장하고, 평화의 미명 아래 도저히 이루어질 수 없는 동양 제패를 꿈꾸고 있으며, 여러 나라를 꾀어 제국의 주변에 무비(武備)를 증강하고, 경제상·군사상 위협을 증대함으로써 일본을 굴복시키려 하고 있다"고 전단(戰端) 이유를 밝히고 "동아의 영원한 평화와 제국의 자존, 자위를 위해 전 국민은 하나로 뭉쳐 기어코 '정전(征戰)목적'을 달성하자"고 다짐하고 있다.

개전 당시 도쿠토미는 79세 고령이었다. 그런 노구에도 미국을 이기기 위한 불타는 의지가 너무 커서 누구도 그것을 꺾을 수 없었다. 그의 구실은 일본 국민을 전쟁에 총동원하는 '사상

전(思想戰)'을 촉진하는 것이었다. 그는 12월 10일 고라쿠엔(後樂園)에서 각 신문사가 공동 주최한 '미영격멸(美英擊滅)국민대회'에 참석, 〈흥아(興亞)의 새벽종[曉鐘]〉이라는 주제로 열변을 토하며 "국민 모두가 이 성전에 온몸을 바쳐 동참하자"고 선동했다. 18일에는 히비야 공원에서 열린 《도쿄니치니치신문》 주최 시국강연회에서 〈대동아 전쟁의 유래와 우리들의 각오〉란 제목으로 '태평양전쟁은 의전(義戰)'임을 강조했다. 그의 강연은 언제나 반미(反美)·반영(反英)·반백인종이 주제였다. 미국에 대한 비판은 일제의 만주침략 이후 더욱 격렬해졌다.

그가 1931년 10월 17일 오카야마(岡山)공회당에서 행한 〈세계에 대한 일본제국의 사명〉이란 연설은 미국에 대한 적개심을 그대로 드러내고 있다. 그러나 이는 일본이 조선과 만주를 유린한 사실은 무시한 채 미국 등 적대적인 구미 국가들을 공격한 제국주의 논리에 지나지 않는다.

　　백색인종은 오늘의 세계가 마치 자기 소유물인 것처럼 행세하고 있다. 곳곳에 영지(領地)를 지배하고 원료를 거저 가져가 가공한 뒤 비싼 값에 팔아 큰 이익을 남기고 있다. 이것이 백색인종이 지난 19세기 백 년 동안 한 일이었다. 구주(歐洲)대전은 영국과 독일 두 나라의 세력권 다툼이었다. 그 결과 그 이전까지 채권국이던 영국이 미국에서 돈을 빌려 미국에 옴쭉 달싹 못하게 됐다. 미국은 오랫동안 일영동맹을 우려하고 있었다. 미국에 목이 조인 영국은 결국 일영동맹을 파기했다.

　　한마디로 말하면 지금은 백색인종의 횡포시대, 그 가운데서도 미국의 횡포시대이다. 미국이라는 나라는 타인에게 하는 말과 자신에게 하는 말이 다르다. 이것이 미국의 국풍이다. 평화회의 무렵 윌슨은 민족자결을 부르짖고 구주에 작은 나라를 독립시켜 나가면서 자기 나라는 더욱 크게 확장했다. 자기 나라가 만든 국제연맹에도 가입하지 않았다. 스스로 먼로주의(Monroe主義)를 주창, 아무도 남미와 북미 문제에 관해 말을 꺼내지 못하게 하면서도 다른 지역 문제에는 아무 거리낌 없이 개입한다. 오늘날 세계의 도의, 평등은 눈앞에서 유린되고 있다. 일러전쟁 때 미국이 조정에 나선 것은 일본이 예뻐서가 아니었다. 일본이 강하게 되면 미국이 마음대로 조종할 수 없게 돼 강화를 주선한 것이다. 우리들은 이른바 군국주의자도, 그렇다고 절대 평화론자도 아니다. 세계에 하나의 독립국으로 올바른 길을 걷고, 올바른 길을 세계에 실천하지 않으면 안 된다.

미국 페리함대의 일본 내항(來航)(1853년 7월 8일)에 대한 도쿠토미의 해석도 일반 사가들과는 판이하다. 일본은 페리를 일본 발전의 은인이라고 생각하고 그가 첫발을 디딘 요코스카 구리하마(久里浜)에 1901년 7월 페리상륙기념비를 세웠다. 기념비 글씨는 이토 히로부미의 필체이다. 도쿠토미도 그때 제막식에 참석, 행사를 지켜봤다. 그는 《근세일본국민사》를 쓰기 위해 미국 측 여러 문헌을 조사하면서 페리가 일본을 방문하게 된 진정한 동기를 알게 됐다. 그리고 1932년 11월 5일 '니혼바시(日本橋)구락부'에서 페리내항 내막을 다음과 같이 밝혔다.

일본인들은 대부분 미국의 페리 내항을 일본개국의 은인이라고 생각하지만 이는 미국역사를 근본적으로 틀리게 읽고 있는 데 말미암는다. 우리들은 워싱턴·프랭클린·링컨 등의 이름에 홀려 미국을 인도주의의 나라, 자유의 나라, 성인(聖人)의 나라라고 생각해왔다. 그러나 미국이 하는 일을 잘 보면 성인도, 현인도, 인도주의자도, 평화가도 아니다. 그동안 우리들의 생각은 틀렸다. 미국을 뿌리부터 고쳐 알 필요가 있다. 미국역사 자체를 들여다보면 세계에서 미국만큼 싸움을 좋아하는 국가나 국민도 없다. 통계로 보면 독립전쟁으로부터 제1차 세계대전까지 1백30년 남짓 동안 11회나 전쟁을 했다. 전쟁기간도 20년 8개월이나 된다. 스팀슨 등은 일본을 무단(武斷), 폭력국가라고 지칭한다. 이는 일본이 가끔 무력을 사용하기 때문에 듣게 된 말이다. 실로 미국은 개국 때부터 싸움해 온 나라다. 독립전쟁 자체가 싸움이었다. 이런 나라를 평화를 좋아하는 나라, 인도주의 국가라고 생각했으니 틀려도 이만저만이 아니다. 미국인은 보통 사람들 가운데서도 싸움을 잘하는 인간에 속한다. 미국은 준비도 하지 않고 만나자마자 싸움을 하려 하고 싸움이 벌어지면 그때야 준비를 서두른다. '싸움이 끝나고 몽둥이 찾기'라는 말이 있으나 미국은 싸움을 시작하면서 군대를 모집하고, 훈련하고 준비하는 국체이다. 세계역사를 보면 인류의 대이동은 동에서 서쪽으로 일어났다. 미국도 그렇다. 독립 이래 완력과 외교, 금력을 동원, 서쪽으로 확장해 나갔다. 인종파동으로 말하면 미국인이 동양에 나온 것도 자연의 일이다. 원래 미국은 예로부터 중국과 잘 오고 갔다. 독립 전부터 그랬다. 범선으로 중국인이 가장 좋아하는 야생인삼·모피·은 등을 싣고 와, 중국의 견사·차 등으로 바꿔갔다.

그런 가운데 증기기선 발달로 고래잡이가 성행하게 되고

회사도 늘어났다. 고래잡이에 들어간 돈은 그때 돈으로 1천7백만 달러나 되며 종업원도 1만 명에 이르렀다. 이 포경선의 물, 땔감, 식료 등을 보충할 항구가 필요하게 됐다. 저탄장이 욕심나고, 배 수리시설이 탐났다. 그래서 페리가 일본으로 왔던 것이다. 페리는 일본에 오기 전 네덜란드에서 3만 달러를 주고 일본 해도(海圖)를 구입하고, 일본에 관한 책으로 일본을 연구했다. 선원들도 모두 건장한 젊은이들뿐이었다. 그들은 일본에 도착해 여러 가지 건의서를 막부에 제시했다. 만일 일본 정부가 본토의 항구를 개항하지 않을 때는 좋은 항구가 있는 일본 남쪽 섬 한두 개를 점령하고 군함 주둔소를 만들겠다는 내용이었다. 유구(琉球)에도 항구를 열 생각이었다. 그들은 먹을 것을 해결하기 위해 과실, 채소 씨앗을 가져왔고 경작에 쓸 농구(農具)도 지참했다.

이렇게 하여 도착해보니 다행히 일본 및 태평양의 여러 섬은 아직 영국의 손이 닿지 않고 있었고, 그 가운데 상당수는 통상의 요로로 판단됐다. 그래서 피난항을 얻는데 촌시도 지체해서는 안 된다며 포하턴호 등 다른 군함을 속히 일본으로 오도록 했던 것이다. 또 미국 정부는 페리에 훈령을 내려 말을 듣지 않으면 상당한 응징이 따를 것이라고 협박하도록 했다.

페리가 왔을 때 일본은 툇마루에서 호랑이라도 만난 듯이 놀랐다. 페리는 2년 2개월 동안 일본에 머물렀으나 다행히 대통령이 바뀌어 바로 소환됐다. 일본은 여러모로 들볶인 끝에 일본남아의 본색을 발휘해 드디어 대 해군국(海軍國)이 됐고 미국의 태평양 진출을 막는 장애물로 성장했다. 여기에 미국인도 참지 못한다. 미국은 우리가 힘이 세어 싸움을 하더라도 도저히 승산이 없다고 판단되면 친교를 계속할 것이지만 조금이라도 빈틈이 보이면 친교는 그날 바로 깨진다는 사실을 여러분도 생각하고 있지 않으면 안 된다. 이것이 즉 일미관계이다. 그들의 속셈을 제대로 파악하면 페리 내항 이래 80년 동안의 역사를 확실히 알 수 있다.

이와 같은 도쿠토미의 미국에 대한 적개심은 일본 국민들의 감정을 자극하는 흥분제였다. 그는 가는 곳마다 강연에서 이런 내용을 되풀이 강조했다. 때마침 연이어 날아든 승전보는 그를 더욱 날뛰게 했다. 연전연승에 고무된 일본 정부도 1942년 2월 18일 '대동아전쟁전승 제1차 축하국민대회'를 열고 승리를 자축했다. 그러나 국민들에겐 기쁨보다 고통이 배가됐다. 한창 공부해야 할 학생들은 노력봉사나 군사훈련에 내몰리고 군에 못 간 장년들도 방공훈련 등으로 날마다 시달렸다.

일제는 그해 5월 26일 지식인들을 전쟁에 동원하기 위해 '일본문학보국회(日本文學報國會)'와 '대일본언론보국회'를 만들었다. 이 역시 도쿠토미의 입김이었다. 만주사변 때 이미 재갈이 물려진 언론은 통제가 더욱 엄격해졌다. 대본영에서 발표한 보도 자료가 아니면 전투 전황 등 작전 관련 기사는 일절 쓸 수 없었다. 문학작품도 전쟁 비판은 말할 나위 없고 국민 사기저하에 저촉되는 내용도 금물이었다. 도쿠토미는 이 두 단체의 회장을 겸임했다. 특히 일본문학보국회는 일본정보국이 직접 조직한 산하단체였다. "모든 문학자가 '황국문학자로서의 세계관'을 확립, 한마음 한뜻으로 정부의 문예정책 수립과 수행에 협력토록 한다"는 것이 정보국이 겉으로 내세운 창립목적이었다. 조직과 활동은 모두 정보국이 통제했다. 일본문학보국회는 회장 아래 상임이사 2명, 이사 13명, 간사 1명을 임명했다. 회원은 2천5백 명 남짓에 달했다.

정보국은 문학보국회의 효율적 통제를 위해 조직을 소설·극문학·평론·수필·시·담가·하이쿠·국문학·외국문학 등 8개 분야로 세분했다. 각 부회는 부회장 2명과 간사장 1명을 두었다. 부회장은 전문분야의 지도적 인물을 뽑고, 정보국 지시에 따라 사무국이 회원 사이에 연락을 담당했다. 사무국은 총무부·심사부·사업부로 조직됐다. 사무국장과 사무원은 정보국 차장 오쿠무라 기와오(奧村喜和男, 1900~1969)가 임명했다. 초대 사무국장에는 구매 마사오(久米正雄, 1891~1952)가 지명됐고, 나카무라 무라오(中村武羅夫, 1886~1949)가 뒤를 이었다. 회원들 가운데는 자유주의 작가와 좌익성향 작가들도 망라됐다. 이들이 문학보국회에 참여한 것은 이 회에 가입하지 않으면 이단자로 낙인 찍혀 창작활동은커녕 생활도 제대로 할 수 없었기 때문이었다. 이 단체 회원이 되는 것은 특권을 손에 넣는 거나 다름없었다. 그러나 나카자토 가이잔(中里介山, 1885~1944)처럼 "소생은 이들 문사(文士)와 전혀 성질을 달리하고 인선기준을 알 수 없으며, 문필을 가진 이래 보국 생각을 한번도 버린 적이 없으므로 새삼 보국회에 들어갈 필요를 느끼지 않는다"며 입회를 거절하고 항의성명을 낸 예도 있었다.

도쿠토미의 반미 선전활동은 이에 그치지 않았다. 정부의 각종 선전문(宣戰文)을 더 호소력 있게 고치고 군부작전을 자문하며 순회강연으로 전 국민에게 승전의욕을 불어넣는 정신무장교육은 그의 몫이었다. 그는 '현실정치의 각본가'로 일본 정계를 움직이는 막후 실력자였다. 그의 위상은 패전을 수개월 앞두고 죽은 반전 비평가 기요사와 기요시(淸澤洌, 1890~1945)의 일기에서도 확인할 수 있다. 기요사와는 "우리나라에는 '불경죄'가 몇 가지 있다. 첫째는 황실이고, 둘째는 도조 히데키, 셋째는 군부, 넷째는 도쿠토미 소호이다. 이들에 대해서는 일절 비평이 허용되지 않는다"고 적고 있다. 도쿠토미는 공로를 인정받아 1943년 4월 29일 제1회 문화훈장을 받았다.

사상전에 여념이 없던 그에게 1943년 5월 21일 뜻하지 않은 비보가 전해졌다. 진주만 공격작전을 입안한 야마모토 이소로쿠가 4월 18일 남방 해군기지를 시찰하다가 솔로몬 상공에서 미군기의 공격을 받고 사망했다는 것이다. 대본영은 국민들의 사기저하를 우려해 이 사실을 한 달 이상 숨기다가 뒤늦게 발표했다. 도쿠토미는 5월 21일 그를 위해 조사(弔辭)를 쓰고 방송을 통해 애도 강연을 했다. 그날 밤에는 도조 수상의 부탁을 받고 〈야마모토의 숭고한 죽음을 헛되이 하지 말자〉는 내용의 대국민격려문을 발표하기도 했다.

도쿠토미는 이런 가운데 1944년 2월 11일 기원절을 맞아《필승국민독본》을 출간했다.《오사카마이니치신문》에서 펴낸 이 책은 1943년 11월 중순부터 기자에게 구술하여 쓴 것이다. 그동안 구술은 여비서 야에카시 도코(八重樫東香)가 맡아왔으나 암으로 병원에 입원해 있었다. 여비서를 사랑한 그는 병상으로 보낸 편지에서 이 책에 대한 열정을 말하고 있다. "다음 달 나올 새 책이 머릿속에서 떠나지 않고 있다. 일세의 지용(智勇)을 모두 쏟아 만고의 심흉(心胸)을 개척하는 대 문장을 내놓고 싶다 (10월 26일). 내용의 절반은 이미 원고를 완료했다. 이번에는 정부로부터 50만 부의 종이를 예약 받았다. 노생(老生)도 산 보람 있는 일을 하기에 이르렀다(11월 19일). 어제로 원고를 모두 마무리 했다.《쇼와국민독본》과 같이 약 7백 장 분량이 되지 않을

까. 대단히 재미있다. 꼭 한번 읽어주기 바란다. 아무튼 50만 부 정도는 내놓고 싶다. 백만 부도 자신하지만 이를 인쇄할 만한 종이가 없다(11월 21일)”(《德富蘇峰翁と病床の婦人秘書》).

정부 약속대로 일본출판회에서 종이를 특배해 초판은 50만 부를 찍었다. 내용은 온통 전쟁에 대한 고무 찬양이다. “일본이 이기느냐 지느냐는 문제가 아니다. 일본은 이미 이겨 있고 또 계속 이겨 가고 있다. 사실이 이를 증명하고 있다. 공격하면 반드시 얻고 싸우면 반드시 이긴다.” 이것이 그의 결론이다. 당시 악명 높았던 대본영 발표와 조금도 다르지 않다. 그러나 도쿠토미가 이 책을 집필할 무렵 전황은 일본에 대단히 불리했다. 비참하기 그지없었던 1943년 2월의 과달카날 섬 철수와 그해 5월에 있은 알류산 열도의 아투 섬 수비대 전멸사건을 모를 리 없었다. 특히 아투 섬에서는 2천3백79명 가운데 겨우 28명이 투항해 살아남고 나머지는 그들 말로 모두 ‘옥쇄’했다. 이런 사실을 알고도 그는 그렇게 썼을까. 아니면 정말 몰랐을까. 만일 모르고 그렇게 썼다면 이는 언론인 도쿠토미의 명예에 관한 문제로 책임을 면할 수 없다. 알고도 그랬다면 전황이야 어찌되었든 공허한 말로 국민을 죽음으로 내모는 사기극에 지나지 않는다. 더욱 끔찍한 일은 이런 무의미한 문장을 ‘아주 재미있다’고 자화자찬하고 ‘사는 보람을 느낀다’고 생각한 도쿠토미의 정신이다.

도쿠토미는 《필승국민독본》이 나온 그날 밤 도쿄방송국에서 〈진무텐노(神武天皇) 동정(東征)과 대동아전〉이라는 연제로 방송 강연을 하고 3월 7일에는 히비야 공회당에서 각 신문통신사가 공동 주최한 대일본언론보국회 국민총궐기대회에 나가 〈일청, 일러 및 대동아 성전〉에 대해 2시간 동안 열변을 토하며 끝까지 항전할 것을 촉구했다.

그러나 이런 불굴의 노력에도 도쿠토미의 꿈은 쇼와 텐노의 무조건 항복선언과 함께 산산이 조각나고 말았다. 그는 1945년 8월 15일 후지산 소기소(雙宜莊) 별장에서 텐노의 항복방송을 들었다. 도쿠토미는 그때까지 텐노가 항복하리라고는 꿈에도 생각지 않았다. '성전완수' 다짐이리라 믿고 전날 밤 축하식사까지 했다고 한다. 《오사카마이니치신문》 사빈으로 논설을 쓰고 있던 인물에게 왜 이런 일이 일어났을까. 늙은 탓이었을까. 아니면 미국과 영국을 철저히 미워한 감정 때문이었을까. 도쿠토미와 친했던 사람들의 회고록에 따르면, 그는 대본영의 전황 발표를 진정으로 믿고 있었다. 요네하라 그가 쓴 《도쿠토미 소호 - 일본 내셔널리즘의 궤적》에서 "그에게는 사태를 솔직히 파악하려는 태도도, 냉정한 정치적 사고도 존재하지 않았다. 앵글로색슨의 '횡포'에 대한 분개조차 단순한 의태(擬態)로 의심될 정도이다. 정부에 대한 믿기 어려운 순종은 언론인 자격의 본질을 되묻게 한다. 다만 확실한 것은 도쿠토미가 그런 행위를 '문장보국'이라고 믿고 있었던 것뿐이다"라고 비판하고 있다.

방송을 듣고 가장 먼저 도쿠토미를 찾아온 사람은 《오사카마이니치신문》 기자 다카키(高木德)였다. 16일 오후 3시쯤 도쿠토미 별장을 방문한 그는 걱정스러운 얼굴로 도쿠토미에게 앞으로의 일에 대해 물었다. 도쿠토미는 실로 비장한 얼굴로 "맥아더는 반드시 나를 잡으러 올 것이다. 그렇지만 나는 비겁한 생각은 하지 않는다. 희망대로라면 여기서 자결하고 싶다. 만약 자네가 칼의 달인이라면 내 목을 쳐주기를 바랄 텐데……"라고 말했다. 둘의 대화 도중 근처에 살고 있던 마쓰이 이와네(松井石根, 1878~1948) 대장이 찾아와 별실에서 약 1시간가량 이야기를 나누고 돌아갔다. 도쿠토미는 다카키에게 신문사 사빈을 그

일본 패전 직후 만청초당에 칩거하고 있던 도쿠토미 소호.

만두겠다며 그 뜻을 회사 간부에게 전해 달라고 부탁했다. 그리고 그날 비서 시오자키(鹽崎彦市)를 《오사카마이니치신문》에 보내 사직서를 제출했다. 오쿠무라 《오사카마이니치신문》 사장은 8월 말 도쿠토미 담당기자 이노우에(井上縫三郎)와 함께 도쿠토미를 찾아가 위로금 15만 엔을 전달하고 그동안의 노고를 치하했다.

이윽고 9월 중순부터 연합군 사령부의 전범 수사가 시작됐다. 수상 도조 히데키는 9월 11일 오후 4시 모치가(用賀)의 집에서 미군에 연행됐다. 그는 체포 당시 유언장을 남기고 권총 자살을 시도했으나 실패했다. 도조는 도쿠토미의 도움을 받아 유언장을 작성했던 것으로 알려져 있다. 소기소 별장에서 한동안 슬픈 나날을 보내던 도쿠토미는 그해 11월 5일 아타미(熱海) 만청초당(晚晴草堂)으로 돌아왔다. 마침 이날 해군중위로 근무하던 큰손자 게이타로(敬太郎)가 이를 알고 동생 다사부로(太三郎) 육군소위와 함께 찾아왔다. 게이타로는 할아버지가 '나무팔번(南無八幡) 대보살(大菩薩)'이라 써 준 큰 깃발을 항공모함 해응호(海鷹號)에 달고 근무했다. 해응호는 규슈 앞바다에서 미군기와 여섯 번 교전 끝에 전복돼 사상자를 70명 남짓 냈으나 게이타로는 무사했다.

도쿠토미는 손자들에게 "일본은 이제 천 년 전으로 되돌아갔다. 앞으로 백 년 뒤에도 이런 부흥은 어렵다. 나는 전쟁범죄인으로 곧 재판을 받게 될 것이다. 정말 흔연히 재판정에 나가 미국인에게 전쟁원인에 대해 설명하겠다. 너희들도 시간이 나면 방청해라. 이 전쟁은 우연히 일어난 전쟁이 아니다. 나는 젊었을 때부터 국사에 힘써 미수(米壽) 무렵이면 일본도 빛나는 나라가 되리라고 생각했는데 모두 수포로 돌아갔다”며 앞으로 세상을 견디는 힘을 길러 나가라고 당부했다.

도쿠토미에게도 마침내 올 것이 왔다. 1945년 12월 3일 아침 7시 라디오 뉴스는 연합군이 이날 현재 65명을 A급 전범용의자로 검거한데 이어 도쿠토미 소호, 나시모토미야 모리마사(梨本宮守正, 1874~1951), 히로다 고오키(廣田弘毅, 교수형), 하타 슌로쿠(畑俊六, 1879~1962) 등 59명을 조사하기 위해 추가로 체포령을 내렸다고 보도했다. 당시 도쿠토미의 법률고문을 맡았던 하야가와는 최후의 이별이 될지도 모른다고 생각하고 12월 5일 저녁 6시 기차로 아타미 만청초당을 찾았다.

도쿠토미는 그때 하야가와에게 “드디어 나도 겨우 어른이 된 기분이다. 그동안 나에게 호출이 없었는데 뭐랄까 어른으로 인정되지 않은 것 같은 생각이 들어 면목이 없었다. 내가 한 일을 저쪽이 인정하지 않은 것일까 하고 생각하고 있었다. 이로써 나도 다른 사람들과 나란히 설 수 있게 됐다. 나는 젊었을 때부터 여러 가지 일을 했고 여러 번 아주 어려운 고비를 만나기도 했다. 더러는 생명이 없다고 각오한 적도 있었다. 그러나 마음을 속이는 일은 한번도 없었다. 이번도 역시 그렇다. 세상은 그렇게 생각토록만 놔두지 않는다. 일본의 육해군이 그토록 참패할 줄은 도저히 생각할 수 없었다. 이를 잘못 본 것은 나의 실수였다. 내 잘못이므로 누구를 원망할 수도 없다.《근세일본국민사》

는 일본민족의 입체 초상화로 10월 12일까지 계속 써왔다. 100
권까지는 아직 세 권이 남았다. 이를 완성하지 못한 채 세상에
남기게 돼 정말 통한이다. 이것도 모두 천명으로 체념하는 수밖
에 없다. 다만 지금도 나는 일본의 장래를 결코 비관하지 않는
다. 일본민족은 최악의 상태까지 이르면 반드시 다시 한번 일어
나리라고 믿고 있다"고 말마다 힘을 넣어 말했다고 한다.

연합군사령부는 이듬해 1월 2일 미군 헌병 5명을 동원, 도쿠
토미를 체포하기 위해 만청초당을 급습했다. 그러나 그가 팔순
이 넘은 고령인데다 신경통에 시달리고 있는 것을 보고 그대로
돌아갔다. 그리고 며칠 뒤 미군 군의관 대령이 직접 찾아와 진
찰한 결과 연행할 수 없다는 판단을 내리고 자택구금 조치를 했
다. 도쿠토미는 2월 15일 귀족원의원, 제국학사원 회원, 예술원
회원 등을 모두 그만두고, 훈2등 훈장과 문화훈장도 반납했다.
호주(戶主)도 큰손자 게이타로에게 물려주었다.

A급 전범의 부활

　태평양전쟁에 승리한 연합군사령부는 전쟁을 이끈 일본 정치 지도자 100명 남짓을 A급 전범용의자로 검거, 이 가운데 도조 히데키(東條英機) 등 28명을 1946년 5월 3일 극동군사재판에 회부했다. 도쿠토미는 고령과 지병으로 기소를 면했으나 자택구금 상태는 풀리지 않았다. 따라서 그는 시스오카(靜岡) 아타미(熱海)에 있는 만청초당 집에서 수사와 재판이 끝날 때까지 한 발자국도 나올 수 없는 상황이었다. 사회활동은 말할 것도 없고 의견 개진도, 외부와 연락도 일절 금지됐다.

　도쿠토미에게 패전은 죽음 이상이었다. 그는 항복 뒤 스스로 지은 '햐파이인호마쓰간소코지(百敗院泡沫頑蘇居士)'라는 계명(戒名)에 그의 마음을 담았다. 우리말 표기로는 '백패원 포말 완소거사'이다. 이 계명에는 전쟁에 완전히 패해 자신의 꿈이 물거품으로 돌아갔다는 자책과, 승패와는 관계없이 전쟁대의(戰爭大義)와 자기행위는 정당했다는 뜻이 들어 있다고 한다. 그는 이 가운데 '간소'라는 두 글자를 호(號)로 사용했다. 도쿠토미 신봉자들은 "일본이 비록 태평양전쟁에는 졌지만 언젠가는 일본의 대의가 승리할 수 있으리라는 자기신념을 관철한다는 뜻으로 이 호를 사용한 것 같다"고 입을 모았다.

　도쿠토미는 《근세일본국민사》 제97권 제14장 〈구마모토성(熊本城) 공수(攻守) 편〉을 마무리하고 끝부분에 "쇼와 20년(1945) 9월 13일 오전 7시 소기소(雙宜莊)에서 원고를 끝낸다. 천기(天氣)가 음울하고, 후지산(富士山) 전체가 모두 암울한 비구름

일본 아타미 만청초당에서 독서하고 있는 도쿠토
미 소호.

속에 묻혔다. '간소' 83수
(叟)"라고 처음 이 호를 썼다.
그 뒤《패전학교·국사의 열
쇠(敗戰學校·國史の鍵)》 머
리말(1948. 3. 8.)과 《국사수
상(國史隨想)》 머리말(1948.
8.),《도쿠토미 소호 옹과 병
상의 여비서》 서문(1949. 6.
11.) 등에도 사용하고 있다.

그는 구금기간 동안 두 가지 글을 썼다. 하나는 〈국사(國史)에
서 으뜸가는 황실〉이고, 다른 하나는 도쿄재판 변호인단이 부탁
한 〈선서공술서(宣誓供述書)〉였다. 〈국사에서 으뜸가는 황실〉은
1946년 1월 쇼와 텐노가 스스로 '인간'임을 선언, '신격'을 부정
한데다 정치체제 개혁론이 격화됨에 따라 천황제 폐지 위기를
느끼고 황실중심주의를 환기시킨 내용이다. 글에는 "황실은 야
마토민족의 주축이고 근간이며, 또 일본국가의 창시자일 뿐만
아니라 보호자이다"라는 등 전쟁 중의 언설이 그대로 남아있다.
도쿠토미는 얼마 남지 않은 생애의 유언으로 생각하고 이 글
을 썼다고 한다. 그러나 이러한 판에 박힌 주장으로는 더 이상
사태를 극복할 수 없었다. 전후 일본국민 가운데 만세일계 텐노
와 야마토 민족은 텐노의 혈족이라는 두 가지 신화로부터 시작
하는 이른바 국체론(國體論)을 믿는 사람은 하나도 없었다. 그럼
에도 그는 "황실은 민족의 용광로이자 일본의 통제력이다"며
존속을 강력히 주장하고 있다. 이 글은 당시 상황 변화에 따라
서랍 속에 묻혔다가 쓴 지 6년 뒤인 1953년에야 세상에 알려지
게 됐다. "일본인은 전쟁을 좋아하는 국민이 아니며 태평양전쟁

도 미영 양국이 중국을 지원해 일본을 굴복시키려 한 데서 비롯됐다"는 요지의 선서공술서도 극동군사재판소 검찰 측이 채택을 기각했다.

연합군사령부는 1947년 9월 도쿠토미의 구금조치를 해제했다. 문밖출입이 자유로워진 그는 집필활동도 재개했다. 10월 16일부터 28일까지 《패전학

일본이 제2차 세계대전에서 지자 이름을 '간소'라고 고치고 패전을 통탄한 도쿠토미 소호.

교》를 구술해 쓴 데 이어 그해 연말까지 《국사의 열쇠》를 탈고했다. 두 편 다 전후 일본인의 각성을 촉구한 신-내셔널리즘 이론이다. 《패전학교》는 〈패전학교의 생도〉·〈자포자기의 견본〉·〈도둑의 소굴〉·〈일본인의 본성〉·〈신국(神國)사상의 발생과 그 공죄〉 등을 소재로 하고 있다. 《국사의 열쇠》는 〈국사의 저류〉·〈신대기(神代紀)의 해석〉·〈중국과 조선〉·〈순 국산품 신도(神道)〉·〈일본의 본령(本領)〉·〈일본사의 분수령〉·〈쇼토쿠태자(聖德太子)의 위업〉·〈내치외교의 대 쇄신〉 등 34개 주제를 다루었다. 이는 이듬해 3월 《패전학교·국사의 열쇠》라는 책으로 출판됐다. 기본 논리는 〈국사에서 으뜸가는 황실〉과 〈선서공술서〉에 이미 골격이 나와 있었다. 내용은 "중국에 대한 존경과 공포가 일본의 국제 관념을 형성하는 동기가 됐다. 일본은 본래 싸움을 좋아하거나 자국중심적인 국가도 아니다. 메이지유신 이후 일본의 대외운동은 국가의 자립, 자위, 자존심을 지키는 데 목표를 두었다. 일본의 전쟁행위는 열강과 동등한 대우를 받지 못한 불만의 폭발이었다. 일본은 영·미·독·러 등

의 행위를 흉내 내다 실패했다. 마치 삼켰던 먹이를 다시 토해 새끼에게 주는 어미 가마우지 꼴이었다. 일본인의 서투른 기량은 조소거리일망정 비난하고, 책망할 대상은 아니다. 일본을 벌줄 자격은 아무에게도 없다"로 요약할 수 있다.

도쿠토미는 여기서 '일본은 혈족적 제국(《國民小訓》)'이라는 사고방식을 수정했다. 《고사기(古事記)》와 《일본서기(日本書紀)》의 신화는 일부러 꾸민 것으로 '역사 자체'는 아니라고 인정했다. 실존이 의심된 초기 텐노에 대한 연대기도 '책상에서 창작'돼 기년(紀年)에 과장이 있었음을 시인했다. 따라서 그가 가장 강조해온 원리주의적 만세일계론은 더 이상 유지할 수 없게 됐다. 하지만 여기까지 양보한 도쿠토미는 다음에 반격으로 바꾼다. 그 지렛대는 중국이다. 일본은 옛날부터 중국으로부터 커다란 영향을 받아왔다. 질은 말할 나위 없고 양에서도 중국과는 비교할 수 없었다. 이런 상황에서 일본인은 중국에 지지 않으려는 각오로 정신지주를 만들어냈다. 그것이 바로 신도(神道)였다는 주장이다.

도쿠토미는 나아가 쇼토쿠태자를 예로 들어 일본의 자존심을 강조하고 있다. 쇼토쿠태자는 황실중심주의, 불법(佛法)중심주의, 인화(人和)중심주의를 기본으로 17개조 헌법을 만들고 일본의 국체를 명징(明徵)시켜 중국과 대등한 관계로 교류하려 했다는 주장이다. 다시 말하면 쇼토쿠태자가 중국에 대한 열등감을 극복한 분수령이었다고 설명한다. 도쿠토미는 일본이 하나의 독립국으로 아시아 대륙의 대 제국인 중국에 대항하며 절대로 질 수 없다는 자존심을 표현한 것이 《일본서기》라고 생각했다. 그는 이처럼 국체론을 바탕으로 한 내셔널리즘을 '총참회론'의 형태로 바꾸어 그럴 듯하게 재현하고 있다. 여기서 《패전학교》

의 주요 내용을 들여다보면 이렇다.

　　바라던 바든 아니든 우리들은 지금 패전학교의 생도이다. 그동안 형제간 다툼처럼 국내 승패는 있었으나 이번 같은 패전 경험은 역사상 드문 일이다. 우리들은 강제적으로 패전학교 생도의 의무를 짊어지지 않으면 안 되게 됐다. 패전 뒤 일본에 온 사람들은 패전 국민다운 얼굴색이 보이지 않은 데 가장 놀란다고 한다. 어느 곳을 가더라도 패전국다운 분위기가 없다는 것이다. 도쿄를 비롯한 거의 모든 도시가 황야로 변하고 미국인이 떨어뜨린 폭탄 재해는 백 년이 걸려도 쉽게 회복하기 어려운 상흔을 남기고 있다. 히로시마와 나가사키에 떨어진 원자폭탄은 연구 자료가 될 것이 분명하다. 그런데도 패전 분위기가 아니라는 말은 필경 인간의 기분이 그렇지 않다는 것을 의미할 것이다.

　　일본은 다행히 미국·영국·프랑스·소련 등 4개국이 분할 점령한 독일과 같은 신세는 면했다. 특히 독일은 미·소의 대립으로, 모든 정치·경제·입법·행정·생활·교육면에서 혼란을 겪고 있다. 이와 달리 일본은 하나의 정부이고, 사실상 미국이라는 하나의 정권, 혹은 군권이 관리하고 있다. 때문에 독일인에 견주어 일본인의 패전 분위기가 옅을 수밖에 없다. 그래서 세월이 지나면 반드시 옛날로 돌아가게 되므로 적어도 앞으로 20년 정도는 일본에 군대를 주둔시켜 일본인에게 충분히 패전의 쓴맛을 보도록 해야 한다는 말이 나오고 있다. 또 일본 전통정신을 근본부터 없애 이를 대신할 미국식 민주정신으로 바꿔야 하고 일본 국민의 생활표준을 최저한도로 정해 세계를 시끄럽게 하는 힘을 양성하는 일을 금지토록 해야 한다고 한다. 심히 걱정스러운 일이다.

남의 물건을 훔쳐도 아무렇지 않게 생각하고, 타인에게 폐를 끼쳐도 미안해 하지 않는다. 자기가 다음날 어떻게 되더라도 상관없다. 인간은 절망에 빠지면 더러 이러한 심리상태를 가져오게 된다. 즉 패전의 결과는 이러한 자포자기 상태를 만들어냈다. 패전 분위기가 없으므로 패전기분을 조금 맛보게 해야 한다는 말은 완전히 돌팔이 의사의 처방이다. 일본 국민은 거의 최후의 숨쉬기를 계속하고 있다. 숨찬 모습을 보고 환락(歡樂)에 취해 있다고 착각하는 것은 너무나 동떨어진 진단이다. 지금 일본을 한 끈으로 묶으려 한다면 일본 국민의 다수는 아마도 공산당이 되는 길밖에는 없다. 일본 국민을 공산당원으로 만드는 일이 결과적으로 세계평화를 위하는 길인지 한번쯤 생각할 필요가 있다.

일본인은 양이나 질면에서 도저히 중국을 이길 수는 없었다. 그래서 일본인은 일본대로 대처방안을 찾아야 했다. 그것이 바로 신국(神國)사상이다. 물론 신국사상은 꼭 중국에 대항하기 위해 창조한 것은 아니다. 그러나 그럴 수밖에 없었던 근본정신을 이룬 것은 중국의 덕택이라고 말하지 않으면 안 된다. 따라서 신국사상이 일본인에 어떤 인상을 주었는가는 말할 것도 없다. 다만 우리는 중용을 지키지 못하고 자기도취에 빠져 나라를 망하게 하고 말았다.

이처럼 도쿠토미는 일본이 신국사상의 중용을 지키지 못해 망국의 종말을 불러왔다고 자탄하고 있다. 중국에 대한 인식도 전쟁 전에 견주어 엄청난 차이를 보이고 있다. 그는 청일전쟁 이후 줄곧 중국을 일본보다 한수 아래로 얕잡아 평가해왔다. 그런 그가 중국에 대한 이미지를 완전히 바꾸어 중일전쟁을 거대한 이웃을 잘못 보고 덤빈 소국의 패기 있는 내셔널리즘으로 고쳐 이해하고 있는 것이다. 반면 한국에 대한 인식은 전전에 견주어 조금도 변함이 없다. 비하와 멸시의 도는 오히려 더 심화됐다. 도쿠토미의 그러한 비뚤어진 시각은 오늘의 일본 보수우익 세력들에게 고스란히 전해지고 있다. 일본 보수 정치인들이 틈만 있으면 일삼는 망언의 뿌리는 바로 여기에 있다고 해도 과언이 아니다. 《패전학교·국사의 열쇠》의 〈중국과 조선〉편만 보기로 하자.

예를 들어 나일강을 빼고 이집트 역사를 말하기는 어렵다. 중국이 일본에 미친 영향은 이보다 더 크다. 중국은 지리적으로, 인문적으로 많은 영향을 끼쳤다. 중국은 일본과 비교할 수 없을 정도로 고도의 문화를 가졌고 물질과 정신적으로도 일본을 압도하고 있었다. 그러나 중국에 견주면 일본은 새로운 나라이다. 중국뿐만 아니라 조선에 견주어서도 그렇다고 말할 수 있을 것이다. 다만 일본은 중국에 대해 당초부터 열등감을 갖고 있었으나 조선에 대해서는 우월감을 갖고 있었던 것이 다름이다. 조상 대대로 이어온 조선에 대한 우월감은 지금도 면면히 잠재하고 있다. 일한병합 이래 물질적으로 삶이 나아진 성과를 올렸다고 생각하는 것도 이 때문이다. 그렇지만 정신적으로는 반세기 이상에 걸쳐 전혀 효과를 거두지 못하고 메이지 텐노가 모처럼 베푼 시혜도 수포로 돌아갔다.
중화에 대한 열등감은 일본인의 심리에 여러모로 자극을 주었다. 첫째는 중화숭배·중화모방·중화심취였다. 둘째는 그것이 바뀌어 중화경쟁·중화대립 의식으로 변화했다. 나아가 중화경멸을 낳았고 그 종자가 일본패전의 현상으로 돌아왔다. 물론 조선도 일본역사에 매우 중요한 구실을 했으나 그것은 둘째였다. 일본인은 조선과 예전부터 대립할 생각을 갖고 있지 않았다. 아라이 하쿠세키(新井白石, 1657~1725)가 조선통신사에 대해 예우방법을 고치고 문서 등도 일본 위신을 잃지 않도록 바꾼 것은, 조선이 위대하다거나 무섭다고 생각했기 때문이 아니었다. 일본이 조선에 대한 우월감을 그렇게 강조하려 했던 것에 지나지 않았다. 그러나 중국에 대해서는 선사시대부터 일본인은 틀림없이 열등감에 사로잡혀 있었다.

도쿠토미는 일본의 패전을 '자업자득'이라고 반복해 말하고 있다. 그는 "전쟁은 일본이 바란 바가 아니라 강요된 것이었다. 다만 일본은 중국과 영미의 실력을 잘못보고 스스로의 실력을 잘못 판단했다. 은인(隱忍)하지 않으면 안 될 시점에 참지 못하고 상대의 '책모(策謀)'에 말려들어 패한 것은 자업자득이다"고 설명하고 있다. 상대란 물론 미국을 말한다. "이긴 미국의 전후는 어떻게 되었는가. 세계 속의 걱정을 한 손에 받아들여야만 하는 불운을 떠맡은 것은 아닐까. 이긴 미국 모양을 자세히 보라." 이것이 냉전 속의 미국에 대한 도쿠토미의 감정이었다.

도쿠토미가 사회활동을 재개한 사이 세상은 바뀌어 일본의 무장을 금지한 이른바 '평화헌법'(1947년 5월 3일)이 시행되고, 전쟁범죄 혐의로 기소된 A급 전범에 대한 단죄도 내려졌다. 극동국제재판소는 1948년 11월 12일 열린 선고공판에서 피고인 25명(당초 28명 중 2명은 재판 중 사망하고, 1명은 정신이상으

일본의 A급 전범을 재판하기 위해 1946년 5월 3일 도쿄 이치가야 '대본영'에서 열린 극동군사재판.

로 기소유예) 가운데 도조 히데키 등 7명에 대해 교수형을 선고하고, 기도 고이치 등 16명을 종신금고형에 처했다. 나머지 2명에겐 각각 20년, 7년 금고형을 내렸다. 교수형을 받은 7명은 그해 12월 23일 자정 형장의 이슬로 사라졌다. 시체는 곧 요코하마의 구보산(久保山) 화장터에서 화장돼 유골은 비행기로 태평양 바다에 뿌려졌다(《德富蘇峰 歷史の證言》).

도쿠토미는 이런 분위기 속에 1949～1950년 사이 《승리자의 비애》를 발표했다. 물론 입으로 원고를 부르면 받아쓰는 구술이었다. 그는 여기서 신문기자로서 미·영과의 협조가 자신의 기본 정신이었다며 미국의 극동정책이 성공하려면 미일제휴가 반드시 필요하다고 단언한다. 그동안 그가 미국에 대해 토해낸 적개심을 감안하면 이는 또 다른 변절이 아닐 수 없다. 그는 그동안 힘을 배경으로 한 미국의 개국요구를 '강간'이라고 규정하고 '페리'는 일본의 은인이 아니라고 말해 왔다. 배일이민법이 실시될 때도 격렬하게 미국을 비난하는 논설을 썼다. 포츠머스 조약 직전 일본을 '철새'로 빗대어 깊은 고립감을 나타낸 것도 영미의 일본에 대한 태도에서 비롯됐다. 도쿠토미는 미국의 대일정책이 바뀐 것은 포츠머스 조약이 계기라고 분석한다. 러일전쟁에 승리한 일본에 질투심을 느껴 그때까지 우호적이었던 관계를 바꾸어 '경주 말'을 중국으로 바꿨다는 설명이다. 그래서 일본은 이민문제·파리강화회의·워싱턴회의 등 일이 있을 때마다, 미국으로부터 '징계'나 다름없는 조치를 당할 수밖에 없었다. 일본이 미국을 등지게 된 것은 명예에 집착한 일본의 외교미숙으로 명예유지를 위한 어쩔 수 없는 순서였다고 한다.

도쿠토미는 "역사에는 가정이란 있을 수 없으나, 만약 러일전쟁 뒤 미국이 일본에 손을 내밀고 일본이 그 손을 잡았다면, 일본은 물론 동아시아에서 일등국으로 안정하고 미국도 손해 보는 제비를 뽑지 않고 더욱 번창했을 것이다. 앉아서 굶어죽기보다 건곤일척(乾坤一擲)을 오히려 가상히 여길 일이다. 때문에 책임은 일본을 여기까지 몰아넣은 미국의 아시아정책 실패에 있다"고 전쟁 책임을 미국으로 돌린다. 요네하라 겐은 저서《도쿠토미 소호-일본 내셔널리즘의 궤적》에서 이에 대해 "그의 주장은 정말 제멋대로이다. 그러나 여기에는 대미전쟁을 선동한 그의 심리과정이 잘 드러나 있다. 도쿠토미는 원리주의가 아니라 좀 더 좋은 쪽을 선택하는 편의주의자였다. 만주사변에서 미일대전에 이르는 15년 전쟁의 정치과정 하나하나가 필연은 아니었지만, 태평양전쟁에 돌입했을 때는 만주사변 이전의 상태로 돌아가자고 호소하며 대미전쟁을 선동하는 외에 다른 방법이 없었다. 미국은 일본인의 자존심을 존중해야만 한다는 것이 도쿠토미의 실감이었다"고 설명하고 있다.

도쿠토미는 냉전 아래의 대일정책에 대해 "일본을 억압해 약체화하는 것은 미국에 이익이 되지 않는다. 미국이 취해야 할 길은 일본으로부터 손을 빼든가, 제2의 하와이로 하든가, 또는 자립시켜 제휴하는 일이다. 제2의 하와이에 대한 방법은 일본인의 반발을 초래하고, 일본으로부터 손을 빼는 것도 마찬가지로 일본을 공산화하는 길로 연결된다. 때문에 일군만민의 민주주의를 심어 미일 제휴의 길을 취해야만 한다"고 미국에 충고하고 있다. 이와 같이 시대변화에 따라 도쿠토미의 백인종 배격을 강조한 '귀축미영(鬼畜米英)' 내셔널리즘은 친미 내셔널리즘으로 바뀌었다. 비록 열강을 따라잡기 위한 일본의 행동으로 미국과 엇갈림이 생겼지만 미일제휴는 양국의 전통적 정책이었다는 게 그의 생각이다. 도쿠토미는 8월 15일 왕의 항복 방송 때 도쿠가와 이에야스를 연상했다고 한다. 이에야스는 작은 번(藩)의 다이묘로서, 오다 노부나가와 공수동맹을 맺고 은인자중하면서 마침내 천하를 손안에 넣었다. "이에야스가 오늘 살아 있다면 그는 틀림없이 모든 고통, 모든 반대에 눈을 감고 미국과 공수동맹을 체결했을 것이다." 이는 《승리자의 비애》에 표현된 미일동맹과 와신상담의 메시지이다.

도쿠토미는 1951년 들어 집필 의욕을 완전히 되찾았다. "일본은 다리를 잃은 개구리처럼 조금도 움직일 수 없게 됐다. 7천만 동포가 마치 통조림에 갇힌 느낌이다. 이런 환경에서 원고를 계속 쓸 용기를 잃었다"며 붓을 놓았던 그는 그해 2월 11일부터 구술필기로 《근세일본국민사》를 다시 쓰기 시작했다. 그리고 1952년 4월 20일 마침내 〈메이지시대〉를 마지막으로 제100권을 완결했다. 그러나 당초 메이지시대 44년 동안을 그리려던 의도는 메이지 11년에서 끝을 내게 됐다. 그는 이 점에 대해 "한때는 거의 붓을 들 의욕도 여유도 없고, 가끔 여유를 찾았어도 들 겠다는 기분이 나지 않아 망설였다. 세월이 흘러 어느새 일생의 막을 닫아야 하는 시일이 날마다 다가와, 부족하나마 그럭저럭 결말을 짓고 싶어 노구를 이기고 오늘에 이르게 됐다"고 설명 했다. 그는 이렇게 쓰기 이틀 전 공직추방에서 해제되고, 1주일 뒤에는 연합군의 일본 점령도 끝났다. 하지만 패전의 충격은 여 전히 계속되고 있었다.

도쿠토미는 1953년 새해 들어 '간소'라는 호를 '재생소호(再生 蘇峰)'로 바꿨다. 1월 28일자 〈국사에서 으뜸가는 황실 소고(小 稿)유래기〉부터이다. 도쿠토미의 내면변화가 선명하게 각인된 이 자서(自署)는 그의 전후 내셔널리즘 부활의 상징이기도 하다. 그는 망연자실하고 허탈해 하는 국민을 향해 《미나모토노 요리 토모(源賴朝)24)》(1953. 12.~1954. 1.)를 내놓았다. 도쿠토미는 미 나모토를 '보수적 정치가'의 전형으로 이해했다. 그가 여기서 말한 보수는 정치사상의 보수주의를 가리키는 의미는 아니다. 사물을 자기 주관에 따라 성급히 판단하고 실행하는 정신을 '진 보적'이라고 한 데 대해 상황을 객관적으로 심사숙고해 실행에 옮기는 신중한 정신을 보수라 했다.

도쿠토미에 따르면 미나모토는 '헤이지(平治)의 난'에서 패하 여 14세 때부터 이즈에서 20년 동안 유배생활을 하며 고통을 겪 었으나 그 사이 자신은 '미나모토씨(源氏)의 통령(統領)'이라는 생각을 한 번도 잊은 적이 없었다고 한다. 요네하라는 "이는 자

---

24) **미나모토노 요리토모** : 1147~1199. 가마쿠라막부의 초대 장군. 14세 때 아버지를 따라 헤이지(平治)의 난에 출정했으나 붙잡혀 이즈(伊豆)의 작은 섬 에서 20년 동안 유배생활. 그 뒤 가마쿠라로 돌아와 경쟁자를 차례로 물리치 고 정이(征夷)대장군이 되었다.

포자기한 국민에게 와신상담의 교훈을
주고 자부심을 불러일으키기 위해 기
획된 내용으로, 성급하게 공(功)을 서두
르는 '진보적 정치가'가 아니라 매사를
신중하게 실행하는 '보수적 정치가'를
이상(理想)으로 그림으로써 은인자중을
호소하려 했던 것"이라고 분석했다. 이
는 또한 상대를 모르고 자기도 모르는
자기도취 상태에서 무모한 전쟁을 일
으킨 데 대한 비판이자, 자기반성을 의
미하고 있다.

《삼대인물사》 집필 당시의 도쿠토
미 소호(91세).

　그러나 《근세일본국민사》의 구술필기를 담당했던 여비서 후
지야 미사오(藤谷みさを)는 도쿠토미에 대해 상당히 비판적이
다. 그녀는 만년의 도쿠토미 모습을 그린 《소호선생의 인간상》
에서 '어떤 의미에서의 참회록'을 써서 남겨줄 것을 바랐으나
예상은 빗나갔다고 아쉬워했다. 요네하라는 "후지야의 책은 도
쿠토미 사후에 출간됐으므로 비판과 비난에 구애받지 않을 수
있다"고 전제하고 "후지야는 실제로 패전 뒤 좌절한 '거인'의
내면을 들여다보고 싶었으나 그칠 줄 모르는 집필활동을 보고
그렇게 표현했을 것"이라고 적고 있다.

　90대 고령의 쇠약은 감출 수 없었지만 전쟁 이전 문체의 활
력을 되찾은 그는 1954년 3월부터 《삼대인물사(三代人物史)》를
《요미우리신문(讀賣新聞)》에 연재하기 시작했다. 메이지 텐노
를 비롯해 시대를 움직이던 정치가·신문기자·학자들을 자유
로 지면에 올려 필력을 과시했다. 그러나 이 역시 당초 메이
지·다이쇼·쇼와 삼대에 걸친 인물들을 화제로 다룰 예정이

던 제목과는 달리 메이지 초기 인물을 중심으로 제101회에서 중단되고 말았다. 내용은 그가 죽은 뒤 1971년에 책으로 나와 최후 저서가 됐다.

《장래의 일본》에서 진보주의 선구자로 등장한 도쿠토미는 보수적 정치가를 찬양하는 일로 생애를 마감하려 하고 있었다. 그의 언론활동은 메이지·다이쇼·쇼와 삼대에 걸쳐 '일본의 움직이는 근대사'라 해도 지나친 말이 아니다. 청일전쟁 이후 극우 내셔널리스트로 일관한 그는 항상 시류를 자기편으로 다시 짜 몇 걸음 앞서 걷는 선견지명(先見之明)을 갖고 있었다(《德富蘇峰》, 米原謙 著). 그러나 태평양전쟁에서는 그 선견지명이 크게 빗나갔다. 도쿠토미는 러일전쟁 직후 "당시 당국자는 상대를 알고 나를 알고, 승리의 명예를 모두 희생해서라도 전쟁을 그치는 유리함을 간파하고 포츠머스 조약을 체결하기에 이르렀다"고 대서특필했다. 패전이 가까울 때까지 일본 국민을 사지로 내몬 태평양전쟁 때와 얼마나 큰 차이인가. 그는 일본 국민들을 전쟁의 수렁으로 몰아넣은 씻을 수 없는 죄를 저질렀다. 그러고도 전쟁을 결단한 군부위정자들을 비롯한 모든 국민에게 책임을 돌리고 있다. 그럼에도 오늘날 일본 보수우익 정치지도자들은 그를 진정한 애국자로 높이 받들고 있다.

도쿠토미는 러일전쟁을 근대일본의 가장 빛나는 역사의 정점으로 평가하고 있다. 그리고 그 뒤의 역사는 그 유산을 먹어치우고 말았다는 인식이다. 그는 메이지시대를 '진무텐노 이래 일본역사의 최고봉'이라고 서슴없이 말한다. 이러한 역사관은 시바 료타로(司馬遼太郎)를 비롯, 마루야마 마사오(丸山眞男) 등 전후 일본사상을 대표한 많은 지식인들에게 공유되고 있다. 특히 국가주의 성향이 강한 나카소네 야스히로(中曾根康弘) 전 총리는 그의 저서 《일본의 총리학》에서 "나는 1950년 무렵 도쿠토미 선생으로부터 정치 활동에 대단히 큰 영향을 받았다. 선생의 탁월한 역사관과 사물의 본질을 꿰뚫는 통찰력에 탄복했다. 당시 일본이 취해야 할 국가전략에 대해 '중국대륙에 손을 댈 때는 신중하지 않으면 안 된다. 도요토미 히데요시, 대동아전쟁 모두 실패의 역사다. 잘못을 되풀이 하지 않으려면 일본은 당분간 아메리카와 손잡아야 한다. 다만 아메리카는 지혜가 없으므로 일본이 여러모로 가르쳐 줄 필요가 있다'고 말해 주어 큰 참고가 됐다"고 밝히고 있다.

도쿠토미의 신-내셔널리즘은 이처럼 일본의 경제대국 실현과 함께 일본사회에 보편화되고 있다. 재무장을 위한 '평화헌법' 개정과 역사교과서 왜곡도 그와 무관하지 않다. 일본의 헌법 개정은 물론 타국이 이래라저래라 참견할 수 없는 내정문제이다. 그러나 일본의 재무장은 동아시아의 평화를 위협하는 심각한 문제로 이 지역 공동관심사이다. 일본의 전쟁도발은 네 번으로 족하다. 일본의 정치 지도자들은 "일본인은 강자에는 약하고 약자를 경멸하는 경향이 있다"는 맥아더의 말을 깊이 되새기지 않으면 안 된다. 아울러 히로시마와 나가사키에서는 아직도 원폭 희생자의 인체실험 연구가 계속되고 있다는 사실도 명심해야 할 일이다.

참고문헌

구대열, 《제국주의와 언론》, 이화여대출판사, 1986.

김규환, 《日帝의 對韓言論宣傳政策》, 이우출판사, 1978.

김삼웅, 《구국언론 대한매일신보》, 대한매일신보사, 1998.

──── , 《친일정치 100년사》, 도서출판 동풍, 1995.

김윤식, 《이광수와 그의 시대 1, 2》, 솔출판사, 2001.

박양신, 〈청일전후 일본지식인의 대외인식론〉, 《동양학》 제31집, 단국
          대 동양학연구소, 2001.

박지향, 《일그러진 근대》, 푸른역사, 2003.

신동준, 《근대일본론》, 지식산업사, 2004.

윤병석 외, 《독립운동사의 제 문제》, 범우사, 1992.

이경형 외, 《서울신문 100년사》, 서울신문사, 2004.

이광린, 유재천 외, 《대한매일신보 연구》, 서강대 인문과학연구소,
          1986.

이광수, 《동포에 告함(김원모·이경훈 편역)》, 철학과 현실사, 1997.

이광수, 《이광수 전집 6~20》, 삼중당, 1962~1964.

이재선, 《韓末의 新聞小說》, 한국일보, 1975.

이창위, 《일본제국 흥망사》, 궁리, 2005.

이태진 외, 《한국병합의 불법성 연구》, 서울대출판부, 2004.

정일성, 《황국사관의 실체》, 지식산업사, 2000.

──── , 《후쿠자와 유키치》, 지식산업사, 2001.

──── , 《이토 히로부미》, 지식산업사, 2002.

정진석, 《大韓每日申報와 裵說》, 나남, 1987.

──── , 《한국언론사》, 나남, 1990.

──── , 〈일제 언론침략의 총본산 제2의 조선총독부 京城日報 연구〉,
          《관훈클럽》 통권 제83호, 2002.

최준, 《韓國新聞史 論攷》, 일조각, 1976.

한명근, 《韓末 韓日合邦論 研究》, 국학자료원, 2002.

德富蘇峰, 《兩京去留誌》, 民友社, 1915.

──────, 《成簣堂閑記》, 書物展望社, 1933.

──────, 《德富蘇峰－蘇峰自傳》, 日本圖書センタ一, 1997.

──────, 《近世日本國民史 豊臣氏時代 丁篇・戌篇・己篇》, 民友社,
     1921～1922.

──────, 《昭和國民讀本》, 大阪毎日・東京日日新聞社, 1939.

──────, 《滿洲建國讀本》, 日本電報通信社, 1940.

──────, 《大日本膨脹論》, 民友社, 1894.

──────, 《新日本之靑年》, 民友社, 1887.

──────, 《國民小訓》, 民友社, 1925.

草野茂松・竝木仙太郎 編, 《蘇峰文選》, 民友社, 1915.

隅谷三喜男 編, 《日本の名著 40》, 中央公論社, 1971.

和田守, 《近代日本と德富蘇峰》, 御茶の水書房, 1990.

有山輝雄, 《德富蘇峰と國民新聞》, 吉川弘文館, 1992.

ビン・シン, 杉原志啓 譯, 《評傳 德富蘇峰》, 岩波書店, 1994.

阿部賢一・細川隆元・渡部昇一, 《生誕百三十年紀念 德富蘇峰》, 蘇峰會,
                    1993.

酒田政敏・坂野潤治 外 編, 《德富蘇峰關係文書》, 山川出版社, 1985.

早川喜代次, 《德富蘇峰》, 德富蘇峰傳記編纂會, 1968.

米原謙, 《德富蘇峰》, 中央新書, 2003.

中曾根康弘, 《日本の總理學》, PHP新書, 2004.

渡辺康人 編, 《德富蘇峰 歷史の證言》, 國民新聞社, 1978.

志村文藏 編, 《德富蘇峰翁と病床の婦人秘書》, 野ばら社, 1949.

池明觀, 《T・K生の時代と'いま'》, 一葉社, 2004.

入江昭, 《日本の外交》, 中央公論社, 1986.

杉井六郎, 《德富蘇峰の硏究》, 法政大學出版局, 1977.

安藤英男, 《蘇峰德富猪一郎》, 近藤出版社, 1984.

高野靜子, 《蘇峰とその時代》, 中央公論社, 1988.

花立三郎,《德富蘇峰と大江義塾》, ぺりかん社, 1982.

本井康博,《新島襄と德富蘇峰》, 晃洋書房, 2002.

同志社大學人文科學研究所編,《民友社の研究》, 雄山閣, 1977.

坂野潤治,《近代日本の國家構想》, 岩波書店, 1996.

井上清,《條約改定》, 岩波書店, 1955.

橋川文三,《黃禍物語》, 岩波現代文庫, 2000.

杉原志啓,《蘇峰と近世日本國民史》, 都市出版, 1995.

澤田次郎,《近代日本人のアメリカ觀》, 慶應義塾大學出版會, 1999.

岡本四郎 編,《重大なる結果》, 民友社, 1924.

麻田貞雄,《兩大戰間の日米關係》, 東京大學出版會, 1993.

三輪公忠 編,《日米危機の起源と排日移民法》, 論創社, 1997.

藤谷みさを,《蘇峰先生の人間像》, 明幻書房, 1958.

蓑原俊洋,《排日移民法と日米關係》, 岩波書店, 2002.

蛯原八郎,《海外邦字新聞雜誌史》, 名著普及會, 1936.

白井久也,《明治國家と日淸戰爭》, 社會評論社, 1997.

伊藤之雄,《立憲國家と日露戰爭》, 木鐸社, 2000.

中塚明,《日淸戰爭の研究》, 靑木書店, 1994.

檜山幸夫,《日淸戰爭》, 講談社, 2000.

《大韓每日申報》 영인본
《每日申報》 영인본(1910~1921)
《京城日報》 1939. 3. 11.~1939. 3. 17. 이광수,〈無佛翁の憶出〉(1~6회)
《國民新聞》 1890. 2. 23.~1896. 2. 13. 조선 관련 기사

기상청 1910년 8월 기상자료

도쿠토미 소호 연보

연도	경력	비고
1863	3월 15일(음력 1월 25일) 구마모토현(熊本縣) 미나마타(水俣)에서 태어남. 본명 이이치로(猪一郎). 호(號) 소호(蘇峰)	
1866	당시(唐詩)를 외우기 시작	제너럴셔먼호 사건(7.11.) 병인양요(9.18.)
1870	아버지 가즈다카(一敬)가 구마모토 번청(藩廳)에 취직해 구마모토 근교 오에(大江) 마을로 이사	
1871	가네사카(兼坂止水) 가숙에 들어가 공부	신미양요(6.10.)
1872	구마모토 양학교(洋學校)에 입학했으나 연령미달로 퇴학	
1875	구마모토 양학교에 재입학	운요호 사건(9.20.)
1876	양학교 폐쇄에 따라 도쿄로 옮겨 도쿄 영학교(英學校)에 입학. 교토 도시샤(同志社) 영학교로 전학	
1880	학교 당국과 합반(合班)문제로 대립. 도시샤 자퇴. 신문기자가 되기 위해 도쿄로 갔으나 실패하고 귀향	
1881	자유민권 결사(結社) 소아이샤(相愛社) 구성원으로 활동. 《도비(東肥)신문》 창간에 참여	
1882	오에기쥬크(大江義塾) 개교	임오군란(7.23.)
1884	《메이지 23년 후의 정치가 자격을 논함》 출판. 구라소노 세이코(倉園靜子)와 결혼, 그 뒤 5남 6녀를 둠	갑신정변(12.4.)
1885	《제19세기 일본의 청년 및 교육》 출판	
1886	《장래의 일본》 출판. 오에기쥬크를 폐쇄하고 가족과 함께 도쿄로 이사	
1887	출판사 민유샤(民友社) 설립. 《고쿠민노토모(國民之友)》 창간. 《신일본의 청년(新日本之靑年)》 출판	
1889	《일본국방론(日本國防論)》 출판, 《쇼난유고(小楠遺稿)》 간행	대일본제국헌법공포(2.11.)
1890	《고쿠민신문(國民新聞)》 창간(2.1.)	

연도	경력	비고
1892	《요시다 쇼인(吉田松陰)》을 《고쿠민노토모》에 연재	
1893	《요시다 쇼인》 출판	
1894	히로시마에 《고쿠민신문》 지국 설치. 《대일본 팽창론》 출판	동학혁명(2.15.). 김옥균 상해에서 홍종우에게 피살(3.28.). 청일전쟁(8.1.)
1895	요동반도 시찰. 가쓰라 다로(桂太郎)를 알게 되다	청일강화조약(4월). 전봉준 처형(4.23.). 명성황후 시해(10.8.)
1896	구미여행 출발(5월) 《가정소훈(家庭小訓)》, 《경세소책(經世小策)》 간행	아관파천(2.11.)
1897	런던, 미국 등을 거쳐 6월 귀국. 내무성 칙임참사관(勅任參事官) 취임(8월)	고종 덕수궁으로 돌아옴(2.20.). 대한제국 광무(光武)연호채택
1898	《단도직입록(單刀直入錄)》, 《문학만필》 간행	대원군 서거(2. 22.)
1899	《가쓰가이슈(勝海舟)》, 《세간(世間)과 인간》, 《사회와 인물》 출판	경인선 개통(9. 18.)
1900	《생활과 처세》, 《일요강단》 간행	
1901	가쓰라 내각 출범으로 《고쿠민신문》을 어용신문화함	
1902	《교육소언(敎育小言)》 출판	영일동맹(1. 30.)
1904	러일전쟁 개전으로 국론통일과 전쟁정당화에 힘씀	러일전쟁 발발(2. 10.)
1905	포츠머스 조약에 불만을 품은 국민들의 궐기로 《고쿠민신문》 피습	포츠머스조약 체결(9. 5.) 을사조약 체결(10. 17.)
1906	《78일 유기(遊記)》 간행	을사조약 폐기 민중시위
1908	《요시다 쇼인》 개정 증보판 간행	
1910	데라우치 조선총독 요청으로 《경성일보(京城日報)》 감독 취임, 조선 언론 통폐합. 〈조선통치의 요의〉기고	한일합방(8. 22.)
1911	귀족원 의원이 됨(8.10.)	중국 신해(辛亥)혁명(10. 10.)
1913	가쓰라 신당 '입헌동지회'를 위해 선언문기초. 국민들의 호헌운동으로 《고쿠민신문》 2차 피습. 《시무일가언(時務一家言)》 출판	가쓰라 사망(10월)
1914	아버지 93세로 사망(5.26.)	제1차 세계대전(7월)

연도	경력	비고
1915	《고쿠민신문》 창간25주년기념 가정박람회 개최(5.1.). 《세계의 변국(變局)》, 《양경거류지(兩京去留誌)》, 《소호문선(蘇峰文選)》 출판	
1916	《다이쇼정국사론(大正政局史論)》, 《다이쇼(大正)의 청년과 제국(帝國)의 전도(前途)》 출판	
1918	《지나만유기(支那漫遊記)》 출판. 《근세일본국민사(近世日本國民史)》 연재 시작(7월). 《경성일보》 감독 사임	제1차 세계대전 휴전협정
1919	맹장염 수술. 어머니 사망(2.18.)	
1920	《대전 후의 세계와 일본》 출판	
1923	《슈후노토모(主婦之友)》 사장 이시가와(石川)가 《고쿠민신문》 경영에 참여. 《국민자각론》 출판	관동대지진 발생(9.1.)
1924	《야마토(大和) 민족의 성각(醒覺)》 출판	미국 배일이민법 공포
1925	《국민소훈(國民小訓)》 출판. 제국학사원 회원	
1926	도부(東武) 철도의 네즈(根津)의 출자로 《고쿠민신문》 주식회사로 전환	
1929	《고쿠민신문》 퇴사. 《오사카마이니치신문》 사빈(社賓)으로 취임	
1931	《현대 일본과 세계의 움직임》 출판(9월)	만주 침략
1935	《소호자전(蘇峰自傳)》 출판	
1937	소호회(蘇峰會) 전국대회 개최(8월)	노구교(蘆溝橋) 사건으로 중일(中日)전쟁(7. 7.)
1938	《나의 교유록(交遊錄)》 출판	국가 총동원법 공포(4. 1.)
1939	《쇼와국민독본(昭和國民讀本)》 출판	일본군 만몽(滿蒙) 국경 노몬한에서 소련군에 참패(5. 12.)
1940	《만주건국독본(滿洲建國讀本)》 출판	프랑스령 인도차이나 침공(9. 23.) 일본·독일·이탈리아 삼국동맹(9. 27.)
1941	전국을 순회하며 국민 전쟁동참 선동 강연	일소중립조약(4. 14.) 미국 재미일본재산동결(7. 25.) 프랑스령 남북 인도차이나 침공(7. 28.) 미국 대일석유금

연도	경력	비고
		수조치(8. 1.) 어전회의에서 개전 결정(12. 1.) 진주만 공격(12. 8.) 홍콩점령(12. 25.)
1942	일본문학보국회(5월) 회장, 대일본언론보국회(12월) 회장 취임	마닐라 점령(1. 2.) 싱가폴점령(2. 15.) 과달카날 공격실패(10. 24.)
1943	제1회 문화훈장 수상	야마모토 이소로쿠 전사(4. 8.) 아투섬 수비대 전멸(5. 29.) 필리핀독립(10. 14.)
1944	《필승국민독본(必勝國民讀本)》 출판	조선징병제 실시(4. 1.) 사이판 일본군전멸(7. 7.) 괌 일본군전멸(8. 13.)
1945	패전으로《오사카마이니치신문》사빈 사직. A급전범용의자로 지목(12.3.)	미군도쿄공습(3. 10.) 히로시마원폭(8. 6.) 나가사키원폭(8. 9.) 쇼와왕 무조건 항복방송(8. 15.) 미주리 함상에서 항복문서조인(9. 2.)
1946	모든 공직에 물러남. 자택구금	도쿄극동국제군사재판 개정(開廷)(5. 3.)
1947	구금해제(9월)	일본 평화헌법 시행(5월)
1948	《패전학교・국사의 열쇠(敗戰學校・國史の鍵)》 출판. 부인 세이코 82세로 사망. 《국사수상(國史隨想)-헤이안조(平安朝)》 간행	도조 히데키 등 전범 7명 처형(12. 23.)
1951	《근세일본국민사》 집필 재개(2월)	샌프란시스코 강화회의
1952	공직추방 해제(4월). 《근세일본국민사》 제100권 완간. 《승리자(勝利者)의 비애(悲哀)》 출판(9월)	
1953	《미나모토노 요리토모(源賴朝)》 출판 《일본국민 두 가지 고뇌》 간행	
1954	《삼대(三代) 인물사(人物史)》를 《요미우리신문》에 연재 시작(3월)하여 1956년 6월까지	
1957	11월 2일 사망	

んで其の模範たるべき可らず。吾人は此の如き資格を、
總ての官吏に望むの、或は無理なるを知る。然も理想と
する所は、必らず此に在らざる可らず。

此の如き官吏氣質を養成するは、決して一朝一夕の業に
あらず。然も苟も之を導くに其人あり、牽ゐるに其法あらば、
必らずしも絶對的不可能にあらず。吾人は敢て之を以て、
我か總督及其の補佐の諸僚に要望せざるを得ず。英國
か其の統治の根本主義に於いて、往々誤謬あるに拘らず、
其の今日に至るも、領土の民心を失はざる所以は、實に
此の官吏氣質によるのみ。回数の土人曾て英國官吏を評
して曰く、彼等の信仰は暗黑也、然も其の政を施すや、

二七一

(49)

純潔にして、汚點なしと。今夫れ日本人と朝鮮人とは、
其の人種に於て、其他の關係に於て、英人と印度人との
比にあらず。苟も我か官吏にして、自から理想的の氣質
を持せば、焉んぞ彼等をして甘心、悦服せしめざるを得
んや。乃ち然らざるも、吾人は世界に對して何等の不面
目なき也。

浮誇なる人道論を以て、世界に廣告するの時代は、既に
過ぎ去れり。半可通の文明論の爲めに、自繩自縛せら
るの時代は、既に過ぎ去れり。今日は崇論宏説の時機に
あらず。最愚に、著實に、切要に、我か統治の目的を全
うするの時節到來したり。吾人か朝鮮統治の困難を感ず

二七二

(50)

兩京去留誌　終

るは、朝鮮人よりも、世界の傍評よりも、寧ろ日本人の
放恣なる言行にあるを庾れざるを得ず。其の放恣なる文
字中には、或は朝鮮人に對する不親切なる行動も、時と
しては朝鮮人に對する婦人仁的の人情論も、與に之を含
蓄することを告白せざるを得ず。惟ふに朝鮮統治の要義
豈之に止らんや。但た今日に於て、姑く其の急且緊なる
ものに就て、之を説くのみ。
（明治四十三年十月京城に於て）

二七三

(51)

출처 : 德富猪一郎、『兩京去留誌』、大正四年、民友社。

305

(46) 二六八

朝鮮統治
の一大主
腦

先天的空
論國

杞憂なくんばあらず。豈に此の先天的空論國をして、更
により甚だしき空論國たらしむ可んや。吾人は眞個の朝
鮮人の敵は、却て自から朝鮮人の親友を以て任ずる輩の
中にあることを疑ふ能はず。乃ち其の心然らざるも、其
の結果然る也。

　　　其十

朝鮮に必要なるは、自由にあらず秩序也、言論にあらず
實行也。縱論放議の多頭政治にあらず、嚴正公平の統一
政治也。浮華虚文の學問にあらず、堅實有用なる教育也。
吾人は自治を與るに先んじ、宜しく平和と食物とを與へ
らず。而して總ての物の先に、安心と食物とを與へざる可

(45) 二六七

亢興なる
教育論

高麗人の宋に模し、遼に模し、元に模し、李朝人の明に
模したる、歴々之を徴す可し。復た笑んぞ今日に於て、
之を強ふるの必要あらんや。
急遽なる同化論の結論として、
亂調なる教育論は來る。
曰く先づ教育を與へよと。而して其の教育の何物たるか
に至りては、殆んと差別なきものヽ如し。然も記憶せよ、
朝鮮人は、政治に中毒したるが如く教育に中毒したり。
凡そ朱子學の流行したる、支那、日本、朝鮮三國に於て、
未だ朝鮮に若くものあらず。而して其の結果は何ぞ。無
用なる空文のみ、虚談のみ、其の必然の伴侶として、黨
爭のみ。吾人は今日の所謂る宗教々育でも、多少の

(48) 二七〇

清廉、謹
愨、忠質
是れ其
特色

はあらず。昔は漢の宣帝は曰く、朕と與に天下を治むる
ものは、夫れ唯た良二千石平と。惟ふに我か　天皇陛下
の德化を、朝鮮一千餘萬の人民に及ぼすの責任あるもの
は、實に我か官吏にあり。吾人か朝鮮に於ける官吏氣質を論
ずる、豈に徒爾ならんや。
我か朝鮮に於ける官吏氣質の特色は、清廉にあり、謹愨
にあり、精勤にあり。而して其の職責に對して、忠實、謹
愨到にして、且つ如何なる場合たりとも、自個の責任に
掛けて、其の最善と信ずる所を行ふにあり。其の長上に
服從し、同僚と協和し。個人としても、團體としても、進
優に朝鮮人の信用、敬愛を博するに足るのみならず、進

(47) 二六九

朝鮮に於
ける官吏
氣質の養
成

可らず。是れ實に朝鮮統治の一大主腦也。乃ち總督武官
制度の如きも、警察統一制度の如きも、職として是に由
らずんばあらず。
吾人は此の目的を達するに就て、朝鮮に於ける官吏氣質
の養成の甚だ大切なるを憂ゆ。官吏氣質にも類多し、吾
人は我が統監政治以來の官吏氣質に就て、今更ら批評を
試むるの必要を認めず。されど過去をして、過去を葬ら
しめよ。政治家の關心するは、現在と將來とにあり。而
して若し日本帝國の朝鮮統治の目的を全うすると否とに
於て、其の關係の最も大なる一を求めば、主として我か
總督府を中心とする幾多の高級及び下級の官吏たらずん

41

ウェルリントン公とトントンの先見を埃及に擬するの妄誕

埃及政策を攻撃したるの、聊か一片の眞理あることを否定する能はず。知らず英國の印度と、埃及とに於ける施設を以て、朝鮮統治の典型とせんとする論者は、果して何の見る所ある乎。

其九

ウェルリントン公曾て曰く、若し萬一吾人をして、印度を失却せしむるあらん乎、議院之を然らしむるものと云はざるを得ずと。記者は今日に於て、鴨た公の遠識、先見に驚歎せずんはあらず。看よ現時に於ける印度の困難の一半は、實にティムス河畔にある英國の議院、及び其の議院にある議員の議論によりて挑發せられつゝあること

二六三

本邦人の無稽妄誕なる言論を

を。近くは勞働黨首領の一人、ケーヤ、ハーデ氏が印度旅行の次を以て、不謹愼なる言論を弄し、印度に於ける不穩の狀態に油を澆ぎたるが如き。人をして鐵公の豫言空しからざるを想起せしむるものなくんばあらず。記して此に到れば、吾人は朝鮮人よりも、寧ろ本邦人の無稽、安誕なるものあらば、そは朝鮮統治を困難ならしむるものあることを、指摘する能はず。固より彼等に於て、朝鮮統治を困難ならしめんが爲に、特に其口舌を這うするが如き、非愛國の動機なかる可し。否な恐らくは彼等に於ては、之を以て朝鮮統治の要を得たりと信ずるか爲に、斯くは放言高論するならん。されど

二六四

43

歴史を無視したる無謀なる同類

彼等は其一言一句が、如何に多大なる印象を、朝鮮人に與へつゝあるかと、あるかと知れかざる可し。

吾人が最も危険とするは、日本人、朝鮮人の歴史的素生を無視して、政治上に於て、之を同一に取扱はんとするの論也。彼等は單に法律上に於て、平等の待遇を與ふるに滿足せず、政治上に於ても、然らしめんと欲す。甚だしきは自由主義の鼓吹者なるモルレー卿さへも、自から責任の位置に立てば、之を與ふることを許容せざる參政の權さへも、朝鮮人に與へんと云ふものあり。然も試みに思ふに、日本人は三百年間、封建政治の陶治によりて、最も嚴肅なる政治的訓育を受けたり。其の代議政治下の

二六五

急遽なる同化論の弊害

良民たるは、固より當然の事のみ。然も今日の朝鮮人を以て、之を同一視するに至りては、是れ實に歴史を無視して、空中に樓閣を築くもの也。

若し夫れ急遽なる同化論の如きに至りては、百害ありて、一益なし。知らず朝鮮人を日本流儀に同化したりとて、朝鮮の爲め、將た日本の爲め何の效能かある。若し朝鮮人にして、日本流儀の便利なるを解せば、他の壓迫を俟たず、自から進んで同化す可し。吾人は朝鮮同化に於ては、只だ太陽たるを欲し、風神たるを願はず。彼等か他の風習に模做するや、世界に於ける最も恰憫なる人種の一也。新羅人の唐に模し、歴史的顯著なる事實也。

二六六

然らは之を以て、朝鮮統治無二の典型と爲すは、亦た聊か危險なきにしもあらず。

大體より論ずれば、印度に於ても、埃及に於ても、英國は成功したり。然も印度の現狀を見ずや。印度大臣モルレー卿は、印度人民に多大の同情を表し、其の自治的慾望に對して、極めて調和的態度を持し、一方に於ては、議院政治を印度に行はんとするが如き妄想を杜絶せしむるに勗むると同時に、其の印度に於ける政務の評議には、印度人を幾許か採用し。鮑迄も彼等の民族的渴仰心を[鑒]かしめんことを期せり。然か印度人は果して之に滿足したる乎。吾人はモルレー卿の調停政策の效果に就ては、

二五九

(37)

顔る懷疑の念なき能はず。

モルレー卿は、其の同黨員の或者より、殆と自由主義の裏切者と非難せられたるに拘らず、偶ば幾許か印度に於ける言論自由の危險を看取し、新聞の發賣禁止等に關する個條を保留しつゝあるに拘はらず。印度の各新聞は、何れも不穩の言論を逞うし、動もすれば民心を煽揚して、クロンマ卿曰く、印度に於ては、絕對的獨立論者と、英國統治の下に於ける自治論者とあり。而して今日の所にては、印度に於ける敎育ある階級は、寧ろ前者に傾きつゝあるが如し。彼等の中に、急漸二派ありと雖も、一は之を直ちに斷行し、

二六〇

(38)

他は之を他日に實行せんとするに過ぎずと、其の言ふ所果して信遷す可くんば、吾人は未だ猝かに印度に於ける英人の成功を歎美す可らざる也。蓋し印度に於ける英國文學の輸入は、多大の刺戟を、印度の青年に與へ、彼等をして知らず疊えず自由獨立の思想を長養せしめ。其の急激者は、自から七首を懷にして、曾て印度人に對し、且つは印度の青年に對して、思人とも云ふ可き英國の官吏を、倫敦に於ける公室の中に於て、刺殺したる者あり。其の急激ならざる者と雖も、彼等か英國の順民たらざるは勿論也。吾人はモルレー卿の著書を愛讀したるが爲めに、却て今日のモルレー卿の政策に

二六一

(39)

反對する者あるを否む能はず。人事意外多しと雖も、此の如きは實に一種の因果應報と云はざるを得ず。若し夫れ埃及に於ける英國の成功に至りては、紛々たる亂麻の中より、一條の秩序を見出し、法老以來、幾千年來、殆んど未だ曾て見ざる善政を布きたるに拘はらず。クロンマ卿の末年には、其の恩惠に感謝するよりも、寧ろ却て之に狎れて、更らに國民的新要求を惹起し。其の後繼者ゴルスト氏に至りては、其の餘りに緩和的政策の爲めに、却て收拾し易からざる禍機を長養しつゝあるものゝ如し。吾人はルーズヴェルト氏が、婦人の仁の世を綱するや、暴政よりも甚だしとの言を以て、ゴルスト氏の

二六二

(40)

308

ば、現時の朝鮮に若くはなし。人往々朝鮮人の怠惰を咎み、されと朝鮮人豈に徒らに怠惰ならんや。彼は父祖の代より、勉強するも、其の效果を自から收む可らざることを、不言の中に數へられたれば也。人或は朝鮮人生活の程度の卑下なるを嗤ふ。然も吾人は之に對して、一掬の涙を拂はざるを得ず。彼等も亦た人也。否其の生活の嗜慾に於ては、決して日本人の下に就かざる人也。然も自から之に安んずるか如きは、畢竟之に安んせざる可らざる事情存したれば也。別言すれば、生活を高からしむるは、却て其の財產を斬はれ、其身を危くする所以たるを自覺したれば也。

二五五

（33）

朝鮮人の精神的、將た物質的狀態は、彼の隨處是れなきはなき禿山之れが標本たらずんはあらず。山必しも樹木なからず、唯た之を伐り、之を拔き、其の最後の一根さへも剩さるに至りて止むが爲めに、此の如きのみ。吾人は苛政虎より猛きの實例を、眼前に實驗したり。斯る境過に生活したる民人に對する待遇は、彼等より一切の不安心と危險とを除き去るより急なるはなし。雪消えて草木自ら生長す。吾人の役目は、朝鮮人の爲めに、雪を拂ふを先務と爲す。然も事人或は朝鮮人生活の向上を云ふ。其の腹實は向上にあらずして、充實にあり。彼等をして其の腹

二五六

（34）

を充たさしむ。今日の問題は美食にあらず、滿腹にあり。向上も、進步も、其の以後の事のみ。而して是れ決して難きにあらず、納税も一定の額と時間あり。村落に警吏あり、都會と都會とに道路あり。其の所得は、之を他に誅求せらるゝの憂なくして、其の善償を求めて沽るの便ありあらば、縱令彼等に向て、懶惰の民たらしめんとするも、是れ豈に得可んや。況んや彼等各個人に向て、其の平易にして且つ堅實なる智識を興ふるに於てをや。吾人は前設を弦に繰り返さんとす。曰く、先づ食を興へよ、而して教育を興へよと。但た其の食は滿腹を主とし、其の教育は實用を主とす。若し誤りて虚談妄說を吹き込

二五七

（35）

むか如きあらば、是れ醉漢に強ふるに酒を以てするの類のみ。是れ朝鮮人を開導せんとして、却て彼等を千仞の谿谷に墜すものゝ也。

其八

朝鮮統治を談ずる者、動もすれは例を埃及と印度とに取らんとす。知らず彼等は斯く爲す可らずとして乎。吾人は史的眼孔を據して、英國の二國に於ける施設と、其の結果とを吟味するの必要なくんばあらず。而して若し吾人か審定したる所をして大過なからしめば、英國は亦た必すしも二國に於て、無制限の成功を儌したりと認む可らざるものあるが如し。果して

二五八

（36）

309

朋黨爭鬪の劇甚なるもの、朝鮮の如き、殆んど罕なり。
朝鮮の黨爭は、時に學派によりて、時に地方によりて。
而して最も多く政權爭奪によりて行はる。其の延いて近
時に於ける親露、排日、事大、獨立等の如きは、今何れ
吾人の記憶に新たなる所に非ずや。此の如き人民に向て
更に黨禍の種子を投ずるか如きは、不仁も亦た甚だしか
らずや。

黨爭の利器は、陰謀と斟酌と也。之を聞く朝鮮人の基督教徒たるもの、其の
的雄辯家也。故に朝鮮人は又た先天
埔上に立ちて設教するや、其の教師たる外國宣教師をし
て後に瞠若たらしむるものありと云ふ。是れ固より朝鮮

二五一

(29)

人の長所として、識認す可きと同時に。其の反面には、
彼等か徒らに妄想に耽り、虚談を事とし、口舌を藉りて、
事を成さんとする短所をも、看過す可らず。英國雄辯家
多しと雖も、其の國家の大は、必ずしも口舌の力と云ふ
可らず。羅馬には、今古第一流の辯士シセロの力に埃つたる
も、其の大を爲したるは、却て「來」、「見」、「克」の三字を
以て其の職報としたるシーザルの力に埃つこと多し。吾
人は政治中毒の朝鮮人に向て、更に其毒を強ぶ可き乎。
將た寧ろ其中毒を治療せんか爲に、之に與ふるに嚴酷なる教
遠ざからしめ、之に與ふるに嚴酷なる訓練と確實なる教
育とを以てし、其生活と思想とを改善す可き新境遇に導

二五二

(30)

く可き乎。是れ實に朝鮮統治の上に於て、最も親切に考
慮す可き問題の一と云はざるを得ず。

其七

統治者をして、朝鮮民人の要求を容れしめよ。然も若し
悉く彼等の要求を容るれば、是れ統治者なき也。統治者
の統治者たる所以は、其の要求の果して有理なるや否や
を審定して、之を取捨するにあり。複説すれば、如何な
る要求をも、若し其の時宜に適せずと認むるものは、斷
乎として之を斥けざる可らず。乃ち縱令要求なきも、若
し必要と認むるに付ては、我より進んで、之を與へざる
可らず。統治者の心を乘る公正なると與に、其の標度の

二五三

(31)

曠潔にして、其の眼孔の光朗ならざる可らざる所以、職
として之に存す。
若し今日の朝鮮人をして、無遠慮に開陳せしめば、彼等
は何物をも要求す可し。然れとも我か統治者の彼等に與
ふる所は、秩序と、公正と、善政とのみ。而して其中に
は、適當なる範圍に於ける教育と、殖產とを含蓄するは、
固より言ふ迄もなし。今日の所にては、是れ以上の必要
もなく、是れ以下の必要もなし。吾人は濫興せず、又は
濫容せず。與ふるも、與へざるも、一時の出來心にあら
ずして、一定の政策方針よりして然る也。
凡そ世界に於て、惡政の惡果を齎らしたる模範場を尋ね

二五四

(32)

310

必要と不必要との區別

可也、基督教徒となり、佛教徒となり、侍天敎徒となり、若しくは無神論者となる、何の妨げあらんや。吾人は彼の數々然窃々乎たる同化論に接して、實に今日の文明論者が、賴朝、家康に比して、其の政治的見識の甚だ卑下なるを憫まずんばあらず。

凡そ改革の難きは、其の必要と不必要を區別するの難きにあり。大政は其の大を採り、小政は其の小を擇ぶ。彼の朝鮮人の生活的瑣事迄も、日本流儀を當て篏め、之を彊ひて、而して後改革の業を達したりとするが如きは、實に統治の目的を阻害する純贓たらざるを得ず。右人曰く大國を治むるは、小鮮を煮るが如しと、吾人は時に

二四七

根本的の病源
原の對症治病

大鐵鎚の下るを順はず。然も小針にて刺すが如き小面倒の政策に至りては、斷じて其の可なる所以を知らず。

其六

朝鮮を統治せんと欲せば、朝鮮を諒解せざる可らず。朝鮮を諒解せんと欲せば、其の根本的病源を看破せざる可らず。若し吾人をして率直に云はしめば、曰く朝鮮は政治的中毒なりと。是れ必ずしも近時に於て然るのみならず、有史以來始まると是れならざるはなし。吾人は朝鮮の歷史を讀みて、實に其中毒の偶然ならざるを、悲しますんはあらず。蓋し是れ其の境遇の然らしめたる所にして、之を以て漫に朝鮮人を罪す可きにあらざれば也。

二四八

政治的陰險
と中傷宗教

朝鮮の地たる、恒に南北勢力の壓迫を受く。支那に非ざれは日本、然らざれば邊、金、蒙古等、近くは露國の如き是れ也。されは春秋時代に、大國の間に介在したる鄭人が、先天的外交家たりしが如く、朝鮮人も亦た然り、否な然らむるを得ざりしなり。而して其の外に施す所を以て、互ひに相用ゐるは、必然の勢にして、朝鮮か恒に政治的陰謀の溫室たりしは、是亦た已むを得ざる情態と云はざるを得ず。此の如く内は專ら權謀を弄し、外は專ら術數を事とす。其の政治的中毒を來したるは、固より自然の數のみ。

試みに思へ、鄭夢周の如きは、高麗末期第一流の政治家

二四九

鄭夢周尚
圧然り

として、尊崇せらる。其の日本に使して、今川了俊と折衝し、和冠の憂を緩うしたるが如き。明に使して、洪武皇帝の眞を解きたるが如き、所謂る四方に使して、君命を辱しめざるものに應慙む。然も其末路を、或は晩節を全うしたりと云ふを得んも、甚た蓋條たるものなくんばあらず。彼は李朝の創業者李成桂の馬より墮ちて病めるに乘じて、之を除かんと欲し、却て殺さる。其志憐む可しと雖も、其策士たるや掩ふ可らず。夢周尚ほ然り、況や夢周たらざる者をや。吾人は朝鮮の政治史を目して、一部の陰謀史と斷言するの、決して過常ならざるを認む。且夫れ政爭と黨禍とは、恒に相伴はずんばあらず。凡そ

二五〇

帝國主義の成功者

羅馬人と英人と

古今を通じて、帝國主義の成功者を舉ぐれば、先づ指を羅馬人と英人とに屈せざる可らず。彼等は何故に成功したる乎。固より一言にして、盡し來るにあらず。然も若し强ひて概括せば、彼等は其の新附民人の風俗、習慣を重んじ、其の必要已む可らざるの外は、從來の成行に一任したるが爲めのみ。羅馬帝國が、如何に其の各領土に存在する、各宗敎に對して寬大なりしかは、ギボンの曾て稱讚したる所也。其の基督敎迫害の如きも、當時の基督敎が、政治的色彩を帶び、若しくは帶ぶるものとして存在したるが爲めのみ。而して是れ單に宗敎に止ら誤認せられたるが爲めのみ。

二四三

(21)

頼朝と家康の治術

ず、總ての方面に於ても、亦た然りし也。万ち英人の如きも、其の有心なる乎、無心なる乎を詳にせざるも、其の領土を統御するの規模に至りては、聊か往年羅馬人の典型を存するものなしとせず。

我か中古の大政治家たる頼朝の如きも亦た然り。其の奥州を征服するや、榜して曰く、諸事一に秀衡の舊に仍るゝゝゝと。近古の大政治家たる家康に至りても、亦た此の如し。其の關東を治むるや、北條氏の法度を用ひ、其の甲斐を治むるや、信玄の遺法に則れり。自から三昧に入りたるを歎美せざらんとするも克はず。惟ふに我か朝鮮統治の術も、豈に亦た之に外ならんや。

二四四

(22)

改革の妙

吾人は改革の敵にあらず、されど改革の爲めに、改革するを欲せず、只た必要の爲めに、改革せんとを欲す。然も若し改革するも可、せざるも可なる場合に於ては、寧ろ舊慣に仍らんとを望むものなり。

蓋し改革の妙は、他をして其の改革に氣附かしめざるにあり。言ひ換ふれば、自から發作し、自から創金し、其の然るを覺えずして、舊來の隨習を蟬脱せしむるにあり。ベーコン曰く、苟くも改革の業を全うせんと欲せば、時間の爲す所に倣ふべし。時間は大なる改革を爲すに拘はらず、最も平靜に之を實行し、然も容易に之を覺知し得ざる程度に於てす。凡そ國家の事に於ては、苟も其の必要

二四五

(23)

改善の必要ありて改動

朝鮮人の爲す儘に一任せよ

已む可らざる限り、其の利益分明ならざる限り、濫りに新奇の實驗を試む可らず。改善の必要ありて、竝に改動あり、徒らに變動を事とするは、決して改善と稱す可きものにあらずと。吾人は朝鮮統治に於ても、亦た如上の謬言を服膺せんとを望む。

朝鮮人をして、朝鮮人の爲す儘に一任せよ。我は唯だ帝國の一部分として、之を統治せんのみ。我の彼等に與ふるは、平和也、秩序也、良法也、善政也。其の以外の事は、彼等自から欲する所を爲さしむ可し。斷髮せんと欲せば、斷髮も可也。結髮せんと欲せば、結髮も可也。橿爐の上に横臥するも可也。火鉢を前にして、亁坐するも

二四六

(24)

312

善政は公正を以て第一義とす

併せて朝鮮人の眼前に、之を具備せしむるを要す。此の根本的要件あらば、其他は凡を迎へて解決せむ。既に止む可らずんば、之に服従せむ。既に止むも善政を要するは、單に致方なしとして服従せしむるに止らず、更に致方なしとして、利益ありと思惟せしめざる可らざるか爲め也。善政は必ずしも惠政にあらず、善政は公正を以て、第一義とす。若し日本人に對して、朝鮮人に對しても、善政は公正なるを得ば、其事其物が既に善政也。吾人は我か司法制度の適用を以て、我か統監政治の成功の一に數ふることを遲疑する能はず。若し警察官の保證が、日本人にも、朝鮮人にも、

二三九

(17)

多少の歳月と勞苦とを要す

同一に行き渡らば、其事其物が既に善政也。善政は豫期せらるゝ政治也。當になる政治也。租税の輕減よりも、負擔の公平と確實とは、寧ろより多き善政也。吾人は我か稅吏と警吏の力に俟つの多大なるを感す。但た朝鮮人をして、我か統治に悅服し之を樂ましむる迄には、多少の歳月と勞苦とを要するを得ず。若し或は善政を以て、此を先務とせんよりは、帝國の牛島に於ける統治權の失態たるを豫言せざるを欲するも能はず。凡そ世を賊し政を誤るものは、空疎の人道論より甚しきはなし。政は正也、公正也。公正以外に恩惠を以てするは、決し

二四〇

(18)

誤れる統治論
露國の統治

て治國の要にあらず。世の人道を説くもの、動もすれば恩惠の後に感謝の來るを豫期す。甚だしきは感謝の豫期して、恩惠を以て、領土統治の義務と做すものあり。されど歷史的經驗にして、果して信憑す可しとせば、是程大なる間違はなかる可し。他の爲めに暴を去り殘を平ぐたる結果は、却て新たなる不平を惹起するに過ぎず。最近に於ける埃及統治の成功者として、世界に識認せられたるクロンマ卿さへも、所謂る感謝力の甚た淺薄なるを識認し、吾人は埃及及印度に於て之れを質驗し、佛國はアルゼリヤ、交趾に於て、露國は中央亞細亞に於て、何れも其の經驗を甞め

二四一

(19)

誤れる人道的恩惠
裸體の人道と報酬の恩惠

たりと讕言したり。知らず吾人は朝鮮に於てこれを繰り返す可きや乎。且つ夫れ恩惠は、其の報酬を要求せざるか故に、始めて恩惠たるの價值あり。然るに當初より之を豫期して、其の報酬の爲めに之を施す、果して仁者の業と云ふ可き乎。吾人は恩惠の爲め人道を欲せざるに非す、人道を好みせざるに非す。只た裸體の人道と報酬の恩惠とに慊からざるのみ。若し力の上に、公正を築き、公正の上に恩惠を築かば、我か統治に悅服する、固より可也。悅服せざる亦た妨げなし。我か統治の目的を全うするに於て何かあらむ。

二四二

(20)

るを要す。即ち其の法制の根本的に確立すると與に、其人の恒久に土著すると是れ也。其人とは上は總督より、下は地方の郡吏に及ぶものを是れ也。何人が出て來るも、日本の朝鮮統治は、水も漏れず、爪も立たず、未來永劫、之に獎順するの外、何等の方便なきを觀念せしむる暁に於ては、朝鮮人たるもの、何を苦んで日本統治に反抗するを得んや。反抗は畢竟其の勝利を萬一に僥倖するの徐地あるより生ず。若し今後斯る場合生ずるとありとせば、そは我より其端を啓くとを覺悟せざる可らず。其人存すれば、其政擧ると云へり、然も人に委ねて法をは無視す可らず。何となれば人と法とは、相須つて行はる

二三五

(13)

可きものなれば也。吾人は今日に於て、改革沙汰の徐儀なきを知る。然も法制を紛更するは、決して新領土の民人の心を安ずる所以にあらず。法制既に然り、況んや人をや。吾人は羅馬帝國主義成功の一を以て、其の新領土に荏む施政者任期の長久なりして以て、其の一原因と認めざるを得ず。サビナスのミシャを治むる二十年、カルシの西班牙を治むる八年。豊に一年にして三たび其の任地を更ふるが如き、猫晴的態度を以て、領土民人の心を、威服安著せしむるを得んや。
若し彼等既に長く久しく日本帝國臣民たる可く觀念せば、之を愛育する可也、之を惠撫する可也。徐ろに之を同化

二三六

(14)

する亦可也。吾人は統治の要素中より人情を除却せんとするものにあらず。されど力なき人情は、空涙のみ。之を兒女子に加ふるも、之を展ばすれは必らず其の效を失ふ。況んや國土民人を統治するに於てをや。吾人は力を以て實體となし、而して之に仁惠の衣を著せしむるの頗る效能あるを知る。然も威力なき仁惠は、仁惠なき威力よりも、其の禍害の更に大なるものあるを記憶せざる可らず。凡そ國家の大事を誤るものは、小人にあらず、所謂る君子也。所謂る君子の人情論也。彼のルーズヴェルト氏が英國埃及政策に向て一喝を加へたる、洵とに所以ありと云はざるを得ず。

二三七

(15)

其四

誤解する勿れ、吾人は必らずしも朝鮮人を下級民人として、取扱ふ可しと云はず。上もなく、下もなし。我か天皇陛下と、國法との眼中には、固より一視同仁也。日本人よりしては、固より同胞兄弟也。但た然るが故に、彼等は何時たりとも、再び日本帝國より分離し得ると云ふが如き、妄想を懷かしむ可らずと云ふのみ。否な徹上徹下、子々孫々、彼等の運命は、日本國民たるの外、又た日本國民として同化するの外、他に方便なきを觀念せしむ可しと云ふのみ。是れ則ち帝國の國是にして、帝國は此國是を把持する保險力を、本土に有するのみならず、

二三八

(16)

の文明の如きは、其の思想及ひ生活の上に於て、蜀闢創始の氣魄と規模なきにせよ、粲然たる文化を、海東に蕃殖したり。吾人は彼等に向て、新らしき物を與ふるに先ち、曾て彼等の固有したる或物を收拾し、採取して、之を彼等に復歸せしむる必要なき乎。是れ吾人か没に一播的革新論者に雷同する能はざる所以也。

朝鮮の統治は、郊野に新市街を建設するが如く、白紙に清書するが如く、快活ならず、又た容易ならず。吾人は朝鮮を歴史的に研究し、社會的に觀察し、經濟的に交渉し、政治的に關係する、愈よ深くして、愈よ其の統治の容易の業にあらざるを覺ゆ。

二三一

(9)

要するに朝鮮は、政治學の實驗室にあらず、朝鮮人は、徒らに他の實驗的資料たる南京鼠にあらず。統治者に對して、重大なる責任を有す。朝鮮が朝鮮として存立する間に、其の權能も責任も彼にして朝鮮か日本の上に併合せられたる暁に於ては、其の責任は專ら統治者の上にあらざる可らず。吾人か朝鮮に對する、小學敎師が、黒板を拭き去り拭き來り、時に動物に對する、時に歴史の題目を書き、時に數學の方式を揭ぐるか如く、隨意氣儘の施設を鷲戒する所以、豈に當た朝鮮人の爲めのみと云はんや。蓋し此の如きは、實に統治者たる日本人の不能力、不面目を廣告するものなれば也。

二三二

(10)

其三

苟も統治の目的を達せん欲せは、(第一)朝鮮人をして、統治の已む可らざるを觀念せしむるにあり。(第二)統治を以て、自己に利益ありと思惟せしむるにあり。(第三)統治に滿足し、統治に悦服し、統治を樂しましむるにあり。然も此の三要件には、斷々乎として掩ゆ可らざる順序あり、次第あり。若し誤らすて之を顚倒せん乎、是れ統治の目的を達せんと欲して、却て之を破壊するに至らむ。請ふ吾人をして再言せしめよ、若し三者均しく得る能はずんば、先つ前の二者を取れ。若し二者均しく得る能はずとせば、最前の一を取れ。日本の朝鮮統治を以て、宿

二三三

(11)

命同樣の威を、朝鮮人一般に懷かしむるを得は、既に其の目的の一斑を達したる也。然らは則ち如何にして此の如くならしむる。曰く只た力あるのみ。力とは兵力のみを意味せざるも、兵力も亦た固より其の一大要素たり。世の中には力と德とを比較して、德の以て力に優るを説くもの、古來其人多しとす。然も力ありてこそ、德も其の光輝あれ。背後に力なき德は、徒らに他の侮悔を媒すゐの具たるに過ぎず。特に朝鮮人の如き、習慣第二の天性となりたる外交的人種に於ては、尤も然りとす。故に曰く只た力あるのみと。力を分析すれは、雄大なる兵力と共に人と法とを兼有す

二三四

(12)

5

統治の成功と失敗

たるが爲めならずんはあらず。但た列強は、併合に對し
ては、賛同し、若くは默認し、若しくは看過するも。其
の效果に就ては、彼等か其の批評、審判の權利を保留し
つゝあるとは、勿論の事たり。吾人苟も自ら信ずる所あ
らは、固より信ずる所を行ふ可し。然も之を行ふに於て
は、遺算なきを要す、失計なきを要す、挫折なきを要す。
併合は不可抗力とするも、統治の成功と、失敗とは、不
可抗力にあらず。其の成敗の責任は、一に吾人の頭上に
あり、吾人豈に輕心快歩を以て、朝鮮統治の實に從ふを
得ん哉。

其二

三二七

二個反對の潮流

一視同仁の上のみ

從來對朝鮮政策に於て、恒に二個反對の潮流ありき。一
は朝鮮の爲めの朝鮮にして、他は日本の爲めの朝鮮也。
言ひ換ふれは、一は朝鮮本位にして、他は日本本位也。
然も併合の結果は、殆んと兩者の爭議を容るゝの餘地な
からしめたり。そは朝鮮は、既に日本の一部分たれば也。
朝鮮人は、既に日本人の一部分たれば也。吾人は我か朝
鮮總督か、一視同仁の方針を宣言したるを以て、最も機
宜に適したる事を認む。

然も一視同仁は、其の待遇の上に就てのみ、其の人民と
しての取扱に就てのみ。今日に於て朝鮮人を日本人たら
しめんとするは、日本人を朝鮮人たらしめんとするが如

三二八

7

朝鮮の歴史と妥協

し。縱令一二歴史家の擧證するが如く、日朝人種、同根
より生じたりとするも、分植以來既に二千數百年、性相
近く、習ひ相違し。吾人は何物をも無視するを得可し、
然も無視す可からざるは歴史也。吾人若し歴史を無視せ
ん乎。歴史は吾人の、其の意の隨ふ所を放のにせ
ずんは已まず。若し到底歴史に打克つ可らざるを知らは、
當初より歴史に服從するに若かす。妥
協にあり。而して朝鮮統治の要は、朝鮮の歴史と妥協す
るを以て、其の第一義とせざる可らず。所謂一視同仁
も、其れ以後の事たり、其れ以內の事たり。否な其の根
柢の上に於ての事たり。

三二九

日本と朝鮮

朝鮮は未開國に非ず

日本か舊邦ならば、朝鮮も亦た舊邦也。日本か歴史に支
配せらるれば、朝鮮も亦た歴史に支配せらる。日本人か
世界に於ける右き系圖を有する一とせば、朝鮮人も亦た
其の一とせざる可らず。歐洲諸國か阿非利加に於
ける植民政治を以て、朝鮮統治と較說せんとするものあ
り、何ぞ其れ類を知らざるの甚たしき。朝鮮は野蠻國に
あらず、朝鮮人は野蠻人にあらず。吾人は朝鮮現時の狀
態を見て、其の貧と陋とを諒む能はざるも、是れ當初よ
り然るものにあらず。暴政の結果、此の如きのみ。苛政
の毒癘、此に至らしめたるのみ。朝鮮は未開國にあらず、
既開國也。但た退化したるのみ、墮落したるのみ。高麗

三三〇

朝鮮統治の要義

其一

朝鮮の統治は、振古未曾有の盛事也。而して又た未曾有の新試驗也。我か日本國民たるものは、此の問題に對し、最も眞面目に、最も忠實に、且最も精嚴周到に商量するを要す。何となれは是は帝國の世界に於ける威信、繋つて是に存すれは也。帝國の極東の世界に於ける勢力の消長、繋つて是に存すれは也。而して我か大和民族の果して克く膨脹し、克く統一し、克く整調し、新に新領土を獲る克きのみならず、之を善化するの能力の有無を、實地に證明するは、

三三三
(1)

專ら是に存すれは也。

島帝國は、何處迄も太洋を支配する以外の機能なき乎。島帝國は、何時迄も大陸に足を踏み掛くる能はざる乎。英國か世界の水の大牢を、我物顏に縱橫するも、カレー一塊の土さへも、之を手中に剩す能はざりしを見れは、島帝國の大陸統治は、假令絶對的不可能たらざる迄も、極めて困難の事業たるとは、世界の通例と云はざるを得ず。然るに我日本帝國は此困難を踏破して、大陸統治に著手したり。是れ果して何の恃む所ありて然る乎。蓋し朝鮮併合は、吾人か好むにせよ、好まざるにせよ、避く可らざる大勢也。四十餘年の新らしき經驗と、二千

三三四
(2)

數百年の舊き歷史とは、吾人に向て種々の敎調を與へたり。吾人は且つは自衛の爲め、且つは朝鮮の爲め、且つは極東及ひ世界の平和の爲め、明治維新以來幾多の方策を試みたり、此れと同時に多大なる代償をも拂へり。或は共同保護となり、或は顧問制度となり、遂に統監政治となる。然も未た其の到着す可き點に達するを得ざりき。吾人か朝鮮に對して、一步一步を進め來りたるは、自から安著するを欲せざりしにあらず。大勢我を驅りて、禁ずる能はざれは也。大勢は一種の不可抗力也、吾人固より、殆んと利害を考慮する餘地を有せず。吾人固より大陸統治の至難たるを解せざるにあらず、然も矢弦上

三三五
(3)

にあれは、發せざるを得ざる也、石高鋒に轉ずれは、落ちざるを得ざる也。朝鮮併合は、止む可らざる、逃る可らざる也。而して大和民族の立場としては、是れ以外に、何等の方便なき唯一の通路たりし也。

されは今日に於て、朝鮮併合の利害を論ずるか如きは、出產の後に於て結婚の得失を談ずるの類にして、固より他の笑齒をして、冷かならしむるに過きず。惟ふに列强か、今回の出來事に對して、其の心中、之を快とするにせよ、不快とするにせよ。其の公然之を賛同したるものの外、之に對して、異議を唱へざる所以のものは、要するに、我か帝國が必要の前に、叩頭したるの眞相を解し

三三六
(4)

〈朝鮮統治の要義〉 원문

역사속에 살아있는 인간탐구 16

후쿠자와 유키치 – 탈아론을 어떻게 펼쳤는가 –

정일성 지음/신국판/반양장 344쪽/책값 12,500원

  일본인들의 잘못된 역사인식의 한 근원인 탈아입구론(脫亞入歐論)의 주창자 후쿠자와 유키치 평전이 우리나라 최초로 나왔다. 이 책은 후쿠자와 유키치의 아시아 침략 논리를 본격적으로 파헤친 책이다. 후쿠자와는 19세기 일본의 근대화를 이끈 계몽사상가로 조선왕조 말 한·일 관계사에 커다란 영향을 미친 저널리스트 겸 교육자였다. 오늘날 1만 엔짜리 일본 최고액 지폐의 얼굴로 부활, 일본을 상징하고 있기도 하다.

역사속에 살아있는 인간탐구 17

이토 히로부미 – 알려지지 않은 이야기들 –

정일성 지음/신국판/반양장 312쪽/책값 12,000원

  일본 제국주의의 조선침략 선봉으로 나선 이토의 일생을 우리 시각에서 분석해 밝힌 책. 일본인에겐 서구 열강의 침략을 막고 부국강병을 이룩한 메이지 유신기의 공신이자 근대화의 주역으로 높이 평가되고 있지만, 우리에겐 조선통감부 초대 통감으로 우리나라에 들어와 한일합방의 토대를 마련한 원흉인 두 얼굴의 이토를 언론인 출신 저자가 한·일 양국의 자료를 동원해 소개하고 있다.

황국사관의 실체 – 일본 군국주의는 되살아나는가 –

정일성 지음/신국판/반양장 252쪽/책값 10,000원

  "군사력을 겸비한 초강대국을 건설하자", 이는 일본이 내건 21세기 기본 목표이다. 일본 지배층은 지금 황국사관으로 정신무장하고 戰前 메이지시대의 부흥을 위해 온 힘을 쏟고 있다. 그렇다면 도대체 일본 지식층들의 의식의 바탕에는 어떤 정서가 형성되어 있기에 너나 할 것 없이 군국주의를 옹호 강화하는 발언이 수시로 튀어 나오고 있는가. 이 책은 이런 문제의식을 가지고 명쾌하게 '일본정신'을 기초부터 해부하여 서술하고 있다.

하타다 다카시 – 마산에서 태어난 일본인 조선사학자 –

고길희 지음/신국판/반양장 400쪽/책값 18,000원

  한국의 역사학자들이 '일본의 양심'이라고 일컫은 조선사학자 하타다 다카시(旗田巍)의 평전. 하타다는 1908년 마산에서 태어난 식민자 2세로, 부산중학을 졸업한 뒤 식민사관의 모태인 도쿄제국대학 동양사학과를 나와 일본이 패전할 때까지 대륙침략의 두뇌라고 할 만철 조사부에서 활동한 중국 연구자였다. 그러나 그는 이후 한국사로 연구 방향을 돌리면서, 일본인들이 식민지 조선에 진 빚을 마치 자신이 갚아나가기로 한 듯이 일본인의 한국관과 역사교육 개선을 위해 후반 생애를 바친 인물이다.

日本近代史를 보는 눈

김용덕 지음/신국판/반양장 226쪽/책값 6,000원

　일본근대사에 대한 개설서로서, 일본의 근대적 변화를 경제적 발전의 측면에
만 치우쳐 보는 관점에서 벗어나, 한 나라의 역사적 경험을 그 나라의 독특성과
실체와 관련지어 파악하여야 한다는 점을 강조한 저자가 그동안 공부하고 강의
해 오며 쓴 글 가운데 근대일본의 변천에 관한 史論·紹介·研究動向 등을 모
아 정리한 책으로, 일본의 근대사를 객관적으로 보는 데 도움을 준다.

서울大學校東洋史學研究叢書 Ⅳ
日本近代史

피터 두우스 지음 · 김용덕 옮김/신국판/반양장 318쪽/책값 10,000원

　日本史의 객관적 이해를 돕고자 지나친 해석과 사실 나열 위주에서 벗어나 여
러 설명 방법을 객관적으로 종합하여 요약한 책으로, 주로 일본의 정치·경
제·사회·외교 면을 다루어 근대 일본의 역사를 알아보려는 독자들에게 안내
자 구실을 한다.

日本近代史論

高橋幸八郎 外 엮음, 차태석 · 김이진 옮김/신국판/반양장 366쪽/책값 6,000원

　日本의 현대 역사학 연구의 일반적 동향 내지는 수준에 대한 배려 아래 이루
어진, 일본 근대사의 이른바 총괄적 서술이라 할 수 있는 책이다. '세계역사학
회 일본위원회'가 외국 학자를 위하여 만든 것으로서, 일본 근대사의 기본 문제
들에 대하여 각기 전문 분야를 대표하는 역사가들이 분담 · 집필하여 그 자체가
치밀하고 독립된 일본 근대사이다.

근대일본론 - 군국 일본의 국가제도와 그 운용자들 -

신동준 지음/신국판/반양장 476쪽/책값 25,000원

　현대 일본의 모태이자 한국 근대 어둠의 배경이기도 한 근대 일본을 꿰뚫어
본 책. 이 책은 메이지유신으로 가장 먼저 서구 문명을 받아들인 일본이 국회
를 개설하면서 근대 국가의 흉내를 냈으나 실은 천황 중심의 절대주의국가였
으며, 군부대신 무관제, 통수권의 독립 등을 통해 군부파시즘이 득세할 수밖에
없었던 근대 일본의 모습을 여러 인물들과 사건들을 통해 생동감 있게 서술하
고 있다.